한국근대사상과 민족운동 I
-동학·천도교편-

한국근대사상과 민족운동 Ⅰ

-동학·천도교편-

황 선 희 지음

도서출판 혜안

머리글

　대학에서 '한국 근대사'와 '한국 사상사'를 강의하면서 항상 아쉽게 느꼈던 점은 한국 근대민족운동에 관한 사학계의 연구 시각과 방법론상의 한계였다. 이러한 현상은 전통적 왕조사회가 붕괴되고 근대사회로 이어지는 전환기(1876~1910)에서 더욱 크게 나타난다. 이 시기의 연구는 개화사상·위정척사사상·동학에 근거한 민족운동이 주조를 이루고 있는데, 대개의 경우는 그 의의를 정치적·사회적 기능면에서 찾으려는 경향이 있다.

　그러나 이들 세 갈래의 민족운동이 각기 방법·목표·성격에서 서로 다른 부분이 있음에도 불구하고 뒷날 애국계몽운동·의병항쟁의 형태로 상호 연계되면서 발전할 수 있었던 근본적인 이유는 무엇인가, 또 어떠한 과정을 거쳐서 그렇게 될 수 있었는가 하는 점에 대해서는 아직 체계적으로 정리되지 못한 상태이다.

　이에 필자는 '한국 사상사' 강좌에서 취급했던 이들 세 방향의 근대사상을 '한국 근대사' 강의에 접목시켜 사상사적 관점에서 이러한 문제점을 총체적으로 정리하여 해결하여 볼 생각을 하게 되었다. 그리하여 위정척사사상·개화사상·동학(천도교)·애국계몽사상의 성격과 변천 과정을 분석하여 그 상관 관계를 규명하는 한편, 이들 사상에 따른 민족운동의 양상 변화와 상호 접근 과정을 구체적으로 체계화하는 작업을 단계적으로 추진하게 되었다.

그 첫번째 시도가 동학·천도교편의 간행이다. 여기서 필자는 동학 시기를 최제우·최시형·손병희 시대까지 연장하여 교리의 분석 방법을 사용키로 하였다. 연구의 주요 핵심은 동학이 합리적으로 근대사상으로 진전되는 정도에 맞추어 운동 방향과 양상이 점차 근대민족운동 형태로 발전되어 갔음을 입증하는 것이다.

최제우의 시천주(侍天主) 사상이 최시형의 사인여천(事人如天) 사상으로 이어지고 나아가 손병희 대에 이르러 인내천(人乃天) 사상으로 정립되면서 동학이 인본주의 사회사상으로 발전되어가는 모습을 1860년대, 1870~90년대, 1900년대, 1910년대, 1920년대의 5단계로 나누어 고찰하는 것을 우선으로 하였다. 동시에 종교적 동학운동이 교조신원운동, 갑오동학농민운동, 갑진혁신운동, 3·1독립시위운동, 신문화운동의 형태로 진전될 수 있었던 당위성을 확인하고, 아울러 최근의 천도교가 종교로서보다 사회사상으로 인식될 정도로 그 입지가 불확실해지게 된 이유를 규명하는 것도 기대해 보았다.

끝으로 이러한 필자의 뜻을 흔쾌히 받아들여 출판을 맡아주신 도서출판 혜안의 오일주 사장님과 모든 편집인들께 진심으로 감사드리며 무궁한 발전을 기원한다.

1995년 12월

차 례

머리글·   5

서 론   9
제1장 동학 창도와 시천주사상   17
　　1. 동학 성립의 배경   17
　　　1) 19세기의 사회상   17
　　　2) 서구 침입에 대한 민족적 대응   26
　　2. 동학의 창도   34
　　　1) 민족종교로서의 위상   34
　　　2) 교리의 정립   40
　　3. 최제우의 사상   50
　　　1) 후천개벽사상   50
　　　2) 시천주사상   58

제2장 사인여천사상과 동학운동   70
　　1. 최시형의 사인여천사상   70
　　　1) 신관   71
　　　2) 인간관   75
　　2. 동학운동의 사회적 배경   84
　　3. 동학운동의 전개   91
　　　1) 포교 활동   92
　　　2) 교조신원운동   99
　　4. 갑오동학운동의 성격   109
　　　1) 사회운동   109
　　　2) 민족운동   117

제3장 천도교로의 전환과 개화운동　　123

　1. 천도교로의 전환　　123
　　1) 광무 초기의 정국　　123
　　2) 손병희의 시국관　　131
　　3) 진보회의 조직과 활동　　139
　　4) 천도교로의 전환　　146
　2. 개화운동　　153
　　1) 교단 정비사업　　153
　　2) 민지 계발사업　　163

제4장 인내천사상과 3·1운동　　181

　1. 인내천사상의 종지화　　181
　　1) 신관　　185
　　2) 인간관　　189
　2. 1910년대 천도교계의 동향　　192
　　1) 독립운동의 제 양상　　192
　　2) 천도교계의 동향　　200
　3. 천도교와 3·1독립운동　　207

제5장 천도교의 개벽사상과 신문화운동　　235

　1. 이돈화의 인내천 논증　　235
　　1) 신관　　240
　　2) 인간관　　248
　2. 천도교의 공론화　　255
　　1) 정신개벽　　255
　　2) 민족개벽　　262
　　3) 사회개벽　　273
　3. 천도교의 신문화운동　　282
　　1) 이돈화의 천도교론과 사상　　282
　　2) 신문화운동　　288

결 론　　299

서 론

한국 근대사에서 근대민족운동의 동인(動因)으로 작용한 사상적 흐름은 개화사상·위정척사사상·동학사상의 세 가지 방향에서 생각할 수 있다. 그러나 개화사상과 위정척사사상은 각기 근대적 사회개혁을 지향하거나 반외세적 민족자주 정신을 표명하였으나 그 이면에는 경세제국(經世濟國)의 주도적 역할을 양반사대부나 지식인층의 소임으로 국한시킨 한계성을 공통적으로 안고 있다.

이에 비하면 동학은 교리에 의한 도덕성 회복으로 민지(民智)를 계발하는 것 이외에 일반 대중을 새로운 세력으로 사회 전면에 등장시킴으로써 근대적 민족운동의 제일보를 내딛게 한 원동력으로 작용하였다. 따라서 동학의 중요성을 자주 거론하는 것도 이러한 종교적·사회적 기능 때문이라 하겠다.

창도(創道) 이후 동학의 사회적 영향력이 가시화된 것은 1894년 갑오동학운동에서이다. 이로써 일반 대중의 사회관·정치관에 변화가 일어나게 되었다. 그러나 당시 이 운동에 참여한 계층은 동학교도와 일부 농민층에 국한된 것으로 사회 전체적 반응은 냉담하였다. 실제로 전 민족적 호응을 얻게 된 시기는 1919년 3·1독립운동을 천도교지도층이 점화하는 역할을 수행한 다음부터라고 할 수 있다. 1920년대에 천도교청년당이 주도한 신문화운동에 빈부·남녀·노소·직업의 격차없이 지식인에서부터 일반 대중에 이르기까지 대거 참여한 것만 보아도 이를 능히 가늠할 수 있다. 이와 같이 동학운동은 시대적 요구에 따라 방법과 양상을 달리하면서 그 열기가 고조되었고 농민운동, 신문화운동의 형태로 성숙되어갔다.

동학에 관한 지금까지의 연구 동향을 보면 대개 사상보다 운동에, 천도교 시기보다 동학 시기에 편중된 경향이 있다. 오히려 동학운동을 사회문제와 결부시켜 교조신원운동(敎祖伸寃運動)이나 갑오동학운동의 기인(起因)과 성격 규명에 비중을 둔 것이 연구 업적의 대부분이다. 그러나 동학운동의 근본적 동기는 내부적 요인에 있다고 보아야 한다. 동학사상 자체에 문제가 있는 것이다.

동학에 관한 최초의 학술적 연구로는 김상기(金庠基)의 『동학과 동학란』을 들 수 있다.[1] 이것은 사회사적 시각에서 동학사상과 동학란을 분석한 것이다. 동학사상 발생의 사회적 배경을 교조신원운동과 동학란에까지 연계시켜 동학란의 원인을 규명함으로써 동학 연구의 방향을 제시하였다. 이러한 방향에서의 연구는 1950년대의 김용섭(金容燮)의 「동학란 연구의 동향을 중심으로」에서 재시도되었다.[2] 동학란 발발의 계기를 사회사적 시각에서 분석한 것이다. 그러나 동학사상과 동학란의 관계를 부정적으로 보았다. 동학을 현실 부정의 사회사상으로서가 아니라 하나의 종교로 간주하여 동학란이 동학사상이나 교단과는 무관하다는 주장을 폈다. 즉 동학란의 주체를 농민으로 규정하였다.

한편 사상사적 관점에서 동학사상의 본질을 규명하기도 하였다.[3] 동학란에서의 동학측 역할을 긍정적 입장에서 본 것이다. 동학사상은 인내천(人乃天)이라고 하는 평등주의와 후천개벽(後天開闢)의 혁명주의 · 민족주의를 함축하고 있기 때문에 동학혁명의 정신적 원동력으로 작용하였다

---

1) 金庠基, 『동학과 동학란』, 大成出版社, 1947 ; 김상기, 「갑오동학운동의 역사적 의의」, 『韓國思想』 1 · 2합본, 1957.
2) 金容燮, 「동학란 연구의 동향을 중심으로」, 『역사교육』 3, 1958 ; 김용섭, 「全琫準 供草의 분석 - 동학란의 성격 일반」, 『사학연구』 2, 1958.
3) 金龍德, 「동학사상 연구」, 『중앙대학교논문집』 9, 1965.

는 논리를 전개하였다. 그런가 하면 동학 교단 구성원에 초점을 맞추어 동학사상을 분석한 연구도 있다.[4] 동학의 본질은 민간신앙적 요소를 포용한 대중적 종교일 뿐 사회사상으로 보기는 어렵다는 것이다. 따라서 동학혁명에서 볼 수 있는 혁명성은 농민층의 성분 차원에서 생각할 수 있는 것이지 동학의 종교성과는 거리가 멀다는 의견이다. 1960년대까지만 해도 이와 같이 동학에 대한 인식이 긍정·부정으로 엇갈리는 형편이었다.

동학에 관한 이해가 긍정적 입장에서 본격화된 것은 1970년대 이후의 일이다. 역사·철학·정치·경제 등 학문 각 분야에서 서로 다른 시각으로 활발한 연구가 진행되었다. 역사학계의 연구는 동학운동을 교리의 발전과 결부시켜 근대민족운동의 일환으로 보는 방향이었다. 김의환(金義煥)은 교조신원운동의 시원을 신미년(辛未年) 이필제의 난까지 소급하였고,[5] 1892·3년의 교조신원운동에서 동학운동의 혁명성을 찾았다.[6] 이어서 집강소 시기의 동학 하부지도층과 농민의 활동 및 당시의 제 개혁안에서 근대적 정치사상을 도출해 내었다. 이러한 시각은 김용덕(金龍德)과 신용하(愼鏞廈)의 연구에서 나타난다.[7] 집강소를 농민정권의 권력기구로 보았으며 이 시기를 농민의 혁명적 통치기간으로까지 비약시키고 있다.

손병희 이후의 동학 연구는 단편적인 것으로 몇 편이 있을 뿐이다. 1900년대의 천도교에 관한 논문으로는 정신문화사적 시각에서 본 것이 있다.[8] 천도교에서 추진한 진보회(進步會)의 민회(民會) 활동을 러일전쟁 국면에

---

4) 韓㳓劤,「동학사상의 본질」,『동방학지』10, 1970.

5) 金義煥,「동학농민운동사 연구」,『부산여대논문집』3, 1975.

6) 김의환,「全州和約과 執綱所」,『한국사상』12, 1974 ; 김의환,「1892·3년의 동학농민운동과 그 성격」,『한국사연구』5, 1970.

7) 金龍德,「동학 조직에 대하여」,『한국사상』12, 1974 ; 愼鏞廈,「갑오농민전쟁 시기의 농민집강소의 활동」,『한국문화』6, 1985 ; 신용하,「동학군의 집강소 설치」,『신인간』438~440, 1986 ; 신용하,「동학군 집강소의 활동」,『신인간』455, 1987.

8) 李炫熙,『동학혁명과 민중』, 대광서림, 1985 ; 李鉉淙,「甲辰開化運動의 顚末」,『한국사상』12, 1974.

처한 당시의 국제정세와 손병희의 시국관에 비추어 개화운동의 일환으로
보았다.

　3·1운동과 천도교의 관계에 대해서는 연구 방향이 상반되게 나타났다.
3·1운동의 초기 준비 단계에서 천도교 지도층의 역할을 부분적으로 기독
교와 함께 언급하고 있는가 하면,9) 아예 3·1운동에서 천도교의 역할을
부정하는 견해가 있다.10) 민족대표 33인의 독립사상과 성격을 규명하는
과정에서 천도교 지도층을 예속자본계층으로 규정하고 소극적 친일파로
단정하는 극단적 입장을 표명하였다. 그러나 이와는 반대로 대중운동사적
관점에서 천도교의 역할을 긍정하는 입장이 있다.11) 천도교측이 3·1운동
에서 취한 태도를 양면적으로 분석하였다. 3·1운동 초기의 준비 단계에
서 손병희(孫秉熙)를 비롯한 천도교 중앙총부(中央總部) 팀이 보여준 소
극적 태도와, 보성사(普成社)를 중심으로 한 이종일(李鍾一) 등 천도구국
단(天道救國團)이 3·1운동 전후에 취한 태도를 비교 분석함으로써 천도
교의 독립정신과 운동의 지속성·적극성을 강조하였다.12) 이의 입증을 위
하여 보성사팀의 제2독립선언서 발표와 민간정부 수립의 계획을 규명하였
으며,13) 1920년대 신문화운동에서의 천도교측 활동에 대해서도 관심을 보
였다.14) 신문화운동에 관해서는 천도교 부문운동의 일환으로 농민운동을
다룬 연구가 발표되었을 뿐15) 대개는 신문화운동을 천도교와 별개의 입장

---

　9) 신용하, 「3·1운동의 민족사적 의의」, 『한국현대사론』, 한국사학회, 1986 ;
　　 朴成壽, 「3·1운동의 폭력과 비폭력」, 『한국근대사론』 Ⅱ, 지식산업사,
　　 1977.
10) 安秉直, 「3·1운동에 참가한 계층과 그 사상」, 『역사학보』 41, 1969.
11) 李炫熙, 「3·1운동에 관한 연구」, 『성신연구논문집』 12, 1979.
12) 이현희, 「3·1운동 재판기록을 통해서 본 천도교 대표들의 태도 분석」, 『한
　　 국사상』 12, 1974 ; 이현희, 「천도교의 구국정신과 기여도」, 『한국사상』 18,
　　 1981.
13) 이현희, 「제2독립선언서의 사적 의의」, 『동국사학』 15·16합집, 1981 ; 이현
　　 희, 「천도교와 임시정부」, 『신인간』 401, 1982.
14) 이현희, 「3·1운동 이후의 신문화운동」, 『신인간』 395, 1982.

에서 취급하고 있다.16) 농민운동의 경우가 특히 그렇다. 농민운동을 독립
운동사적 관점에서 분석한 논문으로 조동걸(趙東杰)의『일제하 한국 농민
운동사』가 있다.17) 농민의 민족의식 성장과 농민운동의 수단·방법을 체
계적으로 정리하는 일면 일제의 경제침략 정책과 관련하여 분석하였다. 신
문화운동에서의 천도교 역할에 대한 연구는 천도교측 논문 몇 편 외에는
거의 이루어지지 못한 단계이다.

　동학사상에 관한 철학계의 연구는 인도주의 측면에서 이루어지고 있다.
이 가운데 동학사상 전반에 걸쳐 다룬 최동희(崔東熙)의 연구성과가 돋보
인다.18) 그는 동학의 특수성과 서학·민간신앙과의 관계를 분석하여 최제
우의 기본 사상을 정리하였고 천도교의 목적과 기초가 동학의 신관(神觀)
에 있다는 것을 강조하였다. 나아가 천도교 사상의 발전 경위를 시천주(侍
天主) → 사인여천(事人如天) → 인내천(人乃天)의 단계로 논증·정리함
으로써 동학사상이 근대사회사상 수용으로 철학화하는 과정을 밝혔다.19)
그러나 손병희 이후의 천도교 사상에 관한 연구는 아직은 구체화되지 못하
고 있다. 인내천사상에 관한 연구로는 시천주사상의 발전 과정을 개관한

---

15) 盧榮澤, 「일제하 천도교의 농민운동연구」(Ⅰ)『한국사연구』52, 1986 ; 노영
　　택, 「일제하 천도교의 농민운동연구」(Ⅱ)『용암차문섭교수화갑기념사학논
　　총』, 1989 ; 김기웅, 「일제하 농민교육에 관한 연구」,『신인간』437~443,
　　1986.
16) 申載洪, 「일제치하에서의 한국소년운동」,『사학연구』33, 1981 ; 김용덕,
　　「여성운동의 근대화과정」,『한국사상』8, 1966 ; 趙東杰,「朝鮮農民社의 농
　　민운동과 農民夜學」,『한국사상』16, 1978.
17) 조동걸,『일제하 한국농민운동사』, 한길사, 1976.
18) 崔東熙, 「동학의 기본사상」,『한국사상』14, 1976 ; 최동희, 「水雲의 기본사
　　상과 그 상황」,『한국사상』12, 1974.
19) 최동희, 「천도교에서 믿는 대상과 목적」,『신인간』383, 1980 ; 최동희, 「수
　　운의 인간관」,『한국사상』1·2합집, 1957 ; 최동희, 「천도교 지도정신의 발
　　전과정」,『3·1운동 50주년기념논집』, 동아일보사, 1969 ; 최동희, 「천도교
　　의 근대사상 수용」,『한국사상』13, 1975.

정도이며,[20] 인내천에 대한 철학적 논증을 시도한 황문수(黃文秀)의 연구가 있을 뿐이다.[21] 철학계의 동학사상에 관한 연구 역시 의욕적이기는 하나 체계화되기에는 이른 감이 있다.

이와 같이 역사학·철학계를 통틀어 볼 때 아직까지는 동학 교리의 근대사상화에 따른 운동의 양상과 성격 변화를 체계적으로 분석·정리하지 못한 단계이다. 그리하여 본 연구는 이러한 문제의식에 입각하여 동학의 발전 과정을 체계적으로 이해하고 동학운동의 근대사적 위치를 재조명하는 데 목적을 두고 사상사적 관점에서 동학 교리의 근대사상화 과정과 이에 따른 동학운동의 방법 전환과 추이를 구조적으로 분석해 보았다.

따라서 동학사상과 민족운동의 상관 관계를 총체적으로 파악하기 위하여 기존의 연구성과를 바탕으로 하되 그것이 지니는 연구 시각과 방법론상의 한계를 극복하는 데 주안점을 두었다. 역사학계의 연구 이외에 철학·정치학·종교학·사회학 등 제 학문 분야의 연구를 참고하는 한편 천도교 측 경전과 『만세보』, 『개벽』, 『천도교월보』, 『신인간』 등 각종 기관지와 이돈화(李敦化)의 저술, 오지영(吳知泳)의 『동학사』 등 단행본을 주자료로 하였고, 그 외에 당시의 동학을 객관적 시각에서 조명한 『황성신문』, 『대한매일신보』, 『제국신문』 등 제 언론사의 간행지를 이용하였다.

구체적 논리 전개는 동학 창도와 시천주사상, 사인여천사상과 동학운동, 천도교로의 전환과 개화운동, 인내천사상과 3·1운동, 천도교의 개벽사상과 신문화운동의 5개 장으로 설정하여 각 장마다 교리의 정립 및 체계화 과정을 신관·인간관의 항목으로 나누어 분석하고 이에 수반하여 전개된 동학운동의 성향 변화를 검토하는 방법을 택하였다.

제1장에서는 동학 발생의 배경과 동학사상에 함축되어 있는 종교성과 사회성을 최제우의 어록인 『동경대전(東京大全)』과 『용담유사(龍潭遺

---

20) 申一澈, 「인내천사상의 발전과정」, 『신인간』 357, 1978.

21) 黃文秀, 「夜雷에 있어서의 人乃天 思想」, 『한국사상』 12, 1974 ; 황문수, 「인내천사상의 전개」, 『동학사상논총』 1, 1982.

詞)』를 중심으로 살펴보았다. 특히 최제우의 시천주사상과 후천개벽사상을 집중 분석하였다. 시천주사상에서는 재래의 전통사상과 민간신앙적 요소를 규명하였고, 후천개벽사상에서는 이에 근거가 되었던 시운관(時運觀)·천명(天命)사상·무위이화론(無爲而化論)과의 관계 및 보국안민의 궁극적 목표를 분석하였다.

제2장에서는 최시형에 이르러 동학의 종교성이 희석되는 과정을 살펴보았다. 시천주사상을 사인여천사상으로 심화 발전시키는 단계에서 범신론적·인본주의적 사상이 고착화하는 점을 분석하였다. 한편 종교 활동으로서의 교조신원운동이 정치·사회 운동으로서의 갑오동학운동으로 전환되는 계기성을 사인여천의 인간존중 사상과 연계시켜 규명하여 보았다.

제3장에서는 손병희가 천도교를 선포하게 된 경위와 근본 의도를 개화운동과 결부시켰다. 「명리전(明理傳)」과 「삼전론(三戰論)」을 분석하여 그의 시국관을 검증하는 한편 진보회 활동과 『만세보』의 논설에서 개화운동의 구체적 방법과 개화 의지를 찾아 보았다.

제4장에서는 3·1독립운동 초기 단계에서 민족연합전선 결성을 위한 준비와 구체적 계획을 천도교측이 주도할 수 있었던 이유를 인내천사상과 당시의 국제정세를 중심으로 검토하였다. 특히 인내천사상의 종지화(宗旨化)와 성리학적 체계화 내용을 손병희의 「각세진경(覺世眞經)」과 양한묵의 「대종정의(大宗正義)」, 「무체법경(無體法經)」을 중심으로 분석하는 데 주력하였다.

제5장에서는 1920년대의 천도교 개혁과 신문화운동을 이돈화의 사상을 통하여 고찰하였다. 특히 신문화운동의 정신적 원동력으로 작용한 3대 개벽론과 인내천사상의 논증에 비중을 두었다. 인내천사상의 성리학적 체계화의 과정에 나타난 모순과 한계성을 서구의 근대사상 수용으로 극복해 나간 이돈화의 논리 전개를 중점적으로 분석하여 그가 인내천사상을 인간개조의 기본 이념으로 어떻게 활용하였는가를 3대 개벽론에서 찾아보았다. 즉 지식층을 대상으로 하였던 개화운동이 일반 대중 전체에까지 대상을 확

대하여 신문화운동의 명목으로 민족운동을 전개할 수 있었던 근본 원인이 3대 개벽론에 있었다는 것을 증명하는 데에 치중하였다. 또한 신문화운동의 정신과 방법을 『개벽』지의 논설과 「천도교청년당소사(天道敎靑年黨小史)」 및 『신인철학(新人哲學)』과 『신인간(新人間)』, 『천도교월보』에 실린 이돈화의 논문을 통하여 분석하였다.

요컨대 본 연구의 목적은 구한말·일제강점기에 동학의 사회적 영향력이 점증되어간 과정을 교리의 합리적 체계화라는 시각에서 단계적으로 분석·정리함으로써 동학운동의 방향 전환 및 성격을 규명하는 것이고, 기존 연구의 논리상 한계를 극복하기 위하여 제 학계의 연구성과와 천도교측 자료에 충실하여 사상의 구조적 분석을 우선적으로 하는 연구 방법을 택하였다. 아울러 현재 천도교의 입지(立地)가 종교적으로 불확실한 이유에 대한 규명도 기대해 보았다.

제1장 동학 창도와 시천주사상

1. 동학 성립의 배경

1) 19세기의 사회상

19세기의 조선사회는 최제우(崔濟愚)가 악질만세(惡疾滿世)로 표현할 정도로 정치·경제·사회·사상적으로 기본질서가 붕괴되는 혼란상이 야기되고 있었다.[1]

정치적으로 가장 문란하였던 것은 인사행정이었다. 과거제도의 경우를 보면 문벌·당쟁·매관매직에 좌우되는 등 관직의 수요와는 무관하게 무계획적으로 허다한 명목을 붙여 과거를 시행하였다. 즉 과다한 관리 후보자를 선출함으로써 당쟁을 유발하였고 서북인을 차별하는 한편 관료적 양반정치를 자행하였다. 따라서 지나치게 문예에 치중하여 유학을 사장학화(詞章學化)함으로써 수단 방법을 가리지 않고 오로지 관직에 진출하려는 출세지향적 풍토가 만연되었다.

당시 이러한 학문 태도와 그 결과의 허무함을 들어 최제우는 다음과 같

---

1) 崔濟愚, 「布德文」, 『東經大全』: 天道敎中央總部, 『天道敎經典』, 1984, p.165.
   是故我國惡疾滿世 民無四時之安

이 사장학 일변도의 유학 풍토를 풍자하였다.

칠팔 세 글을 배와	尋章摘句하여 내어
청운교 낙수교에	입신양명할 마음은
사람마다 있지마는	깊고 깊은 저 웅덩에
盡心竭力 지은 글을	넣고 나니 허무하다2)

그러나 당시 과거제도 폐해의 더 큰 문제는 이러한 것보다는 금력(金力)·권력·혈연에 의하여 과거의 급락과 관리인선이 결정되고, 매관매직이 성행되는 것이었다. 이러한 과거제의 폐단은 헌종·철종대에 더욱 극심하였다.3) 그리하여 관직이 혈연을 중심으로 소수 가문에 집중되거나 금권(金權)·정권(政權)에 의한 엽관 행위가 자행되는 가운데 정치적·경제적 기반을 잃은 양반이 잔반한사(殘班寒士)로 몰락하는 경우가 속출하였다. 최제우는 몰락 양반의 처지를 그의 부친 최옥(崔鋈)을 추모한 글에서 다음과 같이 간접적으로 시사하였다.

구미용담 좋은 승지	道德文章 닦아 내어
山蔭水蔭 알지마는	입신양명 못 하시고
龜尾山下 一亭閣을	龍潭이라 이름하고
山林處士 一布衣로	후세에 傳탄 말가
이내 가운 가련하다4)	

매관매직은 인사 행정에까지 미쳐 공명첩(空名帖)을 무제한 발매하는 등 품직(品職)·수령직(守令職)을 대량 품부하였으며 이러한 풍습은 철종

---

2) 「흥비가」, 『龍潭遺詞』: 천도교중앙총부, 『천도교 경전』, 1984, p.386.
3) 『비변사등록』, 헌종 15년 12월 21일조 ; 『비변사등록』, 철종 3년 2월 10·11일조 참조.
4) 「용담가」, 『용담유사』: 앞의 책, pp. 324~325.

말년에는 공공연히 자행될 정도였다.5) 매관매직을 통해 관직에 오른 사람은 재임 기간 동안 탐관오리가 될 수밖에 없었으며 지방행정의 폐해 또한 이로 인한 결과라 해도 과언은 아닐 것이다.

특히 지방 토호들의 부패는 더욱 자심하였고 이서(吏胥)의 탐학이 가장 대표적 경우였다. 이들은 행정실무를 담당하는 데 비하여 그 처우에 있어서는 법적 조처가 없었기 때문에 지방수령과 지방민 사이에서 수탈을 자행함으로써 민원(民寃)의 일차적 대상이 되었다. 정약용(丁若鏞)도 지방관과 이서의 비리를 정치기강 문란의 대표적 사례로 들었다.6) 최제우는 당시의 정치적 모순과 사회적 불안으로 만연된 상황을 다음과 같이 궁궁(弓弓)으로 표현하였다.

우리도 이 세상에   利在弓弓 했다네
매관매작 세도자도   一心은 弓弓이오
錢穀 쌓인 富僉知도   一心은 弓弓이오
流離乞食 敗家者도   一心은 弓弓이라7)

경제적 악화의 요인은 토지소유 관계와 삼정문란에 따른 것이 대부분이다.8) 본래 조선왕조에서는 20년마다 규칙적으로 양전(量田)을 실시하여

---

5) 『철종실록』 권9, 철종 8년 윤5월 己巳條 참조.
6) 丁若鏞, 『牧民心書』 卷8, 束吏條.
   倭寇以來 士大夫祿簿家貧 而國中之財 盡入於五門養兵 於是貪風漸長 而吏習隨壞 數十里來 日甚一日 今至極盡地頭 余在民間探究弊源 一朝貴受賄也 一監司自封也 一守令分利也云云……
   위의 책, 卷4, 吏典 6條
   ……大抵今之監司 萬療之本衆弊之 源凡外邑之事 推究弊原 皆抵監司此其一也
7) 「몽중노소문답가」, 『용담유사』 : 앞의 책, p.337.
8) 김의환, 「동학사상의 사회적 기반과 사상적 배경」, 『한국사상총서』 Ⅲ, 1975, pp.89~91, pp.95~96 참조.

과세의 기준이 되는 토지소유를 분명히 해왔으나,9) 양란(兩亂) 이후 양전
이 제대로 실시되지 못함으로써 토지 경계가 부정확해지고, 진전(陳田)·
기전(起田)이 혼동되어 총전결수는 증가하는데도 오히려 실결수(實結數)
는 감소되는 현상이 일어났다. 궁방전(宮房田)과 둔전(屯田)의 확대로 민
전(民田)이 감소되었고 그나마도 거의가 부농층에 의하여 소유되고 있었
기 때문에 대부분의 농민은 영세농으로 전락할 수밖에 없었다. 또한 궁방
전·둔전의 확충은 은결(隱結)의 확대로 이어져 토지 겸병을 초래하는 결
과를 가져왔다. 따라서 면세지의 증가로 국가 재정의 궁핍은 물론 토지제
도·조세제도의 문란이 야기되었던 것이다.10)

수취체제의 기본형태는 전세(田稅)·신역(身役)·공물(貢物) 외에 여
러 종류의 잡세(雜稅)가 있었다. 삼정으로 불리는 이러한 세제는 17세기
이후 점차적으로 개편된 것이나 세도정치로 문란해졌고 철종대에 이르러
서는 한계점에 이르러 민란을 야기하는 지경에 이르렀다.

삼정 중에서 전정(田政)의 문란이 심하였던 것은 양전(量田)의 불이행
과 관계가 있다. 양전이 제대로 실시되지 못함에 따라 토지의 실결수가 감
소되어 전조(田租)가 줄어들게 되자, 감소된 국가 수입을 보충하기 위하여
공물과 지세를 과다하게 징수함으로써 농민의 조세 부담이 가중되었다. 그
리고 수취권·경작권·소작권의 매매가 성행하여 토지소유의 불균등이 심
화되었다. 또한 지방관과 이서들은 은결·진결(陳結) 등의 형태로 탈세를
하고, 흉년이 들었을 때의 면세조치나 진휼(賑恤)의 혜택을 부농에게 부여
하고 오히려 빈농의 경우는 제외하였다.11)

군역(軍役)은 본래 양인(良人)이면 누구나 부담하는 것이었으나 공명첩
이나 매관매직을 통해 양반을 호칭하며 역을 피하는 사람이 점차 증가하였

---

9) 『經國大典』戶典 量田條.
   凡田分六等 每二十年 改量成籍 藏於戶曹及 本道本邑
10) 김용섭, 「量案의 연구」, 『조선후기 농업사연구』, 1970, p.144 참조.
11) 崔珍玉, 「1860년대의 민란에 관한 연구」, 『전통시대의 민중운동』 하, 풀빛,
   1981, p.366 참조.

다. 따라서 반호(班戶)·이호(吏戶)·역호(驛戶)·교생(校生)·동몽(童蒙) 등 면역되는 호를 제외한 나머지 농민들은 이중, 삼중의 부담을 지게 되었다. 그리하여 궁민(窮民) 중에 도망하는 자가 속출함으로써 황구첨정(黃口僉丁), 족징(族徵), 인징(隣徵), 백골징포(白骨徵布) 등으로 군역의 재원(財源)을 보충하는 방법이 일반화되었다. 이에 한 사람의 양정(良丁)이 부담하는 역이 심지어는 4인의 역과 비견될 정도로 군역의 부담이 증대되는 경우도 있었다. 여기에 관료·이서·토호 등의 중간착취까지 포함한다면 한 사람이 3, 40필의 양역가(良役價)를 부담할 정도였다.12)

이러한 폐단은 균역법 실시 후에도 없어지지 않았다. 이를테면 군포를 금납(金納)시킬 때 포가(布價)를 고액으로 책정하거나, 군포를 전세화(田稅化)함으로써 이른바 도결(都結)·가결(加結)을 징수하는 등 새로운 폐단이 여러 종류의 징포(徵布)에 더하여 19세기의 농촌경제는 더 이상 견딜 수 없을 정도로 피폐해졌다.

삼정 중에서 폐해가 가장 컸던 것은 환곡이었다. 환곡은 빈민을 구제한다고 하는 본래의 목적과는 다르게 국가 재정의 고갈을 핑계로 영리를 목적으로 한 고리대로 운영됨으로써 빈민의 부담을 가중케 할 뿐이었다. 번질(反作), 허류(虛留), 입본(立本), 증고(增估), 가집(加執), 암류(暗留), 반백(半白), 분석(分石), 집신(執新), 탄정(呑停), 세전(稅轉), 요합(徭合), 사혼(私混), 채륵(債勒) 등의 온갖 방법의 중간착취가 환곡 분급과 관련되어 나타났다. 이렇게 하여 환곡의 폐해는 농민의 잉여생산물은 물론 생필품까지 수탈함으로써 농촌생활은 극도로 피폐해졌다. 정약용이 말하였듯이 대부분의 농민은 농촌을 떠나서 농가 호수 10호 중에서 9호가 빈집이라고 일컬어질 정도로 이농(離農)이 심하였다.13)

---

12) 車文燮,「壬亂 이후의 良役과 균역법의 성립」,『사학연구』 11, 한국사학회, 1961, p.105 참조.

13) 정약용은『목민심서』권13, 穀簿에서 "還上者 社倉之一變 非糶非糴 田賦之外又一大賦 爲生民切骨之病 民劉國亡 呼吸之事"라고 하여 농민의 참상과 국가의 위기적 상황을 우려하였고,『經世遺表』권2, 經田司에서는 "公家

이러한 상황에 천재지변, 괴질과 한발마저 겹쳐 조선사회는 주술적 기원 행위와 유언비어가 속출하였다.14) 순조대에는 화적이 빈발하고, 요언괘서(妖言掛書) 사건이 일어나는 등 민심이 흉흉해졌으며,15) 철종대에 이르러서는 빈농 다수가 유리걸식하는 등 봉건사회의 모순이 집중적으로 나타나 농민반란이 제주도에서 함흥에 이르기까지 전국적으로 일어났다. 즉 철종 13년 1862년(壬戌)에는 진주민란을 계기로 무려 약 70회에 걸쳐 민란이 계속되었다.16)

민란은 지방에 따라 조금씩 차이가 있지만 대개는 초군(樵軍)을 자처하고 읍성을 습격하고 동헌을 점령하여 관장(官長)을 축출하거나 인부(印符)와 향권(鄕權)을 탈취하며, 파옥(破獄)하여 죄수를 방면하고, 삼정에 관한 모든 문부(文簿)를 소각하고, 간향활리(奸鄕猾吏)를 박살하며 원리부민(怨吏富民)의 가옥을 파손·방화하는 등 고질적 폐단에 대하여 규폐를 주장하는 것이 일반적 양상이었다.17)

최제우는 이러한 혼란상이 사회적으로 극도에 이르렀음을 다음과 같이 유교적 기능의 한계를 들어 강조하였다.

아서라 세상은   堯舜之治라도 不足施요
孔孟之德이라도   不足焉이라.18)

실제로 1841년 이래로 전염병과 천재(天災)가 만연되었다. 1851년 7월

之稅 所取不滿百名 於是悍吏狹校 縱于民間 名之曰檢督 徵鄰徵里 搜房掘地 懸首縛臂 摘其鐘釜 摘其犢豚 一村騷然 哭聲振天 傷天地之和氣 慘人烟之蕭瑟 所過十室九空 崩擔破壁"이라고 하여 권력을 빙자한 지방관의 탐학을 비판하였다.

14) 『철종실록』 권11, 철종 10년 9월 甲申條 ; 同 11년 7월 丁巳條 참조.

15) 『순조실록』 권3, 순조 1년 12월 丙辰條 참조.

16) 망원한국사연구실 편, 『1862년 농민항쟁』, 1988. 참조.

17) 최진옥, 「1860년대의 민란에 관한 연구」, 앞의 책, pp.378~380 참조.

18) 「몽중노소문답가」, 『용담유사』: 앞의 책, p.338.

부터 다음 해 2월까지 계속된 수해는 대단한 것이었다. 그러나 최제우가 악질만세라고 한 것은[19] 이것보다 세도정치 이후의 사회적 타락상과 개인의 정신적 결함을 뜻하는 것으로 보아야 할 것이다.[20] 그가 봉건적 사회질서의 붕괴 정도가 한계에 이르렀던 당시를 보국안민(輔國安民)의 위기의식으로 느끼고 있었던 사실도 이와 같은 맥락에서 생각할 수 있다.[21]

사상적으로는 유교의 폐해를 들 수 있다. 유교는 창업과 동시에 조선 사회규범의 기본이념으로 시작하여 명종·선조 대에 이르러 이황(李滉)·이이(李珥)에 의하여 조선 성리학으로 정립되는 등 인성론(人性論)에서 심학(心學)으로 많은 발전이 있었다. 그러나 16세기에 사화기(士禍期)로 접어들면서 과거 급제를 위한 관학(官學)으로 변질되어 경세(經世)보다 공리공론(空理空論)에 기울며 허학화(虛學化)하는 상황에 이르렀고 숙종·경종 년간에는 당쟁의 수단으로 전락하였다.[22]

그리하여 삼강오륜에 기초하여 예(禮)와 인의(仁義)로서 질서와 명분을 엄수하는 유학사상의 본질은 찾아보기 힘들게 되었다. 또한 유학에 내재한 속성, 즉 삼재론(三才論)에 근거한 계급사상이 관존민비(官尊民卑), 반상(班常)의 구별, 적서(嫡庶)·남녀의 차별 등 봉건적 신분제도를 고착화하는 데 이용되어 양반관료사회의 횡포는 날로 심해졌다. 18세기경 경세를 외면한 성리학이 일부 지식층에 의하여 비판을 받게 된 것은 물론이다.

실학파 학자들이 정계에서 소외되거나 영향력을 행사할 수 없는 잔반한사(殘班寒士)들이었다고는 하나 양반사회의 모순과 비리·불합리를 제도적으로 개선해야 한다는 그들의 주장이 최제우에게는 신선한 충격으로 받아들여졌던 것이다.[23] 당시 잔반한사들에게, 타락한 유교는 양반사회의 지

---

19) 제1장 주 1) 참조.
20) 申福龍, 『동학사상과 갑오농민혁명』, 평민사, 1985, p.214 참조.
21) 「권학가」, 『용담유사』, p.361.
　　　일세상 저 인물이　　　　塗炭中 아닐런가
　　　陷地死地 出生들아　　　보국안민 어찌할꼬
22) 김의환, 「동학사상의 사회적 기반과 사상적 배경」, 앞의 책, p.126 참조.

도이념이나 생활규범으로 더 이상 정신적 지주로서 기능을 발휘할 수 없게
되었다. 결국 19세기 중반에 유교적 지배이념은 그 권위를 상실하고 봉건
적 신분관계마저 동요되어 당시 조선사회는 봉건사회 말기적 현상을 드러
내게 되었다.

　최제우의 유교관(儒敎觀)은 의식면에서 긍정하는 일면이 있었으나 사회
변천에 대응할 수 없는 유교 자체의 이념적 결함과 기능적 무력감에 대해
서는 철저히 부정적이었다. 유교이념의 결함에 대하여 그는 다음과 같이
도덕적 허구성을 풍자하여 유교의 보편주의와 주지주의(主知主義)를 비판
하였다.

我東方 賢人達士　　　道德君子 이름하나
무지한 세상 사람　　　아는 바 천지라도
敬畏之心 없었으니　　　……
이런 知覺 구경하소　　　천지 역시 귀신이오
귀신 역시 음양인 줄　　　이같이 몰랐으니
經傳 살펴 무엇하며　　　道와 德을 몰랐으니
현인군자 어찌 알리[24]

현숙한 모든 군자　　　同歸一體했던가
어렵도다 어렵도다　　　만나기도 어렵도다[25]

又此挽近以來 一世之人 各自爲心 不順天理 不顧天命 心常悚然 莫
知所向矣[26]

---

23) 이현희, 「동학사상의 배경과 그 의식의 성장」, 『한국사상』 18, 1981, p.77 참
　　조.
24) 「도덕가」, 『용담유사』 : 앞의 책, pp.371~372.
25) 「권학가」 : 앞의 책, p.361.
26) 「포덕문」, 『동경대전』 : 앞의 책, p.162.

모든 사람들이 천리(天理)와 천명(天命)에 아랑곳하지 않고 저마다 사리사욕에 탐닉하고 있던 당시 사회상을 상징적으로 묘사하고 있다. 천지의 이치를 아는 유학자라 할지라도 경외지심이 없을 때는 도성덕립(道成德立)이 없고 무지할 수밖에 없다고 하여 그들의 학문도 한낱 위선에 불과하다는 것을 강조하였다. 즉 유교의 인성론이 지식 탐구라는 객관적 수양에만 너무 치중하여 명분론에만 급급하였기 때문에 형식화하고 체면치레의 경향이 강하여 유학자들 중에도 참다운 인격자가 없을 만큼 도덕적으로 유학이 타락했던 당시를 풍자하였다. 또한 그는 유교적 지도력이 상실되었음을 다음과 같이 탄식하기도 하였다.

강산구경 다 던지고 인심풍속 살펴보니
부자유친 군신유의 부부유별 장유유서
붕우유신 있지마는 인심풍속 괴이하다[27]

아동방 어린 사람 예의오륜 다 버리고
남녀노소 兒童走卒 成群聚黨 극성중에
허송세월 한단 말을 보는 듯이 들어오니[28]

평생에 하는 근심 淸薄한 이 세상에
君不君 臣不臣과 父不父 子不子를
주소간 탄식하니[29]

유교의 인의예지·삼강오륜을 지켜온 조선사회가 급기야 임금다운 임금, 신하다운 신하, 아비다운 아비, 자식다운 자식이 없을 정도로 인륜도덕이 무너지고 있음을 묘사하고 있다. 이로써 사회질서 확립을 위한 도덕성

---

27) 「권학가」 : 앞의 책, pp.357~358.
28) 위의 책, pp.364~365.
29) 「몽중노소문답가」 : 앞의 책, p.335.

회복의 방법으로 동학 창도(創道)의 당위론이 성립되었다.

2) 서구 침입에 대한 민족적 대응

19세기 중엽에 접어들면서 조선을 위시한 동양문화권은 전반적으로 서구 자본주의 침략이라는 위기에 직면하게 되었다. 그리하여 중국에서는 양무론(洋務論), 일본에서는 문명개화론으로 저마다 채서(採西)의 입장에서 물질적 방법으로 자구책 마련에 부심하였다. 조선의 경우도 이러한 추세에 힘입어 개화파들이 문호개방을 주장하는가 하면 위정척사파는 반외세 저항운동을 전개하였다. 그러나 서구세력의 문화적 충격과 왕조사회의 부정부패라고 하는 이중적 위난에서 오히려 혼란만 더해졌을 뿐이다.

이에 최제우는 당시의 상황을 사회질병으로 진단함으로써 그 처방안으로 정신적 무장을 제창하여 동학을 창도하기에 이르렀다. 동학이라는 말 자체에 함축되어 있는 민족적 자립의지는 서양을 위시하여 중국·일본에까지 대립되는 개념으로서 근대민족주의의 성격을 띠고 있다. 동학의 민족주의적 성격을 이해하기 위해서는 그의 서양관, 중국관, 일본관의 분석이 우선되어야 할 것이다.

최제우의 서양 인식은 윤리적 관점에서는 부정적이었으나 종교적 관점에서는 서학의 도(道)를 일부 인정하고 서양의 군사적·경제적 능력에 대해서 긍정적 시각으로 보고 있다. 그의 서양관이 양면적으로 나타나게 된 당시의 역사적 배경을 보면 첫째로, 서학의 전래와 수용과정에서 있었던 전통사상과의 대립·갈등 및 19세기 중엽에 빈번해진 이양선 출몰과 같은 국내적 상황과, 둘째로, 중국을 둘러싼 서구 열강의 이권 대립 등 국제정세로 나누어 생각할 수 있다. 서학은 인조·숙종대부터 신앙의 대상이 되기 시작한 이래 영조·정조대에는 황해도, 강원도 지방에까지 전파되어 전례 문제로 양반 지배층 내부의 반대에 부딪치게 되었다.[30] 정조년간에는 사학

(邪學)으로 지목하여 국법으로 금지하는 정도에 머물렀으나 순조 즉위와 더불어 세도정치가 시작되면서 1801년(辛酉), 1839년(己亥), 1846년(丙午)의 교난으로 서학에 대한 박해가 심해졌다.

그러나 1830년대는 유림의 고장인 경상도에서도 양반층 자제들이 대거 서학에 입교할 정도로 교세가 확장되어,31) 헌종 5년(1839)의 기해교난 이후에는 척사윤음(斥邪綸音)을 전국에 반포하여 서학 비판을 논리적으로 전개하기에 이르렀다. 이러한 시대적 상황에서 전국을 유랑하면서 소년 시절을 보낸 최제우가 유교적 관점에서 서학을 인식했다는 것은 무리가 아니다. 서학이 교리에 조리가 없고 다만 천주(天主)에게 자신의 행복만을 비는 허무한 도라고 비방한 것이나,32) 조상 숭배와 제사를 부정하는 서학의 윤리관을 비판한 사실33)에서 그의 도덕적 가치관이 유교에 근거하고 있었음을 알 수 있다.

그러나 서학의 교리와 종교의식의 단점을 구체적으로 지적할 정도로 그는 서학에 대하여 정확히 알고 있었다. 이러한 사실로 보아 당시 유학은 사회적 기능을 상실하고 있었을 뿐만 아니라 학문의 성격상 대중의 정신적

---

30) 『정조실록』 권30, 정조 15년 11월 丁丑條, 「一舘學儒生 宋道鼎上疏文」
先朝戊寅 海西地方 有邪學 幾乎家家人人 毀祠廢祀 自海西而于關東 其徒寔繁 中外頗惶惑云云

31) 김의환, 「동학의 사회적 기반과 배경」, 『한국사상』 6, 1963, p.73 참조.

32) 「논학문」 : 앞의 책, p.176.
西人言無次第 書無皂白而 頓無爲天主之端 爲身之謀 只祝自身無氣化之神 學無天主之敎 有形無迹 如思無呪 道近虛無 學非天主 豈司謂無異者乎

33) 「권학가」 : 앞의 책, p.365~366.

우습다 저 사람은　　　　저의 부모 죽은 후에
神도 없다 이름하고　　　제사조차 안 지내며
오륜에 벗어나서　　　　惟願速死 무삼 일고
부모 없는 魂靈魂魄　　　저는 어찌 唯獨 있어
上天하고 무엇하고

지주로서 역할을 할 수 없었으며, 이에 대신하여 서학이 전국적으로 파급되고 있었음을 알 수 있다. 설상가상으로 민심에 쉽게 영향을 줄 수 있는 동학이 등장함에 양반관료층에서는 이에 대한 경계와 탄압이 불가피했을 것이다.

그리하여 그는 서학으로 매도하는 동학에 대한 세간의 오해를 해명하기 위하여 동학의 목적이 민족 자립 의지에 있다는 것을 해명했던 것이다.[34] 그러나 정부에서는 동학은 표면적인 명칭일 뿐 그 실은 일반 대중을 현혹케 하여 국정을 혼란케 하는 면에서 서학과 다름없다고 보아 1864년 3월 2일에 드디어 동학 탄압을 위한 방침을 정하기에 이르렀다.[35] 즉 중국의 백련교나 황건적의 경우와 마찬가지로 동학을 위험시하였다.

당시 동학 탄압의 또 다른 계기는 이양선 출몰과도 관계가 있다. 1801년에 국적을 알 수 없는 서양 선박이 제주도에 나타난 것을 효시로 하여 계속해서 이양선 출몰이 빈번하였다. 그렇지 않아도 서학의 급속한 전파를 우려하고 경계한 나머지 동학마저 서학으로 매도하여 탄압할 수밖에 없었던 조선 양반관료에게 이양선의 출몰은 큰 위협이 아닐 수 없었다. 영국의 배가 1816년에 충청도 해안에 처음 나타난 이후 1832년, 1840년에 이어 1845년에도 군함 2척이 한 달 동안이나 제주도와 전라남도 서남 해안을 측량하고 돌아간 일이 있다. 또 1846년에는 프랑스 군함 3척이 충청도 앞바다에 나타나 기해교난 때 죽은 3인의 프랑스 신부에 대한 책임을 물어온 적이 있었으며, 1848년에는 함경도 앞바다에, 1850년에는 강원도 앞바다에 국적을 알 수 없는 배가 나타났다. 더구나 1860년에 청이 영·불과 북경조약을 체결하는 과정에서 러시아가 연해주를 할양받음으로써 두만강을 사이에 두고 러시아와 국경을 접하게 되어 당시 조선은 관민 모두가 더욱

---

34) 『日省錄』, 고종 甲子年 2월 29일 慶尙監司 徐憲淳의 狀啓.
   以慶州民 訓學爲業矣 聞洋學出來云 以衣冠之類 不忍見洋學之熾行 以敬
   天順天之心 做出爲天主顧我侍求世不忘萬事宜十三字 名之曰東學
35) 『승정원일기』, 고종 원년 甲子 3월 초2일조 참조.

불안에 싸이게 되었다.

또한 이 무렵 청의 북경 함락 소식은 서구 세력에 대한 위기의식으로 나타났다. 이 때가 바로 철종 11년(1860) 안동 김씨의 세도정치하로서 청의 함풍제(咸豊帝)가 열하(熱河)로 피난했다는 소식은 조선사회에 큰 충격을 주었다.[36] 이에 일부 유림(儒林)들은 서양을 더욱 불신·경계하여 위정척사의 정신무장으로 대책을 강구했고, 반대로 일부는 서학에 의존하여 목숨을 부지하려는 사태가 벌어졌다. 심지어 관료들 중에는 가족을 피난시키는 추태를 연출하는 자들도 있었다.[37]

중국을 둘러싼 이와 같은 국제정세 변화에 대해서 조선 정부의 정보수집은 거의 전무 상태였다. 실제로 철종 12년(1861)에 동지사(冬至使) 신석우(申錫愚) 일행이 귀국하여 중국 실상을 보고하기까지[38] 1860년 9월에 북경조약이 체결된 사실을 전혀 모르고 있을 정도였다. 영·불 연합군이 물러간 지 6개월이 지나도록 이 사실을 알지 못한 채 조선의 위정자들이 도망할 생각이나 하고 민심이 크게 동요되었던 것도 이러한 인식부족에서 연유한 것이다.

---

36) 당시 淸은 太平天國의 난을 진압한 여세로 天津條約(1858년 英·佛과 조인)에 대한 비준을 거부하여 제2의 英佛 연합전쟁을 치르게 되었다. 영·불군의 북경 함락으로 결국 함풍제는 恭親王에게 후사를 맡기고 熱河離宮으로 피난했으며 북경조약을 체결하지 않으면 안 되었다(1860). 따라서 청은 기독교의 포교를 허락하고 영국에 홍콩과 구룡 반도를 할양하였다.

37) 朝鮮總督府, 『朝鮮史』 38, 철종 12년 1월, p.601.
外難이 목전에 닥쳐온 것처럼 일상의 직업을 일체 放擲하여 문을 닫는 자가 있었다. 官民 등은 산야로 피난했는데 특히 지방에서는 와전이 심하여 이를 막을 수가 없었다.……재야의 관인들도 그 職을 버리고 향리로 도피하는 자가 속출하였다.

38) 『철종실록』 권13, 철종 12년 3월 乙卯條.
卄七日乙卯 召見回還三使臣 上曰中原賊匪之何如 人心之何如 隨聞見詳陳可也 申錫愚曰 洋夷勒和外寇慈燼 皇駕至於北符 天下不可謂不亂矣 城闕宮府 市廠閭里 安堵如故 將屯郊壘 氣色整暇 賊竄近省 控禦綽裕 此民心不先事而騷繹 廟略不致期 而窘跲也

최제우는 이러한 혼란상을 보국안민의 관점에서 다음과 같이 우려하였다.

　　夫庚申之年　建巳之月　天下紛亂　民心淆薄　莫知所向之地　又有怪違
之說　崩騰于世間　西洋之人　道成立德　及其造化　無事不成　攻鬪干戈
無人在前　中國燒滅　豈可無脣亡之患也[39)]

　　民無四時之安　是亦　傷害之數也　西洋　戰勝攻取　無事不成　而天下盡
滅　亦不無脣亡之歎　輔國安民　計將安出[40)]

1860년 북경조약을 둘러싸고 일어난 중국의 제 사건과 조선의 사회 혼란상을 경신년(庚申年)의 상해지수(傷害之數) 즉 천하분란으로 표현했고, 순망지환(脣亡之患)의 위기라고까지 여겼던 것이다. 이처럼 조선과 중국의 관계를 잇몸과 이(齒)의 관계로 비유하여 위기의식을 강하게 노출한 것은 한편으로는 서양의 침공을 동양문화권의 위기로 이해한 것으로 생각할 수 있다. 즉 그의 동학 창도는 서양세력에 대한 대응책으로 제시한 것이라 하겠다.[41)]

그러나 한편으로 서양은 도성덕립(道成德立)의 경지에서 그 조화가 이루어지지 않음이 없고 그 무기에는 대적할 자가 없다고 하여 그들의 군사적·경제적 능력은 일단 인정하였다. 또한 그가 서학이 천시(天時)를 알지는 못하나 천명(天命)을 받은 도(道)라는 것을 인정한 것이나 부귀를 탐하지 않고 그들이 가는 곳마다 도를 행한다고[42)] 함으로써 종교적 도덕성까

---

39) 「논학문」: 앞의 책. pp.172~173.

40) 「포덕문」: 앞의 책, p.165

41) 신일철, 「동학사상의 전개」, 『한국사상』 17, 1980, p.84 참조.

42) 「포덕문」: 앞의 책, p.163.
　　至於庚申　傳聞西洋之人　以爲天主之意　不取富貴　攻取天下　立其堂　行其
道　故吾亦有其然　豈其然之疑

지 긍정한 것으로 보아 그의 서양관은 양면성을 보여준다.

그러나 동학을 무극대도(無極大道)라고 하여 그 우수성을 강조하는 한편 서학이 비록 천운을 받아서 도가 동학과 같지만 개인주의 입장에서 자신의 구령에만 치중하여 시천주(侍天主)하는 정성이 없으므로 이치는 동학과 다르다[43]고 하였다. 따라서 서양의 물리적 침공과 서학에 대적할 수 있는 방법은 오직 동학에 의해서만 가능하다는 것을 다음과 같이 역설하였다.

> 取東國之義 而洋學陰也 東學陽也 欲以陽制陰 常誦讀矣 此寇(西洋人) 善火攻 非甲兵所敵 惟東學盡殲其類[44]

이와 같이 서학이 천명을 받은 것으로 인정한 것은 역설적으로 중화문화권으로부터의 탈피를 의도한 것으로 생각할 수 있다.[45]

그러므로 최제우의 서양관이 위정척사론자들의 그것과 같다거나 서학에 긍정적이었다고 일방적으로 단정할 수 없다. 그의 보국안민은 탈중국적 민족자주 사상에 근거했으며 서양의 침입에 대항키 위한 정신적 지주로서 동학을 강조한 것이다. 이러한 민족자주성은 그의 도를 동학이라 일컫게 된 이유를 밝힌 다음과 같은 주장에서 잘 나타난다.

> 吾亦生於東 受於東 道雖天道 學則東學 況地分東西 西何謂東 東何謂西 孔子 生於魯風於鄒 鄒魯之風 傳遺於斯世 吾道 受於斯布於斯 豈可謂以西名之者乎[46]

---

43) 위의 책, p.175.
   洋學 如斯而有異 如呪而無實 然而運則一也 道則同也 理則非也
44) 『일성록』, 고종 원년 2월 29일조.
45) 신일철, 「동학사상의 전개」, 『한국사상』 17, 1980, p.84 참조.
46) 「논학문」: 앞의 책, pp.176~177.

그가 태어나서 도를 받았다는 '동'은 '서'에 대한 상대적 의미도 있겠으나 중국의 동쪽 즉 우리나라라는 의미가 강하게 함축되어 있다. 따라서 '동학'은 서학에 대립되는 동양의 학이라는 뜻과 중국이 아닌 우리 민족의 도라는 뜻을 동시에 내포하고 있다는 점에서 동양 문화와 서양 문화를 대립적으로 파악하는 그의 세계관과 탈중화주의적(脫中華主義的) 중국관을 엿볼 수 있다. 특히 자신의 도가 서학과 분명히 다르며 공자의 유학도 아니라고 한 말이 이를 증명한다.

최제우의 중국관은 서양 침공에 대한 보국안민의 관점에서, 또 사회적 기능이 한계에 도달한 유학을 부정하는 입장에서 탈중국을 의도하였다. 그가 이 무렵 가장 염려한 것은 아국(我國) 즉 조선의 사회질병이었고 12제국이라는 동양문화권보다 조선의 개벽을 우선적으로 보았다.[47] 그의 유학관은 공맹지덕 즉 유학의 근본까지 부정하는 적극성을 보이기도 하였다.[48]

그러나 그의 이러한 탈중국관은 한계가 있었다. 조선사회의 말기적 상황을 순망지환으로 표현했듯이 화이론적(華夷論的) 세계관을 불식하지 못했으며 존왕양이적 사상에서 숭명반청(崇明反淸)을 구가하기도 하였다. 명(明)을 멸망시킨 청(淸)을 한이(汗夷)로 지칭하는 동시에 그들을 조선의 원수·오랑캐로 규정하여 대보단(大報壇)에 맹세하고 청에 대한 복수를 선서한 것은 이를 잘 입증한다.[49] 화이관과 존화주의(尊華主義)라는 사상

---

47) 「안심가」 : 앞의 책, p.307.
　　개벽시 국초 일을　　　　滿紙長書 나리시고
　　12제국 다 버리고　　　　我國 운수 먼저 하네
48) 「교훈가」 : 앞의 책, p.280.
　　儒道佛道 누천년에　　　　運이 역시 다했던가
　　「몽중노소문답가」 : 앞의 책, p.338.
　　아서라 이 세상은　　　　堯舜之治라도 不足施요
　　孔孟之德이라도　　　　　不足言이라
49) 「안심가」 : 앞의 책, pp.318～319.
　　大報壇에 맹서하고　　　　汗夷怨讐 갚아보세
　　重修한 汗夷碑閣　　　　　헐고 나니 草芥 같고

적 한계를 완전히 탈피하지 못했던 것이다.

이에 비하여 일본관은 민족적 증오심을 다음과 같이 노골적으로 표현하였다.

개같은 왜적놈이	전세임진 왔다가서
……	개같은 왜적놈을
한울님께 조화받아	一夜에 멸하고서
傳之無窮하여 놓고	……50)

19세기 후반 조선왕조의 국가적·민족적 위기 국면을 임진왜란이 일어났던 당시 상황에 비교할 만큼 일본에 대한 적대감이 강하였다. 물론 임진왜란 이래의 전통적 적개심이 크게 작용하기도 했지만 실은 왜양일체론(倭洋一體論)에 입각했던 일본관이 작용했기 때문이라 할 수 있다.51)

위정척사론자들의 척사(斥邪)에 대한 이론적 근거가 문화적 척사의식에서 탈피하여 왜양일체의 새 논리로 전환된 것이 1870년대였던 것에 비하면 「안심가」 저술이 1860년인 것으로 보아 그의 배왜(排倭)의식은 이보다 앞서 있었다고 하겠다. 그는 일본을 동양문화권의 일원으로 보지 않고 서양 제국주의 국가와 동일시하여 경계하는 한편, 원색적 용어를 사용하여 저주할 정도로까지 강한 적개심을 보였던 것이다.

이와 같이 최제우는 서양과 일본을 동일시하여 반외세적 태도를 보였으나 서양에 대한 감정보다 일본에 대한 적개심이 절대적이었고 민족적 저항의 일차적 대상으로 여겼던 것이다.

붓고 나니 박산일세
50) 위의 책, pp.317~318.
51) 김용덕, 「동학사상연구」, 『중앙대논문집』 9, 1964, p.217 참조.

2. 동학의 창도

1) 민족종교로서의 위상

최제우는 1860년에 대중을 상대로, 1861년에는 불우한 몰락 양반들에게까지 포교의 범위를 점차 확대하여 교리의 체계화와 함께 민족종교의 위치를 다져나갔다. 그가 교리의 천명, 입도(入道) 절차의 마련, 수도계율 제정, 『용담유사』와 『동경대전』의 저술, 접주(接主)제도의 실시 등 본격적 포교에 들어간 것은 1861년 후반부터이다. 처음에는 난세에서의 구제를 갈망하는 대중을 대상으로 하였기 때문에 수도 방법에서 민간신앙과 관계있는 의식이나 주문, 부작(符作)을 사용하였고, 뒤에 잔반한사들을 의식하게 되면서 유(儒)·불(佛)·선(仙)을 교리에 종합적으로 포용하는 동시에 이들 기성 종교의 용어도 이용하였다.

종교의식에 관한 것을 보면 일정한 수도 절차를 마련하여 입도를 원하는 사람에게 이를 따르게 했는데, 입도식(入道式)은 매월 1일과 15일에 산상(山上)에서 행하되 끝나면 함께 검가(劍歌)를 부르며 춤을 추어 강령(降靈)의 신비 상태를 체험하며 동귀일체(同歸一體)를 공감케 하였다. 입도식에서는 제일 먼저 영시불망(永侍不忘)을 맹세케 한 후에 청수(淸水)를 받들어 영부(靈符)와 주문(呪文)을 내려 항상 영부를 지니고 주문을 무시(無時)로 암송케 하고 침식과 출입시에는 반드시 심고(心告)하도록 하였다. 주문과 영부를 중히 여기는 동학의 이러한 종교성은 1860년 그가 직접 체험한 천사문답(天師問答)에서 찾아볼 수 있다.

종교 체험시 '한울님'으로부터 받은 영부의 모양을 태극(太極)·궁궁(弓弓)으로 표현하고 그 효능을 주문과 같이 '한울님'의 조화에 접하기 위한 수단이라고 한 그의 말에서 동학 초기의 신관(神觀)을 알 수 있다.[52] '한울

---

52) 「포덕문」 : 앞의 책, p.164. 1861년에 『동경대전』 중에서 최초로 지은 글이므로 주술적 요소가 내재되어 있다.

님'의 존재를 인간과 모든 자연계를 주재하는 전지전능(全知全能)의 인격
적 신으로 파악한 것은 신비주의적 계시종교(啓示宗敎)의 입장을 표명한
것으로 볼 수 있다.[53]

　이와 같이 최제우는 초기에 영부의 효력을 초자연적 '한울님'의 위력으
로 표현했으나[54] 뒤에는 점차 교리의 정리와 함께 '한울님'에 대한 경외지
심(敬畏之心)이 지극할 때만 효력이 있다고 하여 영부를 상징적으로 해석
하였다.[55] 성실과 도덕을 전제로 하는 영부의 효력은 주술적이라고 보기
어렵다. 이러한 영부 해석에는 종교적 목적이 내재해 있다.[56] 이로써 동학
의 주술적 성격은 점차 희석되어 갔던 것이다.

　주문은 조화의 영부 능력을 얻기 위하여 마음으로 맹서하는 글인데 처
음에는 8자로 시작하여 13자, 21자로 정리되었다.[57] 이러한 영부와 주문은
민간신앙의 무격적(巫覡的) 강신제사(降神祭祀) 때 흔히 사용하던 것으로
서 당시 대중에게는 가장 친근한 종교의식이었다. 이러한 의식을 거쳐 지
기(至氣) 즉 '한울님'의 강화(降化)가 이루어지면 다음 단계로 검무를 추
었다. 검무는 목검(木劍)을 상하로 흔들면서 껑충껑충 뛰어오르는 춤인데
이 때 다음과 같은 검가를 함께 불렀다.

時乎時乎 이내 時乎　　　不再來之時乎로다
萬世一之丈夫로서　　　五萬年之時乎로다

吾有靈符 其名仙藥 其形太極 又形弓弓 受我此符 濟人疾病 受我呪文 敎
人爲我 則汝亦長生 布德天下矣
53) 최동희, 「동학사상」, 『한국의 사상』, 시사영어사, 1982, p.90 참조.
54) 「안심가」, 『용담유사』 : 앞의 책, p.312 참조.
55) 「포덕문」 : 앞의 책, p.164.
　　到此用病 則或有差不差 故莫知其端 察其所然 則誠之又誠 至爲天主者
　　每每有中 不順道德者 ——無驗 此非受人之誠敬耶
56) 최동희, 「천도교에서 믿는 대상과 목적」, 『신인간』, 383, 1980, p.27 참조.
57) 8자는 '至氣今至 願爲大降'의 降靈呪文이고, 13자는 '侍天主造化定 永世不
　　忘萬事知'의 本 呪文이며, 21자는 이 모든 것을 합한 것을 말한다.

龍泉劒 드는 칼을	아니 쓰고 무엇하리
無袖長衫 떨처 입고	浩浩茫茫 넓은 천지
一身으로 비껴 서서	이 칼 저 칼 넌즛 들어
칼노래 한 곡조를	時乎時乎 불러내니
용천검 날랜 칼은	일월을 희롱하고
게으른 무수장삼	우주에 덮여 잇다.
萬古名將 어대 있나	丈夫當前無壯士라
좋을시구 좋을시구	이내 身命 좋을시구58)

검가를 보면 확실히 혁명적 성격과 이를 성취하기 위한 물리적 욕구가 깃들어 있음을 알 수 있다. 이 검무야말로 당시 대중이 봉건지배층의 탐학과 외세 침입에 대한 울분을 토해낼 수 있는 최선의 방법이었을 것이다. 요컨대 검무나 검가는 혁명의식을 고취하기 위한 것으로 뒤에 1894년 갑오동학운동의 정신적 힘의 진원이 되었다고 할 수 있다. 그러나 다만 그 방법은 인위적 무력이 아니었다. 그것은, 무력의 상징이라기보다는 무격적인 것으로 시운(時運)과 관계가 있다.59) 즉 '한울님'의 조화가 인간에 의해 발휘된다는 데에 근거한 것이다.

수도계율을 보면 7개 항목으로 되었는데60) 그 내용은 수심정기(守心正氣)의 일상적 윤리로서 '한울님'에 대한 성경(誠敬)의 실천을 강조한 것이다. 현실 개혁보다는 현실 극복의 정신적 자세가 후천개벽(後天開闢)의 최

---

58) 이돈화,『天道敎創建史』: 아세아문화사,『東學思想資料集』2, 1979, pp.64 ~65. 최제우가 본격적으로 포덕에 들어가기 직전 1861년에 8개월 동안 은적암에 체류할 때 至氣의 降化가 왕성해지고 도리가 더욱 밝아져 기쁨을 금치 못하여 달 밝은 밤에 妙高峰山에 홀로 올라가 지은 노래이다.

59) 김용덕,「동학사상연구」, 앞의 책, p.199 참조.

60)「수덕문」,『동경대전』: 앞의 책, p.201.
一番致祭 永侍之重盟 萬惑罷去 守誠之故也 衣冠定齊 君子之行 路食手後 賤夫之事 道家不食 一四足之惡肉 陽身所害 又寒泉之急坐 有夫女之防塞 國大典之所禁 臥高聲之誦呪 我誠道之太慢

선책이라는 것을 주지시킴으로써 신앙 대상을 위주로 하는 기성 종교의 범주 안에서 동학을 지키려 한 의도가 엿보인다.

『용담유사』와 『동경대전』의 저술은 1860년 후반부터 시작하였다. 『용담유사』는 부녀자와 일반 신도를 대상으로 한 국문체 가사로서 모두 8편으로 이루어져 있다. 초기에 저술한 「용담가」, 「안심가」, 「교훈가」는 득도의 흥분 상태에서 지은 것인데 주로 자신의 전기적(傳記的) 사실과 능력에 관한 것으로 도교사상적 요소가 포함되어 있다. 1861년(辛酉)에 지은 「몽중노소문답가」와 「도수사(道修詞)」에서는 후천개벽론과 자신의 종교 체험을 기술했으며 동학에 대한 탄압이 심해진 1862년 이후에는 「권학가」, 「도덕가」, 「흥비가」를 저술하여 수도 방법과 효험에 관한 것을 논리적으로 설명하였다. 즉, 후기에는 대중 상대의 포교 단계에서 지식인층 상대의 설득 단계로 발전했다고 할 수 있다.

『용담유사』에 비하여 『동경대전』은 제자를 대상으로 한 경전으로 1861년 포교와 동시에 저술에 착수하였다. 처음에 저술한 「포덕문」에서는 천사문답(天師問答) 형식으로 득도 과정을, 「논학문」에서는 우주만물의 생성 원리와 인간사회의 발전 법칙을 결부시켜 동학 이론과 수련 방법을 기술하였다. 또 1862년에는 「수덕문」을 지어 주문만으로는 도성덕립에 이를 수 없으며 반드시 수심정기의 수도에 의할 때라야 가능하다는 것을 주지시켰다. 또한 그의 신앙이 절정에 이르렀던 1863년에 지은 「불연기연(不然其然)」에서 우주만물의 생성 과정에 대한 강한 의문을 제기하고 그 이치를 철학적으로 규명하였다. 즉, 『동경대전』은 지식인층을 위한 교리서로서 유교적 우주론을 많이 원용하였다.

이와 같이 가사와 경전을 간행하고 각종 종교의식을 통하여 포교에 주력한 결과 동학은 정부의 탄압에도 불구하고 1년 동안에 교인의 수가 급속히 증가할 수 있었다.61) 그러나 그는 피신중에 있어서 항상 거처를 옮겨야

---

61) 「도수사」, 『용담유사』 : 앞의 책, p.343.
　　　불과 일년 지낸 후에　　　遠處近處 어진 선비

했기 때문에 이들에 대한 조직적 관리가 필요하였다. 그리하여 1862년 12월에 접주제를 실시하였다. 이것은 각지에 접(接)을 두고 접소(接所)마다 그 지방의 덕망있는 자를 접주로 임명하여 그 관내의 교도를 지도하게 한 제도이다.62) 그가 임명한 접주는 전도인(傳道人)으로서 모두 16명이었다.63) 이들이 관리하고 교화하는 교도들은 같은 지역에 거주하는 교도 모두는 아니다. 다만 이들이 전도한 접주들만이 관리할 수 있을 뿐이다. 또한 접주들은 교도를 지도하는 외에 교조 최제우에게 직접 가르침을 받게 되어 있었다. 그리하여 이 무렵 동학의 교세는 경상도 일대를 근거로 하고 충청도, 경기도까지 확대될 수 있었다.

　당시의 동학 교세는 선전관(宣傳官) 정운구(鄭雲龜)가 서계(書啓)에서 조령으로부터 경주에 이르기까지 부녀자·어린이들 대부분이 주문을 암송했다고 보고할 정도로 급속히 발전하였다.64) 그러면 이와 같이 동학이 단기간에 광범위하게 전파될 수 있었던 힘은 어디에 있을까? 물론 여기에는 이미 언급했듯이 신비적 종교 체험의 홍보나 부작(符作)을 통한 질병 치유의 기적, 토착신앙적 종교의식과 용어의 습용으로 동학에 대한 생경감을

　風雲같이 모여드니　　　樂中又樂 아닐런가

62) 한우근, 「동학의 리더쉽」, 『백산학보』 8, 백산학회, 1970, pp.501~502. 접주 제는 동학의 교단조직으로서는 최초의 것이다. 행정구역의 체계에 따라 접주 를 중심으로 수직으로 연결되었으며, 1894년 갑오동학운동 때는 부대적 병 단으로 편성되는 기동성도 보였다.

63) 『천도교창건사』: 앞의 책, p.74. "접주제라 함은 각지에 접소를 설하고 접소 에 접주를 두어 其管內 道人을 統化하는 제도이니 이 법이 천도교 제도의 효시였다. 이 때에 접소와 접주는 경주에 李乃謙, 白士吉, 姜元甫, 영덕에 吳明哲, 영해에 朴夏善, 대구 淸道兼, 京畿에 金周瑞, 청하에 李敏淳, 延日 에 金伊瑞, 안동에 李武中, 단양에 閔士燁, 영양에 黃在民, 新寧에 河致旭, 고성에 成漢瑞, 울산에 徐君孝, 長鬐에 崔義仲 諸人이러라."

64) 『비변사등록』, 철종 癸亥年 12월 20일.
　自鳥嶺至慶州爲四百餘里　州郡凡十數東學之說　幾乎無日不入聞　而環慶 州隣近諸邑　其說尤甚　店舍之婦　山谷之童　無不誦傳其文　名之曰爲天主 又曰侍天地　恬不爲怪　亦不得掩是白乎

제거하는 등 여러 가지 포교 방법을 동원했을 것이다.

그러나 이보다 효과면에서 더 주효할 수 있었던 근본적 이유는 동학 지도층과 대중과의 공감대 형성이라고 할 수 있다.[65] 이러한 점은 최제우 스스로가 빈천자임을 자처하고 그들과 같은 처지에 있다는 것을 강조한 사실에서 입증된다.[66] 그도 고진감래를 기대하는 대중과 다를 바가 없다고 하였다. 실제로 그를 비롯해서 당시의 접주들은 대부분 잔반(殘班) 계층으로서 생업에 종사해야만 생계를 이을 수 있는 처지로 전락하여 일반 대중과 다름없이 관료들의 착취 대상이 되었다. 따라서 이들은 대중의 의식 성향을 쉽게 파악할 수 있었으며 그들 또한 동학에 쉽게 접근할 수 있었다.

당시 일반 대중의 성분은 대체로 3가지로 구분할 수 있다. 첫째는 경제적 궁핍과 사회적 박해 속에서 절망하던 부류였으며, 둘째로 유교의 권위와 통제 능력 상실에 따른 가치 질서의 부재 상태 속에서 정신적으로 방황하고 있던 부류, 셋째로 서구 침입의 충격으로 서학에 귀의하거나 참위, 요언(妖言), 무격(巫覡) 같은 토속신앙에서 구원을 찾는 부류였다. 그리하여 최제우는 그들이 바라고 생각하고 있는 모든 문제를 정확히 파악하여 그 해결책으로 동학에의 입도를 권고하였다.[67] 따라서 춘삼월 호시절을 기약해 주는 희망과 구원의 메시지를 이들에게 전달할 수 있었던 것이다.[68]

---

65) 睦貞均, 「동학운동의 구심력과 원심작용」, 『한국사상총서』 Ⅴ, 한국사상연구회, 1982, p.216 참조. 동학혁명(1894) 발생 요인으로 동학사상에 내재한 혁명성이라는 주체적 조건과 조선의 봉건적 사회라는 객관적 조건 외에 제3의 요인으로 創道 이후 1894년에 이르기까지 30년 동안 동학 교단에서 이룩한 '커뮤니케이션' 과정을 중요시하였다.

66) 「안심가」, 『용담유사』: 앞의 책, p.86.
　　우리라 무슨 팔자　　　　고진감래 없을소냐
　　興盡悲來 무섭더라　　　한탄 말고 지내보세

67) 「권학가」: 위의 책, p.366.
　　그말 저말 다 던지고　　한울님을 공경하면
　　아동방 3년 괴질　　　　죽을 염려 있을소냐

68) 「교훈가」: 위의 책, p.286.

2) 교리의 정립

최제우가 유·불·선을 부정하는 한편 일부 긍정하는 입장에서 포용하는 태도를 보이기 시작한 것은 종교 체험 이후라 하겠다. 특유의 신비적 직관으로 이들 기성 종교를 재구성하려 노력한 그의 태도는 은적암(隱寂菴)에서 송월당(松月堂)이라는 승려와 문답한 다음과 같은 내용에서 잘 나타난다.

> 僧이 大神師께 향하야 "선생은 佛道를 연구하십니까" 하고 물은즉 대신사 갈으되 "나는 불도를 좋아하지요" "그러면 웨 승려가 되지 안엇소" "중이 아니고서 불도를 깨닷는 것이 더욱 좋지 안소" "그러면 儒道를 좋아하십니까" "나는 유도를 좋아하나 유생은 아니요" "그러면 仙道를 하십니까" "선도를 하지 안소마는 좋와는 하지요"……"나는 유도 아니오 불도 아니오 선도 아니오 그 전체의 원리를 사랑하오. 天道는 아니 잇는 곧이 없나니 아니 잇는 곧이 없음으로 전체를 사랑할 밖에 없지 안소"[69]

이러한 그의 태도는 유교에서 삼강오륜의 인륜도덕을 인간성 회복에, 불교에서 호국사상을 보국안민의 인류구원 의식에, 도교에서 신선사상을 지상천국 건설에 적용하여 유·불·선을 종합한 근대적 사상을 이룩하려는 것이다.

그러나 그의 저서인 『동경대전』과 『용담유사』에 실린 교리의 내용이 대부분 유·불·선에 관한 것인 데 비하여 종교 용어에 있어서는 민간신앙적인 면이 많다. 즉 기성 종교의 사상을 원용하여 교리의 합리주의적 체계

入道한 세상 사람   그 날부터 君子되어
無爲而化될 것이니   地上神仙 네 아니냐

69) 『천도교창건사』 : 앞의 책, pp.65~66. 1861년에 8개월 동안 수도가 끝날 때의 일이다. 위의 책, p.47에 보면 1863년 8월에 崔時亨에게 '傳授心法'을 끝낸 후에도 동학이 儒·佛·仙 합일임을 재확인하였다.

화를 꾀하는 한편, 무격, 도참설, 귀신교 등 민간신앙의 용어와 의식을 차용함으로써 대중 상대의 포교를 용이하게 했고 토착적 민족종교로서 동학의 위상을 정립할 수 있었다.

그는 유·불·선을 사상적으로 원용하는 데 있어서 유교의 우주론에서 삼재론(三才論)과 음양오행설을 수용하였다.[70] 천도(天道)와 지리(地理)를 대전제로 하여 우주만물의 생성법칙을 지기일원(至氣一元)의 발현으로 보았으며 천지인의 삼재지교(三才之敎)를 강조하였다. 그의 이러한 입론은 『주역(周易)』과 『예기(禮記)』에 의한 것으로서 기(氣)의 생생무궁설(生生無窮說)을 긍정하고 있음을 알 수 있다.[71] 이것은 천운이 무궁히 순환한다고 하는 시운관(時運觀)과 관련이 있다.

이와 같은 유교적 논리 전개는 최제우가 제자들과 교리에 대하여 문답한 내용에서 흔히 찾아볼 수 있다. 자신이 천령강림시(天靈降臨時)에 받은 도가 무왕불복지리(無往不復之理)의 천도(天道)임을 밝힘으로써 동학 창도가 천운에 따른 것임을 설명한 것이라든지[72] 천주를 지기(至氣)와 동일시함으로써 성리학의 이기이원론(理氣二元論)에서 말하는 기(氣)를 동학의 우주적 원리로 본 것이 그 예이다.[73]

한편 그는 인의예지와 삼강오륜의 사회적 윤리를 시천주의 종교적 윤리로 발전시키기도 하였다.[74] 자신의 교양이 공자에 연원을 두고 있다고 하

---

70) 「논학문」, 『동경대전』 : 앞의 책, pp.171~172.
  陰陽 相均 雖百千萬物 化出於其中 獨惟人 最靈者也 故定三才之理 出五行之數 五行者何也 天爲五行之綱 地有五行之質 人爲五行之氣 天地人三才之數 於斯可見矣
71) 졸고, 「동학사상연구」, 『상명여대논문집』 15, 1985, p.124 참조.
72) 「논학문」 : 앞의 책, p.175.
  至辛酉 四方賢士 進我而問曰 今天靈降臨先生 何爲其然也 曰受其無往不復之理 曰然 則何道以名之 曰天道也
73) 위의 책, p.177.
  氣者 虛靈蒼蒼 無事不涉 無事不命 然而如形而難狀 如聞而難見 是亦渾元之一氣也

여 동학의 바탕을 유교의 심학(心學)에 두고 있는 것이 이를 뒷받침한
다.75) 다음과 같이 『대학』과 『중용』의 내용을 인용하여 심학의 핵심인 경
(敬) 사상을 강조한 것으로 보아 그의 종교적 성향은 도덕지상주의에 있다
고 할 수 있다.

大學에 이른 道는   明明其德하여 내어
止於至善 아닐런가   中庸에 이른 말은
天命之謂性이오   率性之謂道요76)

그러나 그는 공자의 도를 긍정하는 단계에서 더 발전하여 유교의 형식
화된 합리주의를 동학으로 종교화함으로써 자신의 도를 금불문(今不聞)
고불문(古不聞)의 도(道)로 표현하였다.77) 즉 도의 이치는 동학이 유교와
대동소이하지만 형식화된 합리주의를 수심정기(守心正氣)로 종교화한 것
은 동학의 독창성이라는 뜻이다.78) 겉으로는 유교적 지식과 윤리관을 그대
로 포용했으나 내면으로는 유교의 대인간적 도덕인 성(誠)·경(敬) 즉 종

---

74) 신일철, 「최수운의 역사의식」, 『신인간』 366, 1979, p.10 참조.
75) 「도수사」: 앞의 책, pp.350~351.
　　淵源道統 지켜내서   공부자 어진 도덕
　　가장 더욱 밝혀내어   천추에 전해오니
　　「교훈가」: 앞의 책, p.299.
　　心學이라 했으니   不忘其意 하여셔라
　　賢人君子될 것이니   道成德立 못 미칠까.
76) 「도덕가」: 앞의 책, pp.370~371.
77) 「논학문」, 『동경대전』: 앞의 책, p.180.
　　吾道 今不聞古不聞 今不比古不比之法也
78) 「수덕문」: 앞의 책, p.199.
　　覺來夫子之道 則一理之所定也 論其惟我之道 則大同而小異也 去其疑訝
　　則事理之常然 察其古今 則人事之所爲
　　「논학문」: 앞의 책, p.201.
　　仁義禮智 先聖之所敎 守心正氣 惟我之更定

교적 윤리로 발전시켰던 것이다. 이 외에도 그는 군자, 소인, 천리(天理), 천명(天命), 성(誠), 경(敬), 태극(太極), 무극(無極) 같은 용어를 사용하여 당시 전통적 사회관습에 젖어 있던 사대부 신분계층이 동학에 쉽게 적응할 수 있는 분위기를 조성하는 데 힘썼다.

불교로부터는 윤회사상을 『정감록(鄭鑑錄)』의 천운순환(天運循環) 사상과 결부시켜 응용하였다. 불교가 미신적인 참위설과 혼합할 수밖에 없었던 까닭은 국초부터 국시로 지켜오던 척불책과 관련이 있겠으나 그 직접적 이유는 임진(壬辰)·병자(丙子) 양란 이후 사회적 병폐에 따라 성행되고 있던 참위사상의 이씨왕조 멸망과 불교 부흥에 대한 예언 때문이라고 할 수 있다.79) 더구나 동학이 창도될 무렵의 불교는 사원 경제의 궁핍상이 극에 달하여 이를 타개하기 위한 방법으로 재래의 토속신앙과 결부되어 구복기도(求福祈禱)의 형식으로 겨우 명맥이 유지되는 정도였다.80) 이러한 사실로 보아 당시는 궁중이나 민간의 부녀자들 중심으로 불교가 겨우 유지되었다는 것을 알 수 있다.

최제우도 수도할 때는 언제나 사찰을 찾거나 기도했다는 기록이 보인다. 그가 최초로 겪은 종교 체험도 '을묘천서(乙卯天書)'와 관계되는 사건이다. 당시 최제우와 승려의 대화 내용은 다음과 같다.

> 소승은 금강산 楡店寺에 있는 중으로 백일기도를 하옵더니 공부를 마추는 날 榻前에 책 한 권이 놓여 있음으로 읽어본즉 천하의 異書라 도저

---

79) 김의환, 「동학사상의 사회적 기반과 사상적 배경」, 『한국사상총서』 Ⅲ, p.134 ~135 참조.
80) 『순조실록』, 순조 15년 乙亥 正月, 영의정 金載瓚의 상소문.
先祖禁巫覡僧尼 無得出入城内 仍爲法府禁令 近間巫女比丘尼輩 藏蹤出沒 略無顧忘 幻惑漸滋於城闉 新寨殆遍於寺刹 聽聞所及 騒訛轉廣云 此豈列聖朝斥仝道定民 志之盛德至敎哉 今京兆抽曹 謹遵先朝受敎 窮家搜索 並卽逐送于城外 俾無敢接迹於京之地 如有冒禁藏匿之類 請函施刑配之典 從之

히 글 뜻을 알 길이 없어 이 글을 아는 사람을 찾기 위하야 천하를 주유
하되 아즉 그 사람을 보지 못하엿더니 오늘 선생을 뵈옴애 마음에 크게
감동한 바 잇어 이 글을 드리오니 원컨대 선생은 깊이 연구하소서.[81]

여기서 천서(天書)를 받았다는 것은 동학이 토속적 민간신앙과 결부된
불교와 서로 연계되어 있음을 알 수 있다.[82] 또 1856년에 양산(梁山) 통도
사(通度寺) 내원암(內院菴)에서 49일 기도 중에 숙부의 죽음을 미리 알았
다고 하는 것도 이와 같은 맥락에서 생각할 수 있다. 수도 이외에 사망 후
의 기원이나 치병(治病)에서도 많은 기적을 행한 것으로 기록되어 있다.[83]
한편 개인적 빈부·귀천의 차별이나, 국가의 흥망성쇠 및 사회기강의
존폐 여부는 모두가 불교의 인과응보에 의한 것이므로 시천주하면 천운순
환 원리에 따라 동귀일체한다고 하여 대중에게 난세에서 구제받을 수 있다
는 희망을 주었다.[84] 이러한 미래관을 그는 극락세계라는 용어로 제시하기

---

81) 『천도교창건사』: 앞의 책, p.40.
82) 이은봉, 「민족종교로서의 천도교」, 『신인간』 457, 1988, pp.13~14, 22~23
   참조. 을묘천서에 대하여 이 논문에서는 한국 고대사에서 흔히 찾아 볼 수
   있는 민간신앙의 하나인 산신 숭배와 관련지었다. 산신이 실제 인물이나 神
   人으로 나타난 경우를 『삼국유사』의 기록 중에서 신라 문무왕 원년(661)에
   智通 스님이 異人으로부터 戒를 받고 心眼이 열렸다고 하는 일, 문무왕 5년
   (665)에 安吉이 홀연히 나타난 老翁의 도움으로 車得公을 찾은 일 등을 예
   로 들었다.
83) 『천도교창건사』: 앞의 책, pp.61~62 참조.
84) 「교훈가」: 앞의 책, p.277.
   한울님이 사람 낼 때   녹 없이는 아니 내네
   우리라 무슨 팔자   그다지 기험할꼬
   富하고 貴한 사람   이전 시절 貧賤이오
   貧하고 賤한 사람   오는 시절 富貴로세
   위의 책, pp.278~282.
   천운이 순환하사   無往不復하시나니……
   윤회같이 둘린 운수   내가 어찌 받았으며……
   同歸一體하는 줄을   사십 평생 알았더냐.

도 하였다.[85]

요컨대 불교로부터는 사상 자체보다 용어와 염주, 송주(誦呪) 등 수도 방법을 수용함으로써 동학을 대중에게로 접근시키는 데 치중했다고 하겠다. 불교에서 말하는 동귀일체는 공(空) 사상에 근거하여 만물현상(萬物現象)을 일여실상(一如實相)의 실재로 본 것인 데 반하여, 동학에서는 천인여일(天人如一)의 정신적 상태로 보아 누구든지 군자가 될 수 있다는 인격적 평등의 의미로 쓰였다.

도교(道敎)는 원래 조선왕조에서 국초부터 토속적 산신제(山神祭)와 제천행사로 유제(醮祭)를 시행하여 왔다. 그러나 임란 이후 도참사상이나 풍수지리설과 혼합되어 공적 성격은 완전히 상실되고 민간신앙화하게 되었다. 특히 왕조 말기에는 이러한 민간신앙적 도교 행위가 민간에서뿐만 아니라 궁내의 양반 관료층에까지 유행하여 정치적 부패상이 극에 달할 정도였다. 계속된 궁중의 유제로 재정 낭비가 심하여 고종 때 매관매과(賣官賣科)의 폐해가 심했던 것도 이러한 연유 때문이라고 한 황현(黃玹)의 기록이 이를 말해주고 있다.[86]

이렇게 본다면 당시 동학을 창도함에 있어서 미신화한 도교의 영향을 받는다는 것은 당연한 일이라 하겠다. 그러나 이 역시 교리로서보다는 용어를 인용하는 정도였다. 무위이화(無爲而化)·선인(仙人)·신선(神仙)·지상신선(地上神仙)·삼신산(三神山)·불사약(不死藥)·선풍도골(仙風道骨)·불로불사(不老不死)와 같은 것이 바로 그것이다.

도교에서 말하는 무위이화가 무위자연(無爲自然) 사상에 기초하고 있는 데 비하여 모든 만물이 자연중에 화출(化出)한다는 면에서 동학과 상통하는 일면이 있으나, 그가 무위이화를 천주의 조화로 보는 면에서는 그 해

---

85) 『천도교창건사』: 앞의 책, p.63 참조.
86) 黃玹, 『梅泉野錄』 권1 上(甲午以前), 迷信과 遊宴.
　　自元子誕生 宮中祖醮無節 遍及八道名山 上亦恣意遊宴 常覓不貲 兩殿日費千金 內需司所藏 不能支數逐公取 戶惠廳而用之 掌財之臣 無一人違忤者不募年 雲峴十年之犢蕩然矣 賣官賣科諸弊政 繼是而作

석이 완전히 다르다. 즉 동학에서는 무위이화를 인간이 수심정기하여 천주의 섭리에 순응할 때 동귀일체한다고 하는 시천주사상으로 발전시켰다. 따라서 동학이 추구하는 봉건적 사회개혁의 방법을 무위이화로 설명하였다. 다시 말하면 무위이화는 인위적인 것이라기보다 천주의 섭리로 보았으니 이러한 점에서 동학의 관념적, 종교적 교리를 성립시킬 수 있었다.

또 신선·선인·선약(仙藥)이라는 용어는 도교의 신선사상에서 나온 것이나 그 의미는 유교에서 말하는 도성덕립의 군자를 의미하는 것이다. 도교의 신선은 무위(無爲)하여 양기(養氣)에 이른 불로장생의 경지를 말하는데, 동학에서는 인간이 내면적으로 한울님과 합일되었을 때를 말하는 것으로 정신적 수양에 의해서 비로소 지상천국 건설이 가능하다는 논리와 맥락을 같이하고 있다.

유·불·선과 동학의 관계를 요약하면 동학의 교리 내용은 전적으로 유교의 이론을 수용했고, 종교의식이나 용어에서 불교나 도교적인 것이 많이 습용되고 있음을 알 수 있다. 이와 같이 기성 종교를 선별적으로 수용하여 종합한 까닭은 당시의 잔반한사와 같은 지식인의 동학 입도를 의식한 때문이라 하겠다.

한편 민간신앙적 요소의 수용은 동학을 대중적 종교로 토착화하는 것과 직결되는 문제로서 전통사상 못지않게 동학의 위상 정립에 큰 영향을 미쳤다. 특히 도참설은 19세기에 들어와 더욱 성행하여 전국 각지에서 흉서(凶書)·괘서(掛書) 사건이 빈번히 일어났다.[87]

최제우도 당시 유행하고 있던 『정감록』의 도참설을 주술적 방법으로 규합·수용했다는 것은 다음의 「몽중노소문답가」에서 확인할 수 있다.

---

87) 순조 원년에는 하동, 창원의 괘서 사건 ; 순조 4년에는 安岳人 李達宰의 조정 비방 사건 ; 순조 4년, 常民 載榮·性西에 의한 都城四門의 關西秘記 괘서 사건 ; 순조 26년, 제주지방의 괘서 사건이 대표적이다. 그리하여 헌종 2년 2월에 讖緯로 대중을 현혹케 하는 자는 법으로 처단할 것을 명하였다. 그러나 철종조에는 참위와 유언비어로 백성을 선동하는 자가 날로 증가하였다.

괴이한 東國讖書 　　　추켜들고 하는 말이
已去 임진왜란 때는 　　　利在松松하여 있고
가산 정주 西賊 때는 　　　利在家家 했더니
어화 세상 사람들아 　　　이런 일을 본받아서
生活之計하여 보세 　　　秦나라 錄圖書는
亡秦者는 胡也라고 　　　虛築防胡했다가
二世 亡國 하온 후에 　　　세상 사람 알았으니
우리도 이 세상에 　　　利在弓弓했다네[88]

여기서 궁궁(弓弓)이나 궁궁을을(弓弓乙乙) 등 비결을 이용하여 난세의 피난처와 생존할 수 있는 방도를 대중에 제시하고 있다. 그러나 한편으로 『정감록』을 동국 참서라 하여 비웃는가 하면 녹도서(錄圖書)만 믿고 허축방호(虛築防胡)하다가 망한 진(秦)나라의 고사(故事)를 들어 복점(卜占)의 허망함을 탄식하는 등 그의 유교적 가치관의 일면을 보이기도 하였다.[89]

그는 또 도참설의 중심 사상인 풍수지리설을 원용하여 조선왕조의 멸망을 다음과 같이 예언하기도 하였다.

삼각산 漢陽 都邑 　　　사백 년 지낸 후에
下元甲 이 세상에 　　　남녀 간 자식 없어
……
아들 아기 탄생하니 　　　奇男子 아닐런가[90]

여기서 한양은 도읍한 지 400년이 지나 이미 지덕(地德)이 쇠했다는 것을 전제하고 아들·기남자라고 하는 상징적 표현으로 새 왕조의 개창을

---

88) 「몽중노소문답가」 : 앞의 책, pp.336~337.
89) 김의환, 「동학사상의 사회적 기반과 사상적 배경」, 앞의 책, pp.153~154 참
　　조.
90) 「몽중노소문답가」 : 앞의 책, pp.331~334.

암시하고 있다. 그의 이러한 태도는 풍수지리설을 대중을 선동하는 자료 즉, 혁명적 이념으로 하기에 충분했으며, 양반관료층의 입장에서는 부도덕한 혹세무민적(惑世誣民的) 차원에서 동학을 탄압할 수 있는 근거가 되었던 것이다.[91]

민간신앙으로 귀신신앙과 무격(巫覡)을 또한 제외할 수 없다. 귀신신앙 역시 용어만 무격적인 것일 뿐 그 개념은 유교에 근거하고 있다. 천사문답에서 '한울님'이 그에게 스스로를 지칭한 다음과 같은 글에서 이러한 개념을 엿볼 수 있다.

吾心卽汝心也 人何知之 知天地而無知鬼神 鬼神者吾也[92]

여기서 천주＝귀신＝인간으로 표현하고 있는데 이것은 인간의 존재·심사(心事)·언행 모든 것을 귀신·기운·조화라고 본 것이다. 이와 같이 천인합일(天人合一)을 강조한 것은 다음의 글에서도 나타난다.

天地 역시 귀신이오	귀신 역시 음양인 줄
이같이 몰랐으니	……
대인은 與天地合其德	與日月合其明
與鬼神合其吉凶이라	……
사람의 手足動靜	이는 역시 귀신이오
善惡間 마음 用事	이는 역시 氣運이오
말하고 웃는 것은	이 역시 造化로세[93]

이러한 주장은 유교의 귀신관과 일맥상통하는 점이 있다.[94] 그러나 유

---

91) 이현희, 「동학사상의 배경과 그 의식의 성장」, 『한국사상』 18, 1981, pp.78~79 참조.
92) 「논학문」 : 앞의 책, p.174.
93) 「도덕가」 : 앞의 책, pp.372~375.

교의 귀신관과는 다르다. 귀신은 천지의 공용(功用)이며 조화의 자취라고 하여 주술적 토속신앙의 대상인 귀신을 천지·음양·귀신의 이치와 일치한다는 논리로 이끌어 내었다. 무격에서 칭하는 귀신이 천주와 인간을 중재하는 존재로서 조화의 능력을 소유한 것이라면 동학의 귀신은 천주 또는 시천주한 인간 자체를 의미하는 것으로서 개념의 차이가 있다.

이처럼 천주와 인간 자신을 귀신이라고까지 호칭하면서 귀신신앙을 수용했던 까닭은 당시의 사회상과 관계가 있다. 이 무렵 조선사회는 헐버트가 "조선 사람들은 사회생활에서는 유자(儒者)이고, 사고할 때는 불자(佛者)이며, 곤경에 처하면 귀신 숭배자가 된다"고 말했듯이 귀신신앙에 젖어 있었기 때문이다. 동학에서 말하는 귀신은 천주와 인간의 중재자로서가 아니다. 즉 왕 이하 양반 지배층이 천명에 의하여 백성을 다스린다는 봉건적 지배이념을 귀신관으로 거부한 것이다. 이러한 면이 동학을 서민감정에 쉽게 영향할 수 있게 한 것으로 생각된다.

이와 같이 최제우는 민간신앙적 요소를 수용함으로써 신비주의적 계시종교(啓示宗敎)를 표방하는 한편 유교적 합리주의 사상으로 그 결함을 보완해 나갔다. 그리하여 동학은 재래의 민간신앙으로부터 발전한 민족적 대중종교로 정립할 수 있었다.[95] 그러나 그 과정에서 구태여 귀신관에 유의했던 까닭은 교단 지도층의 초세속적 종교 윤리와 대중의 주술 사이에 타협이 필요했기 때문이며 그 방법으로 관념상의 중재자를 인정할 수밖에 없었을 것이다.[96]

---

94) 「中庸章句」 16장, 『大學·中庸·孝經』(新完譯 四書三經), 平凡社, 1984, pp.271~272.
　　鬼神之爲德 其盛矣乎 視之而不見 聽之而不聞 體物而不可遺
95) 최동희, 「동학사상」, 앞의 책, p.83 참조.
96) 한우근, 「동학사상의 본질」, 『동방학지』 10, 연세대학교, 1969, p.58 참조.

3. 최제우의 사상

동학이 봉건적 왕조체제의 해체기에 근대사회로의 개혁을 지향한 사회운동에 물리적 힘의 원동력으로 작용하고, 나아가 자본주의 외세 침입에 저항하는 정신적 지도이념으로 그 소임을 다할 수 있었던 요인은 다름아닌 최제우의 정치사상이다. 현실을 꿰뚫는 그의 시국관은 이른바 세도정치라고 하는 19세기 조선사회의 기형적 정치 형태 즉 당시의 역사적 상황과 깊은 관계가 있다. 그의 정치사상은 크게 두 가지로 구분할 수 있는데, 하나는 후천개벽사상으로서 양반사회의 정치적 모순과 정치기강의 문란, 세제 문란과 농촌경제의 파탄, 사회적 신분제의 동요와 민란이라는 전통사회의 말기적 현상에서 자체적으로 회생코자 한 근대적 사회개혁사상이다. 다음은 민족적 자립의지로서 이것은 대외적으로 서세동점(西勢東漸)·서학(西學)의 도전이라고 하는 국제정세 변화에 대처할 수 있는 이념의 출현이라는 시대적 요구에 부응한 정치사상이다.

다시 말하면 최제우가 동학을 창도한 목적은 바로 그의 정치의식에서 찾을 수 있다. 따라서 지상천국 건설이라는 동학의 궁극적 목표와 그 실천 방법을 당시의 역사적 흐름과 결부시켜 후천개벽사상과 민족적 자립의지의 본질을 통해서 규명해 보고자 한다.

1) 후천개벽사상

최제우의 후천개벽사상은 내부적으로 크게 실학(實學)과 위정척사사상을 배경으로 하여 형성되었다고 할 수 있다. 18세기 이래 서얼과 일부 양반층이 개신유학의 이름으로 경세적(經世的) 시무책에 관심을 두고 기성 질서의 복고적 혁폐를 주장하여 나름대로 이상사회 구현을 제창했던 것은 주지의 사실이다. 이들의 주장은 기성 가치 체계에 대한 전면적 부정이 되지 못하고 사대부적 자기 긍정을 전제로 한 점에서 사상적 한계가 있으나 피지배 신분으로서의 서민의 위치, 실학자들의 정치적 입장이 함께 소외당한 처지라는 점에서 이들이 제시한 이상향은 근대지향적 사회사상의 한 범주 안에서 생각해 볼 수 있다.[97] 그러나 시기상으로 1860년대는 17·18세기와는 달리 서구 자본주의 침략에 직면하여 동양의 전통문화 보존과 자국 민족 보호의 자립의지가 함께 요구되던 때로서 실학자들이 주장한 지배층 위주의 사회개혁론은 이미 그 설득력을 잃은 상태였다. 다시 말하면 대중 중심의 사회사상이 요구되었다.

그리하여 최제우는 미래 지향적 이상향을 제시하되 그 실천의 주체와 방법에 있어서 실학자들의 경우와 달리 인간성 회복 즉 개벽에 의한 현실주의적 지상천국을 제시하는 한편 보국안민을 그 명분으로 표방했던 것이다. 또한 척왜양(斥倭洋)의 양이적(攘夷的) 배척에 관심을 보여 민족적 저항이라는 점에서 당시 보수파 유생층에서 일고 있던 위정척사 사상과 공통적 입장에 서게 되었다. 그러나 실학과의 관계에서와 같이 그의 보국안민은 위정척사 사상과 사회적 역사인식에서 큰 차이가 있었다.

위정척사파의 시국관을 보면 이항로가 말했듯이 봉건적 사회질서 붕괴와 외세 개입을 상호 인과관계로 파악하여 위정(衛正) 즉 조선 성리학의 전통을 보국(輔國)의 최선책으로 제시하였다.[98] 서구 자본주의 침입을 당하여 문화적·국가적 위기를 맞게 된 것은 근본적으로 삼정문란으로 인한 전통사상의 지도력 상실에 있다고 본 것이다. 따라서 정학(正學)인 성리학으로 전통사회의 질서를 유지하는 것만이 외세에 대처하는 유일한 방안임을 강조하였다. 즉 이들의 경세학적 동기는 안민(安民)에 바탕을 두기보다 위정(衛正)에 있었던 것이다. 다시 말하면 보국에 대한 가치관이 위정척사

---

97) 신일철, 「동학사상의 전개」, 『한국사상』 17, 한국사상연구회, 1980, p.78 참조.

98) 李恒老, 『華西文集』 권3, 疏箚, 辭同義禁疏.
　　近日洋賊獨獗　苟求其故　則實由於我民之內應　我民之內應　由於民心之怨叛　民心之怨叛　由於恒産之繫竭　恒産之繫竭　由於聚斂之不息

파와 동학이 달랐다고 할 수 있다. 전자의 경우 아민(我民)보다 아국(我國)을 우위에 두는 왕조적 가치관을 지녔던 데 비하여, 동학은 봉건적 신분 차별의 부정, 왕조 몰락의 예언, 양민 지향적 민본사상에 치중하여 근대사상적 성격을 내포하였다.[99]

또한 동학은 이 무렵 중간계층, 젊은 지식인층에서 일고 있던 개화사상과 경세적 입장에서 일맥상통하는 점이 있었다. 그러나 안민에 바탕을 두는 경세의 목적이 서로 같다고는 하나 안민의 대상과 방법에 있어서 큰 차이가 있었다. 동학에서 안민의 대상을 대중으로 하고 이들을 주체로 하는 근대적 개혁운동을 제창했던 것에 반하여, 개화파는 그 대상을 국가·민족으로 하고 지배층이 주도하는 제도 개혁을 주장하였다. 확실히 동학은 서양세력에 대한 반외세적 척사에는 위정척사 사상과, 봉건적 양반사회의 부정이라는 측면에서는 실학·개화사상과 밀접한 관계가 있었으나 양반 지배이념과는 근본적으로 차이가 있었다.

최제우의 후천개벽사상은 궁극의 목표인 지상천국 건설의 지향 과정에서 사회질병설과 시종 관계에 있었다고 하겠다.[100] 창도 당시의 사회 혼란상을 사회가 병들어 있기 때문이라고 보았다. 사회질병의 원인을 각자위심(各自爲心)의 이기주의적 태도에 있다고 하여 물질적 경제빈곤보다 정신적 타락에서 찾았을 뿐만 아니라 다음과 같이 악질(惡疾)의 범위를 개인·아국(我國)에서 나아가 동양, 전 세계로 확대하였다.

<blockquote>

十二諸國 怪疾運數　　다시 개벽 아닐런가
太平盛世 다시 정해　　國泰民安할 것이니
慨歎之心 두지 말고　　차차차차 지내셔라[101]

</blockquote>

여기서 12제국이라고 하는 것은 조선을 비롯하여 서구 제국주의의 침입

---

99) 신일철, 「동학사상의 전개」, 앞의 책, pp. 77~78 참조.

100) 신복룡, 『동학사상과 갑오농민혁명』, 평민사, 1985, p.214 참조.

101) 「몽중노소문답가」 : 앞의 책, p.340.

에 위협받는 동양문화권 전체를 의미한다. 그리하여 그는 정신개벽에 의한 인간 평등에 주목하여 제인질병(濟人疾病)의 구체적 대안으로 후천개벽사상을 제시하기에 이르렀다.

그의 신분적 자아의식은 양반의 비생산적 자세와 신분 격차의 부당성을 지적한 사실에서 엿볼 수 있다.102) 허울좋은 양반 신분만으로 도덕군자로 행세하던 당시의 신분제도를 천의(天意)에 어긋나는 것으로 보았다.103) 신분이나 학문에 관계 없이 '한울님'을 믿고 자신에 내면화할 때에는 누구나 도성덕립이 가능하며 인간평등 또한 실현될 수 있다고 하였다. 따라서 그는 다음과 같이 포덕천하를 제창하여 모든 사람들이 동학에 입도하여 도성덕립할 것을 권고했던 것이다.

> 愛我呪文 敎人爲我則 汝亦長生 布德天下矣104)

입도한 세상 사람	그 날부터 군자되어
無爲而化될 것이니	地上神仙 네 아니냐105)

---

102) 「안심가」: 앞의 책, p.303.

遊衣遊食 귀공자를	欽羨해서 하는 말이
신선인가 사람인가	일천지하 생긴 몸이
어찌 저리 같잖은고	仰天歎息 하는 말을
보고 나니 한숨이오	듣고 나니 눈물이라

103) 「도덕가」: 앞의 책, pp.373~374.

약간 어찌 修身하면	地閥 보고 家勢 보아
趨勢해서 하는 말이	아무는 지벌도 좋거니와
文筆이 裕餘하니	도덕군자 분명타고
冒沒廉恥 推尊하니	우습다 저 사람은
지벌이 무엇이게	군자를 비유하며
문필이 무엇이게	도덕을 의논하노

104) 「포덕문」: 앞의 책, p.164.

105) 「교훈가」: 앞의 책, p.286.

여기서 군자·지상신선이라 하는 것은 정신적 개벽이 이루어진 즉, 도성덕립의 상태로서 개인적 의미를 담고 있다. 따라서 그가 의도한 지상천국은 신분제도 폐지라는 단순한 평등주의의 차원을 넘어 인간은 누구나 '한울님'을 모시는 주체라는 뜻에서 본질적 인간성 평등과 자유를 요구한 것이라 하겠다.

그렇다면 그가 의도한 후천개벽의 지상천국은 어떠한 것인가? 지상천국에 대한 개념 정의라든가 구체적 모델을 제시한 기록은 없으나 추상적으로 몇 가지의 상징적 유형을 든 것을 보면 대략 세 가지로 요약해 볼 수 있다. 첫째로 상고적(上古的) 비유로 요순(堯舜) 시대를 들었다.106) 모든 사람이 요순과 같은 성인군자로서 공동체를 이루고 있던 시대를 이상사회로 보았던 것이다. 즉 초현실적 내세가 아니라 현실적 도덕사회 구현을 의도하였다.

둘째로 양반사회의 신분 차등이 철폐된 동귀일체의 평등 상태를 희구하였다.107) 양반사회가 아닌 모든 사람이 평등을 구가하는 근대적 시민사회를 기대하였다.

셋째로 자신의 고향 경주(慶州)와 국토 자연에 대한 애정을 나타내었다.108) 인걸은 지령(地靈)이라는 풍수지리설에 따라 그의 이상향은 현실적

---

106) 「논학문」, 『동경대전』 : 앞의 책, p.181.
    曰堯舜之世 民皆爲堯舜 斯世之運 與世同歸
107) 「권학가」 : 앞의 책, p.361.
    쇠운이 지극하면   성운이 오지마는
    현숙한 모든 군자   同歸一體했던가
108) 「용담가」, 『용담유사』 : 앞의 책, pp.321~323.
    東都는 고국이오   漢陽은 新府로다
    아동방 생긴 후에   이런 왕도 또 있는가
    水勢도 좋거니와   山氣도 좋을시고
    ……   어화 세상 사람들아
    古都江山 구경하소   인걸은 地靈이라
    名賢達士 아니 날까   ……

근거를 조국 산천에 두고 있음을 알 수 있다. 이것을 정리해 보면 그가 의도한 지상천국은 단순한 평등사회의 차원을 넘어서 도성덕립할 때 인간은 누구든지 사회의 주체가 될 수 있다는 본질적 인간성 회복과 자유를 누릴 수 있는 현세인 것이다. 또한 이러한 사회가 구현될 때 비로소 보국안민과 광제창생(廣濟蒼生)도 이룰 수 있는 것으로 보았다. 동학의 이러한 이상향은 이후 점차 구체화되었다. 최시형 대에는 사인여천(事人如天)의 실천으로 제시되었고, 손병희 대에는 삼전론(三戰論)에 근거한 개화 자강의 근대국가 건설로, 3·1운동 이후에는 자주 독립의 민주국가 형태로 사회 전반에 확대되었다.

최제우의 후천개벽사상은 시운관(時運觀)과 천명사상, 무위이화(無爲而化)에 근거하고 있다. 그는 후천개벽의 도래와 그 시기를 시운관으로 예언했고, 개벽의 당위성을 유교의 천명사상에서 찾았으며, 후천개벽 실현의 가능성을 무위이화의 진화사상으로 합리화하였다. 시운에 대한 그의 사상은 종말관과 관계가 있다.109) 그는 인류 역사시대를 크게 둘로 구분하였다. 유사 이래 현재까지를 선천(先天)으로, 현재 이후 지상천국의 신세계를 후천(後天)으로 보았다. 그리고 다시 선천을 원시시대, 성현(聖賢)이 치세하던 태평성대, '불순천리(不順天理) 불고천명(不顧天命)'의 말세(末世)로 세분화하였다.110) 즉 당시 '불순천리 불고천명'의 시기를 선천의 종말로 보아 그 징후를 예시하여 보국안민의 우국충정을 토로하였다.111) 그리하여

我東方 龜尾山은　　　　　　小中華 생겼구나

109) 윤이흠, 「동학운동의 개벽사상」, 『신인간』 469, 1989, p.32 참조.
110) 「포덕문」: 앞의 책, p.27.
愚夫愚民 未知雨露之澤 知其無爲而化矣 自五帝之後聖人 以生日月星辰 天地度數 成出文卷 以定而天道之常然 一動一靜一盛一敗 付之於天命 是敬天命而順天理者也……又此挽近以來 一世之人 各自爲心 不順天理 不顧天命……
111) 위의 책, p.165.
是故 我國惡疾滿世 民無四時之安 是亦 傷害之數也 西洋戰勝攻取 無事不成 而天下盡滅 亦不無脣亡之歎 輔國安民計將安出

말세적 쇠운이 가득한 조선사회를 후천으로 개벽하기 위하여 시운에 따라
무극대도(無極大道)의 동학을 창시했다는 것을 다음과 같이 토로하였다.

時運이 둘렸던가   만고 없는 무극대도
이 세상에 창건하니   이도 역시 시운이라[112]

　　그의 시운관 중에서 가장 결정적 역사 예언은 상원갑(上元甲)·하원갑
(下元甲)의 논리로 조선왕조 몰락의 필연성을 확인한 다음과 같은 부분이
다.

下元甲 지내거든   上元甲 好時節에
만고 없는 무극대도   이 세상에 날 것이니
너는 또한 年淺해서   억조창생 많은 백성
태평곡 격양가를   不久에 볼 것이니……[113]

　　당시 조선왕조의 시운을 하원갑으로 보는 한편 다시 새 왕조가 교체되
어 상원갑이 시작되는 전환기로 보았다. 상원갑 호시절은 동학에 의해서
실현되는 지상천국을 의미한 것으로 조선왕조를 상징적으로 부정하고 있
다. 상원갑은 삼원갑자(三元甲子)의 기원으로 계산하면 1864년에 해당되
는 시기로서 후천개벽이 실현되는 때를 1861년부터 3년 후인 1864년으로
정확히 제시하였다.[114] 이는 동학에 입도하여 3년이면 도성덕립할 수 있다

---

112) 「권학가」 : 앞의 책, pp.366~367.
113) 「몽중노소문답가」 : 앞의 책, pp.340~341.
114) 김용덕, 「동학사상연구」, 『중앙대논문집』 9, 1964, p.32 참조. 삼원갑설은
　　 360년 마다 一運이 되돌아온다는 易經的 계산법으로 한 왕조의 수명을 점
　　 치는 데 많이 이용되었다. 10干 12支의 甲子는 60년에 1周가 되므로 60周甲
　　 을 一元으로, 一元을 다시 상중하의 三元으로 반복 이해하는데 下元甲과 上
　　 元甲이 교차되는 해를 큰 변혁의 전기로 보았다. 그리하여 지리도참가들이
　　 運開甲子, 開闢甲子, 天開甲子라는 용어를 많이 사용하였다.

고 한 다음과 같은 그의 공언에서도 잘 나타난다.

> 무극한 이 내 도는   삼년 不成되게 되면
> 그 아니 헛말인가115)

　그의 사회 비판의 기준은 일치일란(一治一亂)의 유교적 순환사관과 맹자의 천명사상에 근거를 두었다. 다만 맹자가 전 인류의 역사를 왕도(王道)에 의한 치세·난세의 반복 과정으로 규정한 것과는 달리 만근(挽近) 이래 즉 19세기 중엽 당시를 불고천명(不顧天命)·불순천리(不順天理)의 난세로 간주하고, 천리와 천명에의 순응을 기준으로 해서 역사를 해석하려 한 점이 다르다. 다시 말하면 각자위심(各自爲心)의 민심 이탈과 방향 상실의 무규범(無規範) 상태에까지 이른 조선왕조 사회의 혼란상을 도덕적 타락에 기인한 사회질병으로 진단하여 천명이 이미 왕조를 떠난 것으로 단정하고 동학에 의하여 후천개벽이 불가피하다는 것을 합리화하였다.116)

　환언하면 최제우는 도성덕립의 필연성과 당위성을 전제로 후천개벽의 궁극적 이상을 인간개조에 두었던 것이다. 그러나 봉건사회의 기성 질서를 고정 불변한 것으로 믿는 당시의 사회적 풍토에서는 후천개벽의 실현에 대한 확고한 신념이 필요하였다. 그리하여 동학의 현실주의적 개벽을 근거로 무위이화의 영구진화사상을 수단으로 제시하였다. 무위이화는 천도의 항구적 향상성을 뜻하는 것으로 진화와 선을 추구하며 또한 영구히 진행하며 부단히 이상을 향하여 나아가는 것, 천주의 조화이므로 천인여일(天人如一)에 의해서 인간사회의 후천개벽 또한 그 실현이 가능하다는 결론으로 이끌었다. 이 점에서 동학의 종교적 논리가 성립된다고 할 수 있다.117)

---

115) 「도수사」: 앞의 책, p.346.
116) 「몽중노소문답가」: 앞의 책, pp.335~336.
　　팔도강산 다 밟아서　　　인심풍속 살펴보니
　　무가내라 할 길 없네　　　우숩다 세상 사람
　　不顧天命 아닐런가

2) 시천주사상

『용담유사』와 『동경대전』 전편에 흐르고 있는 최제우의 종교적 중심사상은 후천개벽을 전제로 한 시천주(侍天主)사상이다. 이 사상은 신앙의 대상을 '한울님(天, 天主, 上帝)'으로 하고 기본 원리를 수심정기(守心正氣)로 하고 있다. 따라서 시천주사상에 집약되어 있는 그의 인간관이나 신관(神觀)은 종교적 신앙과 도덕적 윤리관을 동시에 함축하고 있다. 처음에는 주술적 민간신앙 차원에서 출발하여 그 골격이 형성되었으나, 뒤에는 유교적 우주관과 인성론(人性論)을 포용함으로써 철학적으로 체계화되었다.

동학의 종교성은 1860년에 그가 직접 체험한 두 차례의 천사문답(天師問答)에서 찾아볼 수 있다. 첫번째의 종교 체험에서 그는 한울님으로부터 주문과 영부(靈符)를 받고 다음과 같이 포덕(布德)을 결심하게 되었다.

> 문 : 그러면 西道로써 사람을 가르치오리까.
> 답 : 아니다. 나에게 영부 있으되 그 이름은 仙藥이라 하고 그 형상은 弓弓이며 또 太極이니 나의 영부를 받아 사람들의 질병을 건지고 나의 주문을 받아 사람을 가르치되 나와 같이 되게 한즉 네 또한 長生해야 德을 천하에 펴리라.118)

두번째의 천사문답에서는 다음과 같은 한울님의 명에 따라 주문을 지어 포교를 시작하게 되었다.

> 문 : 그 이치는 무엇입니까.

---

117) 이돈화, 『신인철학』, 천도교중앙총부, 1982, pp.148~161 참조.
118) 『천도교창건사』 : 앞의 책, p.44.
「포덕문」, 『동경대전』 : 앞의 책, p.164.
吾有靈符 其名仙藥 其形太極 又形弓弓 受我此符 濟人疾病 受我呪文 教人爲我 則汝亦長生 布德天下矣

답 : ……네 이제 無窮의 道를 받았으니 네 먼저 스스로 수련하고 그 글을 지어 사람을 가르치고 그 법을 바르게 하야 덕을 세상에 편즉 네 또한 장생하여 천하에 昭然되게 하리라.119)

이 때까지만 해도 한울님의 존재를 인격적 절대신(絶對神)으로 파악하였다. 그러나 1861년에 포교 활동을 본격화하면서부터 인간사를 우주자연 질서와 조화시키는 한편, 인간의 기본 윤리에도 주의를 기울였다.120)

① 신관

최제우의 신관(神觀)은 '한울님'의 존재와 존재양식이라는 두 가지 차원에서 생각할 수 있다. 그가 실재(實在)로서의 '한울님'을 주지시키고 믿게 하려 노력한 흔적은 종교 체험 당시의 상황과 천사문답의 내용 묘사에서 '한울님'을 거듭 언급한 다음의 사실에서 알 수 있다.

身多戰寒 外有接靈之氣 內有降話之敎 視之不見 聽之不聞 心尙怪訝 守心正氣而問曰121)

不意四月 心寒身戰 疾不得執症 言不得難狀之際 有何仙語 忽入耳中 驚起探問 則曰勿懼勿恐 世人謂我上帝 汝不知上帝耶122)

---

119) 『천도교창건사』: 앞의 책, p.48.
120) 「수덕문」: 앞의 책, p.195.
　　元亨利貞 天道之常 惟一執中 人事之察
　　원형이정은 유교의 易經에서 天(乾)의 卦가 가지고 있는 4가지 특성을 말한다. 元은 만물의 시초로서 봄의 德이고, 亨은 만물의 성장으로서 여름의 덕이고, 利는 만물의 성숙으로서 가을의 덕이고, 貞은 만물의 收藏으로서 겨울의 덕을 말한다. 즉, 원형이정은 만물을 낳고(始), 기르고(長), 이루어(成), 거두는(收) 하늘의 섭리를 말한다.
121) 「논학문」: 앞의 책, pp.173~174.
122) 「포덕문」: 앞의 책, p.163.

> 한울님 하신 말씀   개벽 후 오만년에
> 네가 또한 첨이로다[123]

　　종교 체험 당시 몸이 떨리고 병든 것 같이 들리지도 보이지도 않고 말로 형언할 수 없을 정도로 심신을 주체하지 못했다고 하는 것은 예로부터 무격신앙에서 있어온 강신(降神) 체험 때 겪는 신병(神病)과 같은 것으로 '한울님'이 초월적 절대신임을 강조한 것이다.[124] 또 '한울님 하신 말씀'을 거듭 상기케 한 것은 '한울님'의 존재를 인격화하여 객체로서의 실재신임을 구체적으로 확인케 함으로써 '한울님'에 대한 신앙을 확고히 하려 한 것임을 알 수 있다. 초기의 '한울님'은 단군신화에 나타나는 환웅(桓雄) 곧 우리 민족이 전통적으로 섬기던 '하느님'과 같은 것으로 볼 수 있는데 이것은 마치 이슬람교의 '알라'나 기독교의 '여호와' 같이 신의 고유명사로 생각할 수 있다.[125]

　　그러나 동학의 '한울님' 개념은 결코 단순하지 않다. 여러 가지 개념이 복합되었다고 하겠다. 이러한 점은 뒤에 종교적·사회적 여건에 따라 신관이 변하고 있는 데서도 알 수 있다. '한울님'의 존재를 보편신으로 객체화했던 초기에 비하여 후기에는 사람은 누구나 나면서부터 '한울님'을 모시고 있다고 하여 '한울님'을 내재적 실재로 보기 시작하였다.[126]

　　그렇다면 단순히 '한울님'을 인간에 내재한 실재로서만 보았는가? 그는 여기서 더 나아가 우주의 자연순환 원리와 관련지어 신관을 정립하였다. 다시 말하면 범신론적 관점에서 유교의 기론(氣論)을 응용하였다. 4계절이나 기상변화 같은 자연의 합리적 순환 질서와 신의 창조 행위를 분리하지

---

123) 「용담가」 : 앞의 책, p.327.
124) 한우근, 「동학사상의 본질」, 『동방학지』 10, 1969, p.49 참조.
125) 최동희, 「천도교에서 믿는 신관과 목적」, 『신인간』 383, 1980, p.21 참조.
126) 「교훈가」 : 앞의 책, p.298.
> 　　나는 도시 믿지 말고   한울님만 믿어셔라
> 　　네 몸에 모셨으니   捨近取遠하단 말가

않고 이러한 것들을 한데 모아 '옛부터 지금까지 미필(未必)한 것'으로 거론하여 이에 대한 강한 의문을 제기하였다.127) 시공(時空)의 유기적 연속체가 모든 존재하고 있는 것들의 기본구조라는 것이 범재신론(汎在神論)의 기본 논리라고 할 때 이와 같이 '한울님'의 실재와 존재양식을 동일시한 것이나 '한울님'의 내재성을 강조한 최제우의 신관은 이와 같은 맥락에서 생각할 수 있다.128) 모든 사물을 범신론적 실재관에 입각하여 유기체적 관계로 파악하려 한 그의 태도는 오심즉여심(吾心卽汝心)이라 하여 천인합일(天人合一)을 강조한 다음의 글에서도 잘 나타난다.

吾心卽汝心 人何知之 知天地而無知鬼神 鬼神者吾也129)

최제우의 신관이 기론(氣論)에 근거하고 있는 것은 '지기(至氣)'의 해석에서 입증된다. '한울님'을 지기로 지칭하고 주기론적(主氣論的) 차원에서 기의 본질을 해석하였다.130) 지기를 허령과 동일시하여 혼원지일기(渾元之一氣)로 표현함으로써 지기의 실재를 우주본체인 동시에 만물의 개체현상(個體現象)으로 보았으며, 지기의 활동을 만물의 생멸, 동정(動靜), 변화로 보았다. 이것은 기를 우주생성의 원리, 존재의 근원적 능력으로 본 서경덕(徐敬德)의 기론을 계승한 것이라 할 수 있다.131)

---

127) 「논학문」: 앞의 책, p.172.
　　 四時盛衰 風雲霜雪 不失其時 不變其序 如露蒼生 莫知其端 或云 天主之恩 或云 化工之迹 然而以恩言之 惟爲不見之事 以工言之 亦爲難狀之言 何者於古及今 其中未必者也
128) 金敬宰, 「최수운의 신 개념」, 『동학사상논총』 I, 1982, p.214 참조.
129) 「논학문」: 앞의 책, p.174.
130) 위의 책, p.177.
　　 曰至極焉之爲至 氣者 虛靈蒼蒼 無事不涉 無事不命 然而如形而難狀 如聞而難見 是亦渾元之一氣也
131) 劉明鐘, 『한국사상사』, 이문사, 1981, p.310 참조. 『花潭集』의 「原理氣」의 "太虛湛然無形 號之曰先天 其大無外 其先無始 其來不可究 其湛然虛靜

그러나 그는 지기를 생성의 근원과 능력으로서 국한시키지 않고 인간의 성원(誠願)에 감응하는 인격적 신적 실재로 보았다. 그리하여 주문을 지어 암송케 하는 한편 영부를 항상 지니고 수심정기의 신앙 태도를 지킬 것을 강조하였다.

동학에서 '한울님'의 존재양식으로 내세운 것은 조화와 영부라고 할 수 있다. 조화에 관한 개념도 시간이 경과함에 따라 그 내용이 달라졌다. 초기에는 조화를 다음과 같이 '한울님'의 전지전능에서 유래하는 초자연적 위력으로 보았다.

> 天意人心 네가 알까　　한울님의 뜻을 두면
> 금수 같은 세상 사람　　얼풋이 알아내네[132]

또한 '한울님'의 조화를 얻기 위해서는 항상 영부를 지녀야 한다고 하여 다음과 같이 조화의 매개체로 영부를 중요시하였다.

> 영부는 사람의 病을 건지고 사람은 죽은 魂을 구하야 산 魂으로 돌이키며 인간 사회의 모든 죄악과 敬瘼을 다스리는 不死藥이니 미숙한 인생이 그것을 알겠느냐[133]

영부를 불사약이라 할 정도로 영부에 대한 개념은 주술적 성격을 내포하고 있다. 그러나 점차 영부 자체만으로서는 효험을 볼 수 없고 지성으로 '한울님'을 위할 때 비로소 조화를 얻을 수 있다고 하여 영부를 상징적으로

氣之原也"와 「太虛說」의 "太虛 虛而不虛 虛卽氣虛無窮無外 氣亦無窮無外"라는 구절을 들어 기의 해석을 虛卽氣에 근거한 우주만물의 본질 즉 생명력으로 설명하였다.

132) 「몽중노소문답가」 : 앞의 책, p.341.
133) 『천도교창건사』 : 앞의 책, p.45. 庚申年 4월 5일 종교 체험 당시 최제우가 '한울님'의 음성으로 들은 말이다.

해석하게 되었다.[134] 영부의 효험에 대한 시사에서 '한울님'에 대한 신앙에 도덕적 윤리를 조화시키려 했음을 감지할 수 있다. 또한 이와 함께 조화에 대한 합리적 해석이 따랐음은 물론이다.

조화를 무위이화로 표현하였다.[135] 조화를 초자연적 전능이 아닌 '한울님'의 섭리에 의한 자연적 전능으로 해석하였다.[136] 인위적인 것이 아닌 자연순환 원리에 따른 성장·발전으로 무위이화를 설명하여 우주자연질서와 인간사를 동일시함으로써 봉건적 신분질서와 사회체제 개혁운동을 작위적 (作爲的) 행동보다 정신적 교화에 의존하려 했다고 할 수 있다.

다시 말하면 영부의 개념과 조화의 해석을 합리적으로 전개하면서 그는 당시 봉건적 사회질서를 무위이화의 '한울님' 섭리 중 하나의 과정적인 것으로 긍정하는 한편 천인여일(天人如一)의 인간평등사상을 제시하여 현실을 부정하는 종교 이론을 전개하였다. 이와 같이 도덕지상주의적 관념론을 수용한 것은 포교의 대상을 확대하는 과정에서 현실에 불만이 컸던 잔반한 사를 비롯한 일반 지식인층의 동학 입도를 의도한 때문이라고 볼 수 있다.

② 인간관

동학의 인간관은 인간성 회복과 시천주의 조건이라는 측면에서 생각할 수 있다. 인간성 본질에 관한 최제우의 지론은 '시천주'에 집약되어 있다. '시천주'란 직역하면 사람이 한울님을 모신다는 뜻이다. 나아가 시천주의

---

134) 주 55) 참조.
135) 「도수사」, 『용담유사』: 앞의 책, p.351.
　　오는 사람 曉諭해서　　　三七字 전해주니
　　無爲而化 아닐런가
　　「교훈가」: 앞의 책, p.286.
　　法을 정코 글을 지어　　　入道한 세상 사람
　　그 날부터 군자되어　　　無爲而化될 것이니
　　地上神仙 네 아니냐
136) 「논학문」: 앞의 책, p.175~176.
　　吾道無爲而化矣 守其心正其氣 率其性受其敎 仙出於自然之中也

경지에 이르면 누구나 인격적 평등이 이루어지며, 이렇게 되기 위하여 각자가 '시천주'의 주체라는 것을 자각해야 한다는 것으로 해석할 수 있다.[137]

최제우는 뒷날 교리를 합리화하는 과정에서 주문을 해석할 때 다음과 같이 시천주의 '시(侍)'자를 3단계로 정의하였다.

侍者 內有神靈 外有氣化 一世之人 各知不移者也[138]

여기서 내유신령(內有神靈)은 한울님을 마음으로 즉 영적으로 느끼고, 외유기화(外有氣化)는 몸으로 '한울님'의 영기(靈氣)와 합일되는 상태를 느끼며, 각지불이(各知不移)는 각자가 직접 체험하여 천도(天道)를 자각하는 것으로 해석해 볼 수 있다.[139] 시(侍)는 사람의 마음이 의지적으로 '한울님'과 일체가 되고 '한울님'의 조화를 몸으로 느끼는 것으로서 '한울님'이 우주의 전체 실재임을 깨닫는 것이라 하겠다. 따라서 '시천주'는 인간이 천인합일의 개전일체(個全一體)임을 자각할 때 비로소 성립된다는 의미가 내포되어 있다.

이와 같이 그는 '시천주'의 개념을 철학적으로 정의하는 한편 '시천주'의 종교적 체험도 필요하다는 것을 강조하였다. 득도 과정에서 겪은 '한울님'의 강령 체험에 대하여 그는 다음과 같이 묘사하였다.

天恩이 망극하여   庚申 4월 초5일에
글로 어찌 기록하며   말로 어찌 형언할까
만고 없는 無極大道   如夢如覺 득도로다[140]

---

137) 최동희, 「수운의 인간관」,『동학사상논총』I , p.142 참조.
138) 「논학문」 : 앞의 책, p.178.
139) 최동희, 「수운의 인간관」, 앞의 책, pp.258~263 참조.
140) 「용담가」 : 앞의 책, pp.326~327.

이 때는 자아가 '한울님' 속에 몰입되거나 '한울님'이 자신의 마음에 들어와 있는 상태로서 천인합일의 관계에 있다고 할 수 있다. 즉 득도 초기의 시천주는 '한울님'에 대한 경외지심(敬畏之心)의 태도로서 주술적 민간신앙의 성격을 다분히 내포하였다.[141] 그러나 주문을 해석할 무렵(1861)에는 내유신령하고 외유기화를 깨닫게 될 때 비로소 인간은 '한울님' 섭리에 따른 조화를 얻게 된다는 논리로 발전하였다.

그는 '한울님'의 실재와 섭리를 다음과 같이 목적론적으로 증명하였다.

余亦無功 故生汝世間 敎人此法[142]

그가 세상에 태어난 것과 득도하게 된 것이 모두 한울님의 섭리에 의한 것이라 하여 '한울님'을 만물의 주재자로서 신격화하였다. 나아가 인간도 '한울님'과 같이 무궁한 능력을 가진 존재로서 최령자(最靈者)가 될 수 있다는 것을 다음과 같이 설득력 있게 시사하였다.

이 글 보고 저 글 보고 무궁한 그 이치를
不然其然 살펴내어 賦也興也 비해 보면
글도 역시 무궁하고 말도 역시 무궁이라
무궁히 살펴내어 무궁히 알았으면
무궁한 이울 속에 무궁한 내 아닌가[143]

이와 같이 '한울님'의 실재를 몸과 마음으로 느껴 천인합일의 '시천주'에 이르게 될 때 인간은 모두 무궁한 존재가 될 수 있다고 한 것은 인간의 본질적 평등 즉 동귀일체(同歸一體)를 의미하는 것으로 근대적 이념에 입각한 인간관이라 할 수 있다.[144] 이러한 면이 바로 동학을 철학적 종교, 근대

---

141) 신일철, 「동학사상의 전개」, 『한국사상』 17, 1980, p.89 참조.
142) 「포덕문」 : 앞의 책, p.163.
143) 「흥비가」 : 앞의 책, p.390.

적 사회사상화한 요인이라 할 수 있다.

그렇다면 '시천주'의 구체적 방법은 무엇일까? 그는 시천주의 전제조건으로 수심정기를 들었다. 의식에 의존하던 초기의 민간신앙적 단계에서 수심정기의 고차원적 단계로 발전하였다. 이것 역시 그의 주문 해석에서 잘 나타난다. '시'를 내유신령·외유기화하여 각지불이하는 상태로 풀이한 것이 바로 그것이다. 즉 '한울님'을 바로 모시려면 심적(心的)인 것만으로는 부족하며 신적(身的)인 것이 함께 병행해야 한다는 것을 강조한 것이다. 따라서 수심정기는 내유신령하여 '한울님'의 강림을 직접 체험하고 또한 믿어서 지성으로 공경하는 심적, 신적 태도를 말한다.

수심정기의 제시는 도덕적 자세를 '한울님' 조화를 얻기 위한 당위론적 차원에서 생각할 수 있다.145) 수심은 도성덕립을 위한 심적 수양에 해당되는 것으로 유교적 윤리관을 심학적(心學的)으로 계승한 것이며 정기(正氣)는 인간이 한울님과 일체가 되는 신적(身的) 태도라 할 수 있다.146) 그는 수심의 실천을 위한 구체적 조건으로 성경(誠敬)의 태도를 여러 차례 역설하였다.147)

성경은 본래 유교의 기본 덕목인 인의예지를 실천하는 가치 기준으로서

---

144) 최동희, 「수운의 인간관」, 앞의 책, pp.258~259 참조.
145) 「논학문」 : 앞의 책, pp.175~176.
　　　守其心正其氣 率其性受其敎 化出於自然之中也
146) 金敬宰, 「최수운의 시천주와 역사이해」, 『한국사상총서』Ⅶ, 1982, pp.220~222 참조.
147) 「권학가」 : 앞의 책, pp.367~368.
　　　日日時時 먹는 음식　　　誠敬二字 지켜내어
　　　한울님만 공경하면　　　自兒時 있던 신병
　　　勿藥自效 아닐런가　　　……
　　　誠之又誠 공경해서　　　한울님만 생각하소
　　　「도덕가」 : 앞의 책, pp.376.
　　　守心正氣 하여내어　　　仁義禮智 지켜두고
　　　군자 말씀 본받아서　　　誠敬二字 지켜내어

유교의 합리주의적·형이상학적 윤리 개념이다. 유교의 심학은 인간의 내면적 도덕을 중시하여 인간의 가치와 우주자연 질서의 조화를 추구하는 것으로 격물치지의 객관적 수양과 거경(居敬)의 주관적 수양을 실천 방안으로 제시하고 있다. 그가 말하는 수심이나 성경은 이러한 유교적 윤리관에 기초한 것이다.[148] 실제로 그는 『논어』에 나오는 학문하는 태도를 논한 구절을 자상하게 풀이하여 성경의 태도를 다음과 같이 강조하였다.

> 아홉 길 造山할 때 　　　그 마음 오작할까
> 당초에 먹은 생각 　　　過不及 될까 해서
> 먹고 먹고 다시 먹고 　　　……
> 어서 하자 바삐 하자 　　　그러그러 다해 갈 때
> 이번이나 저번이나 　　　躁躁해서 자주 보고
> 지질해서 그쳤더니 　　　다른 날 다시 보니
> 한 소쿠리 더 했으면 　　　여한없이 이룰 공을
> 어찌 이리 不及한고[149]

그러나 한편으로 유교에서 중시하는 궁리(窮理)의 객관적 수양이 없어도 동학에 입도하여 지성으로 '한울님'을 섬기는 주관적 자기 성찰만으로 도성덕립이 가능하다고 하여 다음과 같이 수심을 종교 차원으로 이끌고 있다.

> 入道한 세상 사람 　　　그 날부터 군자되어

---

148) 주 76) 참조.

149) 「흥비가」, 『용담유사』: 앞의 책, pp.388~389. 『논어』에서 '譬如爲山 未成一簣 止吾止也 譬如平地 雖覆一簣 進吾往也'라 하여 학문하는 길을 산을 쌓는 것에 비유하였다. 여기서 한 삼태기의 흙이 모자라서 이루지 못하는 것이나, 평지에 비유할 때 한 삼태기의 흙만 부어놓고 마는 것은 모두 자신의 태도에 달린 것이라 하여 학문의 성공 여부는 자신의 노력 여하에 달린 것임을 말하였는데, 최제우는 이를 예로 들어 도덕적 수련자세를 강조하였다.

無爲而化될 것이니   地上神仙 네 아니냐
……   열세 자 지극하면
萬卷詩書 무엇하며150)

따라서 군자에 대해서도 그 개념을 다시 정의하고 이상적 군자의 상으로 여천지합기덕(與天地合其德)을 다음과 같이 제시하였다.

然而君子之德 氣有正而心有定 故與天地合其德 小人之德 氣不正 而心有移 故與天地違其命 此非盛衰之理耶151)

군자나 소인의 차이는 학문에 관계 없이 '한울님'을 구체적으로 내면화하는가 또는 그렇지 못한가에 따라 구별된다는 뜻이다. 즉 인간은 신분이나 지식 정도에 관계 없이 '한울님'을 지성으로 공경하면 군자로서의 인격적 동질성을 얻게 되며 동귀일체에 이르게 되고, 인간평등의 가치도 자각할 수 있게 된다는 것이다. 여기서 최제우가 유교의 대인간적(對人間的) 사회윤리인 성경을 천인(天人) 관계에서 시천주를 실현한다는 종교적 윤리관으로 승화시켰음을 알 수 있다.152) 이로써 동학은 성경의 도덕적 차원을 초월하여 민간신앙적 단계에서 수심정기의 종교적 단계로 발전할 수 있었던 것이다.

최제우가 서학에 기화지신(氣化之神)이 없음을 비판한 것도 수심정기와 관계되는 것으로 그 근거를 신적(身的)으로 '한울님' 영기(靈氣)에 접하는 종교적 자세에 둔 것이다. 기화지신은 지기(至氣)의 또 다른 표현으로서 외유기화(外有氣化)를 의미한다. '수심(守心)'을 인간의 정신적 윤리도덕 즉 심학관(心學觀)에 기준한 것이라면 '정기(正氣)'는 신적(身的) 태

---

150) 「교훈가」: 앞의 책, pp.286~299.

151) 「논학문」: 앞의 책, p.179.

152) 최동희, 「한국 근대화 과정에 있어서의 천도교역할」(상), 『신인간』 479, 1990, pp.33 참조.

도로서 '한울님'과 모든 사물에 대한 올바른 태도인 예(禮) 즉 경(敬)으로 생각할 수 있다. 그리하여 그는 '한울님'과 외적으로 일체가 되는 정기의 대상을 인간 개체로부터 민족·국가·사회로까지 확대 적용함으로써 궁극의 목표인 후천개벽의 지상천국 건설을 도모했던 것이 아닌가 한다.

수심과 정기의 개념을 종합해 볼 때 그 자신도 이 점을 인정하고 있듯이 '시천주'의 근본정신은 유교와 별 차이가 없으나 도의 내용 즉 수도(修道)의 가치 기준에 차이가 있다. 동학이 유교와 다른 점으로 그는 수심정기의 수도 조건인 성(誠)·경(敬)·신(信)을 들었다.[153] 이것은 '한울님'에 대한 절대적인 믿음을 전제로 한 것으로 유교의 합리주의적 성경(誠敬)에 대응되는 것이다. 따라서 그는 자신의 도가 유교의 도를 포함하는 전체적인 것이며 독창적 사상이라는 것을 다음과 같이 천명하였다.

> 仁義禮智 先聖之所敎 守心正氣 惟我之更正[154]

> 吾道 今不聞古不聞之事 今不比古不比之法也[155]

이와 같이 그의 시천주사상은 천인여일을 근본 사상으로 하였기 때문에 처음부터 후천개벽사상과 반외세 민족주의로 구체화되어 뒤에 갑오동학운동의 정신적 원동력이 될 수 있었다. 그러나 반면에 수심정기의 구체적 기준으로 성·경·신을 제시함으로써 동학사상의 민간신앙적 종교성을 상실하였다. 그리하여 최제우의 시천주사상은 최시형에 이르러서는 사인여천(事人如天) 사상으로, 손병희 때는 인내천사상으로 교리의 철학적 체계화가 이루어졌다.

---

153) 「座箴」, 『동경대전』 : 앞의 책, p.233.
　　吾道博而約 不用多言義 別無他道理 誠敬信三字矣
154) 「수덕문」 : 앞의 책, p.201.
155) 「논학문」 : 앞의 책, p.180.

제2장 사인여천사상과 동학운동

1. 최시형의 사인여천사상

최시형(崔時亨)은 시천주를 양천주(養天主)로 재해석하여 천주를 보편화함으로써 범신론적 관점에서 시천주사상을 세속화(世俗化)하였다. 즉 인즉천(人卽天)을 명제로 하는 사인여천(事人如天)사상으로 발전시켰으며, 대인접물(待人接物)의 논리에서 사인여천사상을 다음과 같이 유추해 냈다.

> 人是天이니 事人如天하라 吾見諸君하니 自尊者多矣라[1]

> 도는 먼저 待人接物에서 시작되는 것이니 사람을 대하는 곧에서 세상을 氣化할 수 잇고 물건을 접하는 곧에서 천지자연의 이(理)를 깨달을 수 잇나니라[2]

이와 같이 인즉천(人卽天)에서 사인여천이라는 인간의 존엄성을, 대인접물에서 물물천사사천(物物天事事天)의 자연 섭리를 논증하였다. 즉 '한

---

1) 東學宗團協議會 中央總部, 『海月先生法說註解』, 1978, p.87.
2) 이돈화, 『천도교창건사』: 『東學思想資料集』 2, 1979, p.106.

울님'의 존재 의미와 천인(天人)의 관계를 물물천사사천의 이치에 근거하여 사인여천사상으로 체계화하였다.

1) 신관

최시형의 신관(神觀)은 범신론에 근거한 것으로 물물천사사천에 함축되어 있다. 그는 1884년 상주(尙州)에서 강도(講道)할 때 새, 하늘의 해와 달, 땅의 하찮은 먼지, 서씨가(徐氏家)의 며느리, 어린이, 기타 일용 행사 모든 것이 '한울님' 아닌 것이 없다고 하는 만유시천주설(萬有侍天主說)과 서씨가의 며느리가 베 짜는 것을 '한울님' 행위로 보는 천주직포설(天主織布說)로서 모든 사물이 신성을 갖추고 있다는 논리를 전개하였다.[3] 즉 인간만이 '한울님'을 모신다는 최제우의 시천주사상을 확대 해석하여 범신론의 입장에서 물물천사사천의 이치로 발전시켰다.[4]

최제우가 시천주를 위한 전제조건으로 수심정기의 도덕적 수양과 종교적 신앙을 강조했던 것에 비하면 최시형은 인즉천의 논리 위에 시천주를 이미 기정 사실화하고 다음 단계로 이천식천(以天食天)의 양천주(養天主)를 제시하였던 것이다.

그는 '한울님'의 실재를 다음과 같이 이천식천의 이치로 설명하였다.

---

3) 『천도교창건사』: 앞의 책, pp.126~131. "내 일즉 淸州除垞淳(徐虞淳)家를 지나다가 그 子婦 織布의 聲을 듣고 徐君에게 물으되 君의 子婦가 직포하느냐 天主織布하느냐 함애 서군이 내의 말을 不卞하엿나니 어찌 서 군뿐이리요……道家에서 幼兒를 打함은 이 천주의 뜻을 상하는 것이니 甚히 삼갈 것이며 도가에 사람이 오거든 손이 오섯다 하지 말고 天主降臨하섯다 말하라……맛츰 새 무리가 뜰나무에 앉어 우는 것을 보시고 갈으되 '저 亦是 侍天主의 소리니라 妙하다 天道의 靈妙 일에 干涉치 안음이 없도다 우으로 日月의 큼과 알에로 微塵의 적음이 다 천도의 靈光이니라……"

4) 오익제, 「해월의 심오한 사상」, 『신인간』 452, 1987, p.4 참조.

> ……천지만물이 시천주 안임이 없나니 그럼으로 사람이 다른 물건을
> 먹음은 이 곳 이천식천이니라 그러나 諸君은 생물을 무고히 해하지 말라
> 이는 천주를 상함이니 大慈大悲하야 조화의 길에 순응하라5)

이천식천을 '한울님'의 조화 즉 기화 작용으로 보았다. 최제우가 시천주
에서 '시(侍)'를 해석할 때 내유신령(內有神靈)·외유기화(外有氣化)·각
지불이(各知不移)로 하였는데 그 중에서 이천식천은 외유기화에 해당된
다. 물물·사사 모두가 '한울님' 조화의 표현이므로 물물은 모두 이천식천
아님이 없다는 것이다. 예를 들면 사람의 경우 음식물을 먹는 것은 인간
개체의 입장에서 보면 식천이 되지만, '한울님' 전체의 입장에서 보면 시천
주 즉 양천주로서 '한울님'은 물물의 동질 간에는 상호부조의 방법으로, 이
질 간에는 이천식천의 기화로 만물의 성장과 발전을 도모한다고 보았다.

이와 같이 이천식천을 '한울님' 조화로 보아 '한울님'의 존재양식으로 설
명함으로써 '한울님'이 실재한다는 것을 강조한 것을 보면, 그의 신관은 우
주 자연현상 즉 현실에 바탕을 둔 범신론의 입장에 있었다. 그러나 만유의
시천주설이나 천주직포설을 이천식천과 연관시켜 볼 때 이것은 최시형이
종교적 심정으로 조화의 전능한 위력을 느끼고 '한울님'의 섭리를 강조한
것으로 생각할 수 있다.6) 이렇게 볼 때 그의 신관은 범신론적 일신관(一神
觀)으로 보아도 무방하다.

또한 그는 이천식천의 '한울님' 조화를 다음과 같이 자연애호사상으로
발전시켰다.

> 이천식천은 천지의 大法이라 物物이 또한 나의 동포이며 물물이 또한
> 한울의 표현이니 천지신명이 物로 더부러 推移하는지라 제군은 物을 食
> 함을 天을 食하는 줄로 알며 人이 來함을 天이 來하는 줄로 알라7)

---

5) 『천도교창건사』: 앞의 책, p.126.
6) 최동희, 「해월의 종교사상」, 『신인간』 473, 1989, pp.12~13 참조.
7) 『천도교창건사』: 앞의 책, p.108.

이것은 우주만물이 '한울님'의 발현이므로 이천식천은 '한울님'의 조화일 뿐만 아니라 결과적으로 '한울님'을 위하는 것임을 주지시킨 내용이다. 따라서 자연만물을 보호하는 행위를 '한울님' 조화로 보아 그 당위성을 강조하였다.8)

최시형의 신관은 다음과 같은 영부(靈符)의 해석에서 더욱 발전하고 있음을 볼 수 있다.

> 弓乙은 우리 도의 符圖이니 大神師 覺道의 처음에 세상 사람이 다만 한울만 알고 한울이 곳 내의 마음인 것을 알지 못함을 근심하시사 弓乙을 부도로 그려내여 심령의 躍動不息하는 형용을 표상하야 시천주의 뜻을 가르치섯도다 그럼으로 사람의 마음은 곳 상제의 궁전이라 할 수 잇으니 만약 상제의 유무를 의심하거든 먼저 자기의 유무를 의심하라 我心不敬이 곳 天地不敬이며 我心不安이 곳 天地不安이니9)

부적은 사람의 마음을 상징하는 것이라고 하였다. 최제우가 처음에 영부를 '한울님'의 조화 수단으로 보고 초월적 능력을 지닌 것이라 하다가 뒤에 전제조건으로 수심정기를 제시하였던 것에 비하면 최시형의 이러한 주장은 일층 철학적으로 체계화 단계에 이르렀다고 할 수 있다. 즉 최제우가 마음을 떠나 '한울님'이 있을 수 없다고 한 것에서 더 나아가 최시형은 마음이 곧 '한울님'이라고 주장하였던 것이다.

그는 이심치심(以心治心)의 논리로 영부의 효능을 설명하였다.10) 마음으로 병이 들게도 하고 병이 낫게도 하는 것이므로 마음을 잘 다스려서 '한울님'과 합일하게 되면 냉수 한 그릇으로도 병이 치유된다는 것이다. 이

---

8) 신일철, 「인내천사상의 발전」, 『신인간』 357, 1978, p.24 참조.

9) 『천도교창건사』: 앞의 책, p.133.

10) 『海月先生法說註解』, p.147. "以心傷心이요 以心生病이니 以心治心하고 以心愈病하라 此理를 若不明卞하면 後學이 難曉 故로 論而言之하니 若治心 而心和氣和면 冷水 一盃라도 不可以藥服之니라."

와 같이 마음만 잘 다스리면 '한울님'의 조화가 이루어진다는 것은 영부의
필요성을 사실상 거부한 것이나 다름없다. 환언하면 사람의 마음을 떠나서
'한울님'이 따로 없다는 것을 강조한 것이다. 마음이 선을 본성으로 하는
도덕적인 것이라고 할 때 이 마음에 내재하는 '한울님'은 종교적·객관적
신이 될 수 없다. 즉 이러한 논리는 심즉천(心卽天)을 의미하는 것으로 유
학에서 말하는 천즉리(天卽理)의 개념으로 보기 쉽다.11) 그러나 성리학적
표현을 표면적으로 사용한 것에 불과하다고 보아야 할 것이다. 왜냐하면
무신론으로 흐를 염려가 있기 때문이다.

따라서 그는 '한울님'의 존재를 범신론적 차원에서 철학적으로 체계화하
고, '한울님'의 조화 능력을 일신론적 입장에서 합리화하였다. 그리하여 무
신론으로 흐르기 쉬운 모순을 다음같이 사인여천사상으로 해결하였다.

> 吾師 無極大道를 創明하시니 이는 천지 귀신 조화의 근본을 들어 창
> 명하신 것이라 내 꿈인들 어찌 선생의 유훈을 잊으리요 선생이 일즉 遺
> 敎 잇어 갈으되 '사람은 한울이니라 그럼으로 사람 섬기기를 한울같이
> 하라' 하섯도다12)

사인여천을 분명히 천즉리로 볼 수는 없다. 그 바탕에 윤리적인 것 외에
종교적인 것이 느껴진다. 표면적으로 유교적 해설을 하나 실제로는 인간의
본성을 빌어 한울님의 존재를 증명하려 한 의도가 엿보인다.

또한 '한울님'의 무한한 능력을 일신론적 입장에서 설명하였다. 동학의
종교성을 '한울님' 조화에서 찾았던 것이다. 앞에서 이미 언급하였듯이 새
의 울음 소리와 서씨가의 며느리가 베 짜는 행위를 예로 들어 설법한 것이
나 그가 잠행시의 일상생활에서 보여준 행동은 모두 '한울님'의 조화가 '한
울님'의 섭리임을 암시한 것이다. 이와 같이 최시형은 잠행시의 그의 부단

---

11) 柳炳德, 「해월의 생애와 사상」,『동학·천도교』, 시인사, 1987, p.235 참조.
12)『천도교창건사』: 앞의 책, pp.127~128.

한 작업 행위를 통하여 '한울님'의 무궁성을, 그렇게 하지 않으면 '한울님'이 싫어한다고 한 말에서 '한울님'의 전지전능을 강조하였다.[13] 이러한 그의 의지는 다음과 같은 법설에서도 나타난다.

> 夫婦和順則 天必感應하여 一年三百六十日을 如一朝過之矣리라……婦人不敏이면 雖日月三牲之養이라도 天必不應也니라[14]

여기서 '한울님'에 대한 정성이 있을 때 '한울님'의 감응을 얻을 수 있다고 하여 '한울님'에 대한 지극한 신앙의 자세를 강조하고 있다. 이로써 볼 때 그의 신관은 대체로 범신론에 입각하여 물물천사사천으로 '한울님'의 존재를, 이천식천으로 '한울님'의 조화와 영부를 철학적으로 증명하여 사인여천사상을 정립시키는 한편, 절대자로서의 '한울님'의 존재를 일신론적 입장에서 확인시킴으로써 종교성을 지키려 하였음을 알 수 있다. 그러나 그의 인간관에서 분명하게 규명되겠지만 이러한 그의 신관은 뒤에 종교철학으로 굳어지는 계기가 되었다.

2) 인간관

사인여천의 중심 사상은 인본주의라고 하겠다. 인본주의는 이미 최제우

---

13) 위의 책, p.125. "……不時之慮를 준비함이며 어느 제자의 집에를 가든지 주문을 외우는 습관을 잇는 것은 물론이오 평시에라도 낮잠을 자거나 또는 拱手無聊하게 잇는 법이 없고 반드시 집석이를 삼으며 또는 노끈을 꼬나니 만약 노끈을 다시 풀어 꼬되 제자들이 그 이유를 물으면 갈으되 사람이 거저 놀고 잇으면 한울님이 싫어하시나니라." 이것은 최시형의 修道 자세와 일상생활 습관으로 몸에 배어 있는 근면성에 대하여 그 연유를 묻는 제자들에게 대답한 말이다.

14) 『海月先生法說註解』, pp.131~133.

당시에 동학의 이념으로 체계화되었지만 일반 교도들의 실생활에 구체화된 것은 최시형의 시기에 이르러서이다. 최제우가 시천주사상으로 '한울님'을 인간에 내면화함으로써 인간관의 세속화에 성공했다면, 최시형은 사인여천사상으로 인간 존엄성의 근대적 인간관을 세속화했다고 할 수 있다. 이미 언급하였듯이 그는 인즉천의 원리를 바탕으로 하여 시천주의 재해석을 시도하였다.15)

최제우가 '한울님'을 모시라고 한 것은 누구나 무조건 그렇게 할 수 있다는 것이 아니라 수심정기의 수행이 전제된 것이었다. 그러나 최시형은 포태설(胞胎說)을 제기한 것으로 보아 질문 태도에서 이미 해답의 방향을 '양(養)'으로 암시하였다. 그는 일찍이 제자들에게 강도(講道)하는 중에 다음과 같이 시천주를 양천주(養天主)로 해석한 때가 있다.

> 내 또한 五臟이 잇거니 어찌 物欲을 몰으리요마는 내 이를 하지 안는 것은 '한울'을 養하지 못할가 두려워하노라……제군의 행위를 본즉 自尊하는 자 많으니 可嘆할 일이로다 내 또한 세상사람이어니 어찌 이런 마음이 없겠느냐마는 내 이를 하지 아니함은 한울을 養하지 못할가 두려워함이니라……그럼으로 내 평생에 外飾을 피하고 내실을 主하는 것은 오로지 '한울'을 養함에 유감이 없기를 기함이니라16)

여기서 '한울님을 양(養)한다'고 한 것은 '각자가 한울님을 모시고 있다'고 하는 인즉천의 논리에 부합된다. '사람이 곧 한울님'이라는 표현 그대로 보면 종교성이 전혀 없는 것으로 생각되나 '사람은 본래 한울님을 모시고 있다'는 뜻으로 보면 인간의 존엄성을 강조하는 의미로 쓰여진 것 같다. 그

---

15) 『천도교창건사』: 앞의 책, p.116. "諸君은 侍字의 뜻을 아는가 사람이 胞胎될 때에 곳 侍字의 義가 성립되는가 落地以後에 처음으로 侍天主가 되는가 入道의 日에 侍字의 義가 생기는가." 이것은 1878년에 開接하고 나서 최초로 교리를 토론할 때 최시형이 제자들에게 질문한 내용이다.

16) 위의 책, pp.98~99.

는 인즉천을 사인여천으로 풀이하여 양천주설(養天主說)을 정립하였다.[17] 따라서 양천주는 '한울님의 마음을 기르는 것'으로 해석할 수 있다. 다시 말하면 최제우의 수심정기를 마음을 바르게 정하는 것으로 풀이한 것이 양천주였다. 그러므로 양천주의 수양은 일반 대중의 인격적 자기 성장의 방법이 될 수 있었다.[18] 이것은 모든 인욕(人慾)을 버리고 인간의 마음 속에 내재하는 '한울님'의 마음을 성경(誠敬)으로 지키는 도덕적 행위가 곧 양천주라고 한 다음의 설법에서 입증된다.

> 한울을 養할 줄 아는 자라야 한울을 모실 줄을 아나니라 한울이 내 마음 속에 잇음이 마치 종자의 생명이 종자 속에 잇음과 같으니 종자를 땅에 숨어 그 생명을 養하는 것과 같이 사람의 마음은 道에 의하야 한울을 養하게 되는 것이라……오즉 한울을 養한 자에게 한울이 잇고 養치 안는 자에게는 한울이 없나니……[19]

누구든지 양천주하면 도성덕립의 인격적 자기 완성에 이를 수 있다는 뜻이다.

또한 이심치심(以心治心)설을 제기함으로써 사람 마음의 發用을 다음과 같이 이원적(二元的)으로 설명하기도 하였다.

> 사람의 마음에 어찌 두 가지 뿌리가 잇으리요 다만 마음은 하나이지마는 그 用에 잇어 하나는 以心이 되고 하나는 治心이 되나니 이심은 天心이오 치심은 人心이니라……동일한 心이로되 심이 理에 합하야 心化 氣化가 되면 천심을 거느리게 되고 심이 감정에 흘으면 狹隘窘迫하야 모든 악덕이 이로 생기는 것이니라[20]

---

17) 위의 책, pp.127~128. "선생이 일즉 遺教 잇어 갈으되 '사람은 한울이니라 그럼으로 사람 섬기기를 한울같이 하라' 하섯도다."
18) 신일철, 「동학사상의 전개」, 『한국사상』 17, 1980, p.104 참조.
19) 『천도교창건사』: 앞의 책, p.170.
20) 위의 책, p.169.

치심 즉 인심의 발용을 억제하고 이심 즉 천심에 합할 때 비로소 양천주가 가능하고 군자나 다름없는 도덕적 인격자가 될 수 있으며 그렇게 될 때 비로소 후천개벽에 의한 지상천국이 도래한다는 뜻이다. 이렇게 볼 때 최제우의 시천주가 지기(至氣)인 '한울님' 체험을 강조한 존재 철학의 성격을 지닌 것이라 하면, 최시형의 양천주는 인간의 존엄성을 강조한 생성(生成) 철학이라 하겠다.[21] 이와 같이 그는 인간의 본질과 천인(天人) 관계를 천주공양(天主恭養), 대인접물(待人接物), 이천식천(以天食天), 이심치심(以心治心)의 설법으로 사인여천사상을 체계화하였던 것이다.

그의 인간관은 인간평등과 인간존중 사상이 주조를 이룬다. 인간평등사상은 1865년 12월에 일곡(釰谷)에서 행한 다음과 같은 설법에서 적서(嫡庶)의 차별 철폐 주장으로 시작되었다.

사람은 한울이라 평등이오 차별이 없나니 사람이 人爲로써 귀천을 분별함은 곳 天意에 어기는 것이니 諸君은 일체 귀천의 차별을 철폐하야 先師의 뜻을 잇기로 맹서하라 하시고 이를 실행하기 위하야 爲先 도인된 자는 적서의 차별을 두지 말라 명령하시엿다[22]

이러한 인간존중 사상은 1885년에 도의 근본이 부화부순(夫和婦順)에 있다고 하는 다음과 같은 근대적 여성관에 이르러 절정을 이루었다.

부부가 화순함은 우리 도의 초보니 도의 通不通이 도무지 내외의 和不和에 잇나니라 내외 和하지 못하고 타인을 和하고저 하는 것은 자기 집에 불난 것은 끄지 않고 타인의 불을 끄는 자와 같으니라[23]

男乾女坤이니 男女不和 則天地丕塞이요 男女和合 則天地泰和矣니

---

21) 유병덕, 「동학의 근본사상」, 앞의 책, pp.155~157 참조.
22) 『천도교창건사』: 앞의 책, p.97.
23) 위의 책, p.127.

'夫婦卽天地'者 比之謂也니라[24]

　여기서 강조한 부화부순(夫和婦順)은 인간의 존엄성을 자각한 데서 형성된 평등의식으로 종래의 부부 개념을 일층 발전시켰다. 부화부순을 도의 근본이라고 하는 것은 부부를 가정의 주체로서가 아니라 우주의 주체로 보았기 때문이다. 즉 천지만물이 시천주 아님이 없으므로 인간은 모두 평등하다는 것이 그의 여성관의 기본이라 하겠다.

　또한 부인이나 어린이의 말이라도 한울님의 말로 알고 배울 것은 배운다고 한 그의 말[25]에서 알 수 있듯이 사인여천의 본의에 따라 인간의 평등을 주장함으로써 최제우의 인간평등사상이 추상적이었던 것과는 달리 모든 사람을 독립된 인격체로 평가하는 사상적 기반을 형성하였다. 나아가 그는 세속 윤리의 형태로 다음과 같이 내수도문(內修道文)을 지어 인간평등사상을 일반 대중에게 계몽하고 사회에 보급하였던 것이다.

1. 집안 모든 사람을 한울같이 공경하라. 며느리를 사랑하라. 노예를 자식같이 사랑하라. 牛馬六畜을 학대하지 말라. 만일 그렇지 못하면 한울님이 노하시나니라
2. 朝夕飯米를 낼 때에 한울님께 心告하라. 청결한 물을 길어 음식을 청결케 하라.
3. 묵은 밥을 새 밥에 섞지 말라. 홀인 물을 함부로 버리지 말라. 痰이나 鼻汁을 아모 데나 토하지 말라. 만일 길이어든 반드시 묻으라. 그러면 한울님이 감응하시나니라.

---

24) 『海月先生法說註解』, p.132.
25) 『천도교창건사』: 앞의 책, pp.98~99. "나는 비록 婦人小兒의 말이라도 또한 배울 것을 배우며 좇을 것은 좇나니 이는 모든 善은 다 天語로 알고 믿음이니라 이제 諸君의 行爲를 본즉 自尊하는 자 많으니 可嘆한 일이로다. 내 또한 세상 사람이어니 어찌 이런 마음이 없겟느냐마는 내 이를 하지 아니함은 한울을 養하지 못할가 두려워함이니라." 이것은 1867년 8월 興海에서 설법한 내용이다.

> 4. 일체 모든 사람을 한울로 인정하라. 손이 오거든 한울님이 오셧다 하
> 고 어린 아해를 때리지 말라. 이는 한울님을 치는 것이니라.
> 5. 孕胎 잇거든 몸을 더욱 조심하되 아무것이나 함부로 먹지 말라. 모든
> 일에 태아를 위하야 조심하라.
> 6. 다른 사람을 시비하지 말라. 이는 한울을 시비하는 것이라. 무엇이든지
> 탐하지 말라. 다만 근면하라.[26]

포태(胞胎) 생명의 중요성을 양천주설에 근거하여 인식시키는 한편 근대적 생활의식과 인간평등사상을 강조하고 있음을 알 수 있다. 즉 그는 근대적 여성관을 대중화하는 과정에서 사인여천의 인간평등사상을 강조하였다.

이러한 인간존중 사상은 다음의 법설 「십무천(十毋天)」에 집약되어 있다.

1. 毋欺天하라　　2. 毋慢天하라　　3. 毋傷天하라　　4. 毋亂天하라
5. 毋夭天하라　　6. 毋汚天하라　　7. 毋餒天하라　　8. 毋壞天하라
9. 毋壓天하라　　10. 毋屈天하라[27]

여기서 천을 인간으로 대체하면 사람을 속이거나, 거만하게 대하거나, 상하거나, 어지럽게 하거나, 요절케 하거나, 더럽히거나, 굶주리게 하거나, 좌절시키거나, 억압하거나, 굽히게 하지 말라는 것으로 피지배층인 일반대중의 입장에서 인간의 존엄성을 주창한 것으로 여겨진다. 이러한 인본주의적 의식개혁의 노력은 1894년 5월 전주화약(全州和約)과 동시에 실시한 집강소(執綱所)의 폐정개혁안 12개조에서 구체화되었다. 노비해방, 칠반천인 대우 개선, 청춘과부의 개가 허용 형태로 제시한 대정부 개혁 요건이 바로 그것이다.

---

26) 위의 책, pp.130~131
27) 『海月先生法說註解』, pp.306~310.

근대적 의미의 인간관이 형성된 것은 향아설위(向我說位)의 설법과 주문 해석에서라고 할 수 있다. 향아설위는 인간의 세속적 일상사를 시천주 행위로 본 것에서 유래한 것이다.[28] 재래의 향벽설위(向壁設位)를 반대한 제사의식으로 전통적 사회관습과 사고의 일대 혁신을 기도하고 있음을 알 수 있다. 제사를 지낼 때 신위를 벽쪽으로 설하는 향벽설위는 한울님과 인간의 중간에 대리자인 귀신을 인정한 것이라 하여 인즉천에 위배되는 것으로 보았다. '한울님'이나 조상의 영(靈)은 인간 자신과 그 자손에 내재하기 때문에 향아설위만이 '한울님'의 섭리와 조화에 따르는 것이라 하였다. 귀신의 존재를 따로 인정한다는 것은 왕 이하 양반지배층이 천명(天命)에 의하여 특권으로 일반 대중을 통치하는 봉건적 사회질서에 당위성을 부여하는 것으로 보았던 것이다. 따라서 '한울님'과 인간의 시청언용(視聽言用), 굴신동정(屈伸動靜) 그 자체가 귀신이므로 제사의식에서 신위(神位)는 자신의 마음속에 두는 것이 옳다는 논리이다. 즉 인간 자신과 '한울님' 사이에 대리자로서의 귀신의 존재를 인정치 않음으로써 봉건적 지배층의 신분적 특권을 거부하였다고 볼 수 있다.

그의 인간존중 사상은 주문의 '만사지(萬事知)'를 '식일완(食一碗)'으로 해석한 다음의 법설에서 잘 나타난다.

> 天依人 人依食이니 萬事知는 食一碗이니라 人依食而資其生成하고 天依人而現其造化니라 人之呼吸動靜屈伸衣食이 皆天主造化之力이니 天人相與之機는 須臾不可離也니라.[29]

---

28) 『천도교창건사』: 앞의 책, p.167. "古來로 享祀할 때에 壁을 向하야 位를 設케 함은 진리에 어그러진 일이니라 이제 뭇노니 부모의 사후 精靈이 어데로 갓으며 또 先師의 정령이 어데 잇다 믿음이 理에 合할 것이냐 생각건대 부모의 정령은 자손에게 傳하야 왓으며 先師의 정령은 弟子에게 降臨되엿을 것이라 믿음이 가장 理에 합당하도다 그러면 내 부모를 위하나 先師를 위하야 享祀할 때에 其位를 반드시 自我를 향하야 設함이 可치 아니하냐." 이것은 최시형이 처형되기 바로 전 해인 1897년에 한 설법이다.

29) 『海月先生法說註解』, p.39.

만사에 대한 인식과 각성을 밥 한 그릇에서 찾으려 한 것이나 종래의 향벽설위 대신에 자신을 향하여 제수를 차리라고 한 것은 모두 천인합일의 이치를 암시한 것이다. 식일완은 경제적 풍요, 성장, 안정을 의미하는 것이며 인간적인 모든 욕구를 상징하는 것으로 양천주하는 수단으로 보았다. 또 향아설위는 피안의 세계와 현실의 대립을 극복하는 일대 혁명으로서 밥 한 그릇을 자신에게 놓는다는 것은 인즉천의 입장에서 양천주의 실행방법으로 제시한 것이다. 이로써 식일완이나 향아설위는 인간 존엄성을 상기시키는 사회사상의 추상적 표현이라 할 수 있다.

한편 그의 인간관에는 인간성 회복을 강조하는 도덕지상주의적 경향이 있었다. 그는 다음과 같이 대인접물의 태도로 성경신(誠敬信)을 강조하였다.

> 吾道의 大運은 천하를 휩싸고 五萬年을 표준한 것이니 제군은 이 시대에 나슴이 一幸이요 이 운수에 참여하엿음이 一幸인즉 이것을 覺하는 자 능히 道를 통할지요 風雲大手 또한 그 機局에 따를 것이니 제군은 먼저 誠敬信으로 主를 삼아 布德에 힘쓰라.[30]

그 중에서 특히 경(敬)을 시천주의 최우선 행위로 보아 다음과 같이 삼경(三敬)을 중요시하였다.

> 接物은 우리 道의 거룩한 敎化이니 제군은 一草一木이라도 무고히 이를 해치 말라 도 닦는 次弟가 天을 敬할 것이오 人을 敬할 것이오 物을 敬할 것에 잇나니 사람이 或 天을 敬할 줄은 알되 人을 敬할 줄은 알지 못하며 人을 敬할 줄은 알되 物을 敬할 줄은 알지 못하나니 物을 敬치 못하는 자 人을 敬한다 함이 아즉 道에 達치 못한 것이니라.[31]

---

30) 『천도교창건사』: 앞의 책, p.122.
31) 위의 책, pp.107~108.

최제우가 '경(敬)'의 대상을 한울님과 인간으로 했던 것에서 나아가 최시형은 경천(敬天)·경인(敬人)·경물(敬物)로 더욱 철저화하고 있다. 여기서 '경천'은 나 자신 내면의 마음을 공경한다는 뜻이다. 경천함으로써 자신이 '한울님'의 마음으로 인격화하여 평등해진다는 것을 깨닫고 모든 인류를 위해 봉사와 의무를 다하는 마음을 갖게 된다고 하여 경천을 진리의 근원으로 보았다. 다음으로 '경인' 즉 사인여천이 실현될 때 비로소 경천에 이를 수 있다고 하여 경천 이전에 나 아닌 다른 사람을 섬길 것을 강조하였다. 따라서 인간이 기화의 덕에 합일되려면 경천·경인과 함께 생물·무생물에 이르기까지 모든 자연을 아끼는 단계에 이를 때 가능하다고 하였다. 환언하면 모든 자연만물을 사랑하는 경물(敬物)로 시작하여 나 이외의 모든 사람의 인격을 존중하는 경인의 기본 자세를 갖추어야 하며 이렇게 될 때 비로소 천인합일의 경지에 이르는 경천이 가능하다고 하여 시천주의 행위를 3단계 과정으로 설명하였다. 즉 삼경(三敬)에 의한 대인접물 태도가 곧 도성덕립의 지상천국 건설의 관건이라는 뜻이다. 이돈화는 최시형의 이러한 대인접물의 뜻을 대인(大人)의 인(仁)과 소인(小人)의 인(仁), 가화(家化)의 도(道), 개인 자체에 대한 자천자배(自天自拜)로 설명하여 사인여천주의를 개인으로부터 가(家)·국가·천하로 확대하여 해석하였다.[32]

이와 같이 최시형의 사인여천사상은 철학적으로 체계화되는 과정에서 도덕지상주의 성격과 근대지향적 개혁성을 내포함으로써 최제우 당시보다 동학 교리를 일층 사회사상에 접근시키는 경향을 보였다. 동학의 종교성이 손실되기 시작하였던 것이다. 따라서 동학 교단의 교조신원운동에 이어 갑오동학운동을 반봉건적 사회운동, 반외세 민족운동의 방향으로 이끌 수 있었던 것도 바로 이러한 동학사상의 세속화에 기인한다고 할 수 있다.

---

32) 이돈화, 「事人如天主義」, 『천도교월보』 108, 1919, pp.4~6 참조.

2. 동학운동의 사회적 배경

고종의 친정(親政) 이후 정치적 부패와 가렴주구 행위가 격화되어 민생은 최악의 극한 상황에 이르게 되었다. 따라서 철종대의 삼정이정청 설치 이후 주춤했던 소요와 민란이 다시 빈발하였다. 이것은 민씨 일파의 세도정치가 지지기반을 확보하지 못한 때문이라 할 수 있다. 일부 민씨 일족에 권력 기반을 둔 민씨 일파의 세도정치는 그 취약점을 보완하기 위하여 자본주의 외세에 의존하거나 경제 수탈의 관례화가 불가피했던 것이다.

그리하여 국내의 어떤 변란이 일어났을 때는 이를 해결할 능력이 없었던 까닭에 외국에 원병을 청하였고 이로 인하여 외세의 내정 간섭과 경제적 침입의 기회를 허용하였던 것이다. 예를 들면 1882년 7월에 무위영(武衛營)·장어영(壯禦營)의 군대가 급료 지급 부정에 반대하여 서울의 이태원과 왕십리 일대의 민간인들과 더불어 임오군란을 일으켰을 때나, 1884년 12월에 김옥균 등 개화당이 개화정부 수립을 위하여 갑신정변을 일으켰을 때 청(淸)에 원병을 청한 사실에서 알 수 있다. 이를 계기로 청·일의 내정 간섭을 자초하여 민족적 수난을 가중시켰음은 물론이다. 또 일반 지식층 내부에서도 문호개방에 즈음하여 내수외양(內修外攘)을 표방한 위정척사파와 위로부터의 적극적 개혁을 주장하는 급진개화파로 국론이 분열되어 정국은 더욱 혼란한 상태에 이르렀다.

당시 봉건적 사회체제의 붕괴위기는 재정 파탄과 그에 따른 농민 수탈에서 집중적으로 나타났다. 국가의 재정 파탄은 대원군(大院君) 집정시 경복궁 중건(1865. 4~1867. 11)을 위한 과다한 경비 지출, 당백전의 주조, 청전(淸錢) 수입의 금융정책 실패와 관계가 있으나 민씨 일파가 정권을 장악하면서 더욱 심해졌다. 1876년 강화도조약 이후 개항장 설치, 행정기구 개편, 근대적 산업시설에 따른 비용과 대외차관에 따른 원리금 상환으로 재정 지출이 증가한데다 임오군란·갑신정변 이후 체결한 제물포조약·한성조약과, 1889년 방곡령(防穀令) 사건으로 인한 손해배상이 큰 부담으로 작용하였다. 그러나 보다 큰 문제는 민씨 일파의 사치와 낭비에 있었다. 국가 재정이 궁핍한 가운데 이들의 사치와 낭비가 자행될 수 있었던 것은 제도적으로 궁중과 부중(府中)으로 재정이 분리되어 있었기 때문이다.

민씨 일파는 선혜청과 호조를 장악하여 1884년 명목가치가 상평통보의 5배인 당오전(當五錢)을 주조하여 막대한 이윤을 취하는 한편 권력에 의한 부정축재를 자행하였다. 이에 따라서 과거제도 문란과 직결되는 엽관운동 또한 격심해져 갑오동학운동 무렵에는 거래되는 화폐의 액수가 엄청나게 불어났다.[33] 민씨 일파의 재정 낭비와 매관매직이 성행할수록 농민에 대한 경제적 수탈은 그만큼 증대되었다. 여기에 1876년 문호개방 이후 외세의 경제 침투마저 겹쳐져 민생의 경제적 곤궁은 극한 상황에 이르렀다.

개항을 계기로 일본은 상업 진출로 경제적 침투를 시작하였다. 직접적으로 국내 상업을 주도하던 시전상인(市廛商人)들의 경제적 위치를 붕괴시켜 시장질서를 파괴하는 한편 간접적으로는 서민생활에 타격을 주었던 것이다. 이처럼 일본은 강화도조약에서 부산·원산·인천의 3항 개항, 치외법권과 일본 화폐 유통의 허용, 일본 상품에 대한 무관세 적용과 더불어 경제 침투를 본격화하였다. 이후 동학농민의 반외세 민족운동의 대상이 줄곧 일본이었던 것도 바로 이 때문이다.

일본의 대조선무역에서 수출은 상해-나가사키-한국을 연결한 중계무역의 형태로서 대종은 면직물이었다. 수입은 쌀·대두·우피가 주종이었으며 조선과의 직접무역 형태로 이를 독점하다시피 하였다. 그러나 1884년부터 조선의 대외 무역은 새로운 전기를 맞이하였다. 갑신정변 이후 조선 내정에 대한 청·일의 영향력이 비슷해지면서 1894년에 이르기까지 양국 상인의 경쟁은 치열하였다. 그러나 일본의 대조선 무역은 수입면에서

---

33) 한우근, 「동학농민봉기와 갑오개혁」, 『한국사』 17, 국사편찬위원회, 1981, p.28 참조. 初試의 처음에 200~300냥으로 매매되어 500냥에 이르면 놀래던 것이 갑오년(1894) 전에는 1천여 냥이 보통이고 會試에는 대체로 1만여 냥이나 되었던 것은 錢幣가 많아져서 그 가치가 떨어졌기 때문이었다.

시종 우월한 지위를 지켰다. 일본이 수출보다 미곡 수입에 치중하였던 것은 그 나름대로 절박한 이유가 있었다. 일본은 산업혁명을 급속히 진행하는 과정에서 자본주의 산업과 영세 농업의 불균형을 초래한 데 이어 1889년, 1890년의 대흉작으로 쌀소동이 일어나 식량 및 원료 공급지로서 조선이 필요하였기 때문이다.

쌀·대두·우피는 일본 상인이 조선에서 수입한 총수입량 중에서 1887년에 92%, 1890년에 91%, 1893년에 82%로 압도적 비중을 차지하였다.[34] 일본 상인 중 무역상은 소수이고 대부분은 조선에 거주하는 다수의 영세상인 및 거류민으로 구성되어 있었으며, 상품 수매 방법은 생산과정 자체를 고리대적으로 얽는 입도선매였다. 요컨대 일본 자본주의 침입 과정은 양국 무역에 대한 시장 독점이라는 형태가 아니라 무역을 수단으로 하여 일본의 영세민을 정책적으로 조선에 이주시키는 데 있었다. 조선에 이주한 이들 일본 거류민을 자본가·지주로 성장케 하여 조선의 도고상인(都賈商人)과 경영형부농의 경제적 성장을 저지시키고 조선 농민의 영세소작농화를 꾀했던 것이다. 따라서 이들 거류민의 자본 축재로 농촌경제 파탄은 더욱 가속화되고 도시의 상업자본은 큰 타격을 받게 되었다.

강화도조약의 체결 무렵 최익현(崔益鉉)은 이미 이러한 상황이 올 것을 예견하였다.[35] 일본인들의 물화는 손으로 만드는 사치품으로서 그 양이 무한한 것인 데 비하여 우리의 물화는 토지에서 생산되는 곡식이어서 그 양이 한정되었기 때문에 일본과 교역하면 몇 년 못 되어 나라가 망할 것임을 염려한 내용 그대로 사태가 벌어졌던 것이다.

고종 1년(1864)부터 시작된 민란은 고종 31년(1894) 갑오농민봉기에 이르기까지 46개소에서 47회에 걸쳐 발생하였다. 1860년대에 4회, 1870년대에 3회, 1880년대에 18회, 1890년대에는 무려 22회의 민란이 일어났는데

---

34) 姜在彦, 『한국 근대사 연구』, 한울, 1982, p.149 참조.
35) 崔益鉉, 『勉菴集』 권3, 持斧伏闕斥和議疏, 丙子 正月 22일.
     淫奢奇玩 生於手而無窮者 民命所寄 産於地而有限者

이는 철종조 임술민란의 연장으로 대부분이 황해도와 경상도 일대에서 일어난 종래의 전형적 민란의 형태였다.36)

철종조 임술민란이 경상도·전라도·충청도 등 삼남 중심으로 확대되었던 것에 비하면 고종조의 민란은 1888년 이후부터 격화되기 시작하여 1890년대에는 전국적으로 만연되었다. 당시 민란은 대부분의 경우 읍폐교구(邑弊矯救)를 호소하는 소청(訴請)으로 시작하여 통문(通文)을 발하여 취회(聚會)한 후 관아를 습격하는 일반적 민란의 형태였으나 흥양(興陽)·영해(寧海)·문경(聞慶)·조령(鳥嶺)에서 일어난 민란의 경우는 병란적(兵亂的) 성격의 폭동으로서 이전에 볼 수 없던 양상을 띠었다. 대체로 민란은 잔반한사의 지도하에 빈농이 주체가 되어 일으킨 스스로의 권익운동으로서 지역적 연결과 시간적 지속성이 거의 없는 자연 발생적인 것이어서 결과는 거의 실패로 끝났다. 그러나 영해민란(1871)과 고부민란(1894)의 경우는 동학교도가 교단조직을 이용하여 가세한 민란으로서 직접·간접으로 갑오동학운동의 발단이 된 사건이다.

영해민란을 천도교계(天道敎界)에서는 병란으로서보다 신미(辛未)교조

---

36) 1864년 : 풍천
   1868년 : 칠원
   1869년 : 광양, 고성
   1871년 : 영해, 문경조령관,
   1879년 : 울산
   1883년 : 長連, 東來, 星州
   1884년 : 加里浦, 安岳, 兎山
   1885년 : 驪州, 原州
   1888년 : 北靑, 草原, 永興
   1889년 : 吉州, 旌善, 麟蹄, 通州, 섭곡, 興陽, 水原
   1890년 : 안성, 咸昌
   1891년 : 顯陵院(수원), 高城
   1892년 : 咸興, 德源, 狼川, 醴泉, 會寧,, 江界, 成川, 鐘城
   1893년 : 咸從, 仁川, 載寧, 淸風, 黃澗, 中和, 開城, 黃州
   1894년 : 金城, 古阜

신원운동으로 성격을 규정하는데,37) 그 근거는 영해 지방의 지역적 특수성
과 동학교도의 활동 상황에 있다. 영해는 일찍부터 동학이 전파되어 1862
년(임술년) 12월에 최제우가 접주제를 실시할 때 접소(接所)를 설치했던
지역으로 1863년부터 그가 처형당할 때까지 경주·연일(延日)·홍덕·청
하 지방과 함께 동학 교세가 가장 컸으며 이후에도 동학 활동이 관의 탄압
으로 지하에 숨어들 때까지 활발하였다. 이필제(李弼濟)가 난을 일으켰을
때 영해 주변 지역민이 이에 가담한 것도 이러한 맥락에서 볼 수 있다. 울
산·영해·청하·영덕 등 11개 지역 사람들의 인명이 구체적으로 열거될
정도로 접소가 설치되었던 인근 지역 대부분이 이필제의 난에 참여하였
다.38) 이와 같이 영해민란은 종래의 일반 민란과는 달리 지역적 연대성을
보여주고 있다.

  영해민란의 주모자인 이필제가 최시형을 만나고자 사람을 보내어 스스
로 동학교도임을 자처한 사실에서 당시 이 지역의 동학 교세가 어느 정도
였는가 하는 것을 감지할 수 있다.39) 그러나 처음에 최시형이 그를 알지
못했던 것으로 미루어 볼 때 동학에 입도한 자들 중에는 최시형과 같이 도
덕지상주의에 근거한 종교적 현실 극복보다 이필제와 같이 반항적 현실 개
혁을 주목적으로 했던 무리가 많았던 것으로 생각된다.

  체포 직전에 최제우가 술회한 바에 의하면 분명히 교계(敎界)에 이러한

---

37) 표영삼, 「辛未 교조신원운동의 분석」(중) 『신인간』 457, 1988, pp.4~5.
38) 「崔先生文集道源記書」, 『동학사상자료집』 1, 아세아문화사, 1979, pp.225~
   227.
   寃死者東奎堂內三四人 蔚津 南基祥 金(名未詳) 寧海 朴士憲兄弟 權一元
   父子……盈德 林蔓 示柞 具日善 姜汝……慶州北山中 李士仁 金萬春…
   …英陽 張星進 金龍雲兄弟……逃生者 寧海 金君瑞 李仁彦 以背道之人
   弼濟之謀事者也……盈德人 金生(名未詳)……大丘人 金聖伯 姜淇……興
   海人 金敬哲……金永淳等也
 39) 위의 책, p.212.
   癸亥歲 入道先生 深在智異山中 杜門不出而近爲六七年 故不知甲子先生
   之變 其在弟子之兮不勝其憤 而彌留到此 欲逢主人而送我傳言故

부류가 있었던 것을 알 수 있다.[40] 이필제의 신분이 몰락양반 계층이고 초시(初試)에 급제한 일이 있다는 점에서 필시 그도 봉건지배층에 불만을 가지고 도인(道人)을 사칭하여 교회 조직을 이용하려 한 인물로 볼 수 있다. 그리하여 그는 5개월 간 거사계획을 준비하면서 교조신원을 명분으로 내세워 최시형에게 수차에 걸쳐 협조해줄 것을 간청하였으나 끝내 허락을 받지 못하였다. 당시 최시형이 그에게 충고한 내용은 『천도교창건사』에 다음과 같이 기록되어 있다.

> 그대가 先師를 위하야 雪寃코저 함은 義에 잇어 당연한 일이오 또는 同門弟子된 자 한가지로 感服하는 바라 그러나 大事, 때가 잇고 運에 조같이 잇나니 나는 아즉 그 시기가 안인줄 아노라……만일 오늘날에 잇어 다시 실패를 거듭한다 하면 대도의 기초를 세우지 못할지니 그대 십분 명심하야 후일을 기다림이 어떠하뇨[41]

그러나 교계의 일설에 의하면 이필제는 꾸준히 영해 지방 교도들과 접촉하여 뜻을 모으고 후일 동학의 차도주(次道主)가 되는 강수(姜洙)의 도움으로 일단의 무리를 조직화하였으며 드디어 최시형을 설득시킴으로써 최제우가 순도한지 7주기가 되는 1871년 3월 10일에 난을 일으킬 수 있었다는 것이다.[42]

여하간에 결과는 실패하였으나 이필제의 난의 성격은 동학 교단조직을

---

40) 「홍비가」, 『천도교경전』 : 천도교중앙총부, 『천도교경전』, 1984, p.381.
    말은 비록 아니하나   심사를 속여내어
    이 운수가 어떠할지   托名이나 하여보자
    모든 친구 유인하여   흔연대접 하는 듯다
    아서라 저 사람은   네가 비록 暗詐하나
    한울님도 모르실까
41) 『천도교창건사』 : 앞의 책, pp.102~103.
42) 朴孟洙, 「해월 최시형 연구」, 『신인간』 425, 1985, pp.10~13 ; 표영삼, 「신미교조신원운동의 분석」(중), 앞의 책, 457, 1988, pp.6~7 참조.

이용한 지역적 연대성을 확보한 조직적 민란으로서 뒤에 문경민란으로 이어졌고 간접적이기는 하나 1894년 갑오동학운동의 계기가 되었을 정도로 시간적 지속성을 지녔던 것이다. 한편으로 신미년의 영해민란은 반봉건적 병란(兵亂)의 형태로 시작하였으나 그 이면에는 교조신원운동적 성격이 내포되어 있어 크게는 동학 포교운동의 일환으로 생각할 수 있다.43)

이에 비하면 갑오동학운동의 직접적 발단이었던 1894년의 고부민란은 조병갑(趙秉甲)의 탐학에 반발하여 봉기한 전형적 민란의 속성을 띠고 전개되었다. 고부군수 조병갑은 농민을 무상으로 부역케 하여 만석보(萬石洑) 외에 팔왕보(八旺洑)를 만들어 수세(水稅)를 부과하여 700여 석을 착복하고, 황무지 개간을 무세(無稅)로 허가한 후 추수기에 강제로 징세했으며, 불효죄·불목죄(不睦罪)·음행죄(陰行罪)·잡기죄(雜技罪) 등 오명을 군민에게 무단히 씌워서 2만 냥 이상을 수탈하는 등 관권을 빙자한 탐학이 이루 말할 수 없을 정도였다.

이에 전봉준(全琫準)은 1893년 11월과 12월 2회에 걸쳐 연명으로 수세의 감소를 등소(等訴)하였다. 등소 내용은 정확히 알 수 없으나 안핵사가 의정부에 올린 장계(狀啓) 중 읍막칠조(邑瘼七條)로 열거한 것과 거의 같은 내용일 것으로 생각된다.44) 그러나 오히려 전봉준이 구속되는 등 많은 수난을 겪게 되었으며 이로써 드디어 1894년 2월 15일 사발통문(沙鉢通文)을 발하여 고부에서 거병하게 되었다. 이 때까지만 해도 고부민란은 전형적 민란의 양상 그대로였다. 봉기민의 절대 다수는 농민으로서 무기고를 습격하고 탐관오리를 포박하여 수탈당한 미곡을 재분배하는 정도였으며 곧 해산하였다. 그러나 안핵사 이용태(李容泰)의 학민행위(虐民行爲)로 3월에 다시 조직적으로 백산(白山)에 취회(聚會)하여 창의문(倡義文)을 발

---

43) 김의환, 「동학농민운동사연구」, 『부산여대논문집』 3, 1975, p.289 참조.

44) 『일성록』, 고종 31년, 4월 24일조.

　　移結, 轉運所摠加量新刱否足米, 流亡結稅未收, 陳畓已墾處賭租, 陳畓已
　　墾處柴草, 萬石洑水稅, 八旺洑水稅

포하고 대부민(對富民) 투쟁을 선언하면서부터 민란이 아닌 정치운동의
성격을 띠게 되었다.

3. 동학운동의 전개

동학의 교세 확장 과정은 교맥(敎脈) 유지의 수세기(守勢期), 교세 발
전의 현도기(顯道期), 교세의 전국적 확장기(擴張期)의 3단계로 나누어
생각할 수 있는데 이는 당시의 시대적 상황과 밀접한 관계가 있다. 교맥
유지 시기인 1870년대는 대원군의 서원 철폐에 따른 유생들의 탄핵상소운
동, 경복궁 중건과 천주교 탄압으로 인한 대중의 반항과 대외적으로 두 차
례에 걸친 양요(洋擾) 등 많은 난관에 처해 있었기 때문에 동학에 대한 관
심이 소홀해질 수 있는 상황이었으나, 최제우를 혹세무민의 죄목으로 처형
한 이후 1871년 신미교조신원운동이 일어남에 따라 정부의 동학 탄압은
철저해졌다. 그리하여 최시형은 태백산과 소백산 일대를 활동무대로 하여
비밀종교의 형태로 교맥을 유지하였던 것이다.[45]

그러나 1880년대에 이르러 동학 교세는 점차 커졌다. 최시형을 비롯하
여 동학 지도층의 헌신적 노력 때문이라고 하지만 1876년 문호개방 이후
조선사회가 크게 변화한 결과 때문이기도 하다. 대원군 하야 이후 집권한
민씨 일파의 세도정치로 내정의 부정부패가 날로 심해졌고, 밖으로는 개항
에 따른 여러 가지 문제점이 야기되었다. 정부측의 외세 의존적 개화정책
과 일본의 자본주의 침투로 인하여 위정척사파의 보수세력이 반발하여
1882년에 임오군란을, 1884년에 급진개화파가 갑신정변을 일으켜 정국을
혼란의 도가니로 몰아넣었다. 이를 계기로 청·일은 내정 간섭과 경제 침
투를 일삼게 되고 이에 따라 정부는 동학에 관심이 소홀해졌던 것이다. 더
구나 1882년의 한미통상수호조약 이후 서구와의 통상 수교가 계속 이루어

---

45) 김의환, 「동학농민운동사연구」, 앞의 책, p.292 참조.

짐에 따라 사실상 천주교의 신앙 자유가 공인되는 등 실로 많은 변화가 있었다. 그리하여 최시형과 동학 지도층은 포교 활동을 비교적 활발히 전개할 수 있었다.

이후 1890년대는 그 여세를 몰아서 포교 활동의 단계를 넘어 교단조직을 동원하여 정부측을 상대로 신앙의 자유를 요구함으로써 동학은 삼남 지역을 무대로 하는 민족종교로 부상하였다. 확장 속도가 가장 빨랐던 시기는 특히 1891·2년으로, 이 때는 교조신원이라는 공감대가 동학 교단 내부에 형성되어 집단적 연대의식을 이룰 수가 있었다.[46] 교조신원운동을 전개하는 동안 동학운동은 포교 자유를 추구하는 순수한 종교운동으로 시작하여 민족과 국가 문제에도 관심을 보이게 되었으며, 갑오동학운동에 이르러서는 정치사회운동으로 발전하였다. 여기서는 최시형의 교세확장운동과 동학 교단의 교조신원운동으로 구분하여 동학이 어떻게 탄압중에도 교세를 확장할 수 있었으며 교단조직을 강화할 수 있었는가를 살펴보기로 하겠다.

1) 포교 활동

1864년 최제우가 참변을 당한 이후 1894년 갑오동학운동이 일어날 때까지 최시형은 30년 동안 무려 71개 지역을 전전하면서 포교 활동을 하였다.[47] 한 곳에 정착하지 못하고 관헌의 지목과 탄압을 피하여 오지를 편답

---

46) 李光淳, 「崔海月과 비폭력운동」, 『한국사상총서』 III, 한국사상연구회, 1975, p.231 참조.

47) 睦貞均, 「동학운동의 구심력과 원심작용」, 『동학사상과 동학혁명』, 청아출판사, 1984, p.232 참조. 최시형이 30년 간 전전한 지역은 무려 71개 지역이며 1회 이상 遍踏한 지역은 다음과 같다. 태백산중, 간성, 양양, 양구, 인제, 정선, 稷谷里, 영월, 영춘, 단양, 울진, 평해, 예천, 영양, 안동, 상주, 인동, 흥해, 대구, 경주, 충주, 괴산, 진천, 목천, 청주, 보은, 공주, 청산, 金山, 익산, 전주

(遍踏)할 수밖에 없었던 그의 처지는 오히려 포교 활동에 도움이 될 수 있었다. 교도의 대부분이 불우한 농민·천민이었다는 점에서 이러한 경우는 그들과 정서적 유대 관계를 맺을 수 있는 좋은 계기가 되었던 것이다. 그의 쫓기는 처지나 생활의 궁핍함이나 소박한 인생관 같은 것이 모두 그들에게는 공감케 하는 요소였다.

그는 직접 설교하거나, 접(接)·포(包)에 통유(通諭)를 발하거나 통문을 돌려서 하는 간접적 방법 외에도 행동으로 모범을 보임으로써 포교에 힘썼다. 그러나 교단조직정비·교리연구·경전간행·집단적 종교수행으로 포교의 수단을 고차원적으로 다양하게 활용하게 된 것은 1880년대에 유교적 소양을 갖춘 제자들이 그 주변에 모여들면서 시작되었다. 1870년대의 설교 내용은 대부분 인권존중과 인간평등에 관계되는 것이었다.[48] 빈부·귀천·적서의 차별 철폐 같은 것은 당시 봉건적 사회체제하에서 소외당하고 있던 농민이나 천민 등 대중에게는 더없이 귀한 복음과 같았다.

1871년 8월 영월(寧越)에서 한 설법 중에는 다음과 같이 천주공양(天主恭養)과 대인접물(待人接物)의 도덕적 수양을 강조하였다.

> 道는 먼저 待人接物에서 시작되는 것이니 사람을 대하는 곤에서 세상을 氣化할 수 잇고 물건을 접하는 곤에서 천지자연의 理를 깨달을 수 잇나니라 만약 사람이 잇어 이 두 가지의 길을 버리고 도를 구한다 하면 이는 허무에 가깝고 실지를 떠난 것이니 천만년 法經을 외운들 무슨 필요가 잇으리요……待人은 첫째 隱惡揚善으로 主를 삼으되 사람이 暴戾로써 나를 대하거든 나는 仁恕로써 彼를 대할 것이오 彼가 狡詐로써 辭를 飾하거든 나는 진실로써 彼를 대할 것이며 彼가 勢와 利로써 나를 辱하거든 나는 至正과 公義로써 彼에게 대한즉 비록 천하라도 化할 수 잇나니라[49]

參禮里, 부안, 태인, 松皐, 求泉, 染谷 등으로 주로 경북, 강원, 충남북, 전북 일대에 걸치고 있다.

48) 주 22) 참조.

이것은 인간이 천주의 마음으로 인격화(人格化)하여 평등해질 수 있다는 것을 깨닫고 진실로 남을 위하여 봉사하면 그것이 곧 경천(敬天)이라는 것을 강조한 내용이다. 여기서 최시형이 무저항주의적 종교 신앙으로 교도를 교화하고 있음을 알 수 있다.

그런가 하면 1875년 10월에는 단양(丹陽)에서 용시용활(用時用活)의 설법으로 다음과 같이 교화에 힘썼다.

> 대저 道는 用時用活하는 데 잇나니 때와 짝하야 나아가지 못하면 이는 死物과 다름이 없으리라 하물며 우리 道는 오만년의 미래를 표준함에 잇어 앞서 때를 짓고 때를 쓰지 아니하면 안 될 것은 先師의 가르친 바라 그럼으로 내 이 뜻을 後世萬代에 뵈우기 위하야 특별이 내 이름을 고쳐 맹서코자 하노라[50]

이것은 최제우의 시운관(時運觀)을 실천적인 방향으로 일보 발전시킨 것으로서 사회운동의 방법을 훈시한 것이라 하겠다. 실제로 1892년에 서인주(徐仁周)·서병학(徐丙鶴) 등이 교조신원운동을 건의할 때 아직 기회가 닿지 않았다고 하여 이를 허락하지 않았다는 기록에서도 확인할 수 있다.[51]

한편 설법 이외에 교도의 궁핍한 생활을 감안하여 다음과 같이 종교의식의 개혁을 단행하여 포교의 원활함을 꾀하였다.

> 내 과거 다년간에 각종 음식물로써 祈禱式의 對象을 삼아왓으나 이는 아즉 人心의 관계로 不得已에서 나온 일이니 금일 이후에는 一切 의식에 다만 淸水 一器뿐 用하라 水는 其性이 淸하고 其質이 動하는 것이며 또한 無所不在한지라 可이 만물의 근원이라 일을지니 내 이로써 의

---

49) 『천도교창건사』: 앞의 책, pp.106~107.
50) 위의 책, p.115 참조. 1875년 10월 단양에서 설법한 내용이다.
51) 위의 책, p.135 참조.

식의 표준물을 정하노라[52]

　제물(祭物)을 청수(淸水) 한 그릇으로 대체하였다. 이와 같이 그는 객관적 사회 여건 변화에 따라서 비교적 쉽게 농민과 공감대를 형성해 나갔다. 그리하여 1870년대 후반에 이르러서는 강도(講道)를 위한 조직력 확보가 필요할 정도로 교도의 수가 증가하였다. 이러한 문제는 이미 최제우가 동학 포교에 들어간 지 1년 남짓하여 제기되었던 일이다. 그리하여 최제우는 1862년 12월에 접주제를 실시하여 13개소에 접소를 설치하고 1863년 7월에 최시형을 북접대도주(北接大道主)로 임명하였다. 그러나 최제우가 처형되고 난 후 이 조직은 와해되었기 때문에 최시형은 1878년 다시 개접제(開接制)를 실시하였던 것이다.[53]

　그는 개접에 임하여 조선 사대부사회에서 서당의 훈장이나 글방 학생 또는 과거에 응시하는 유생의 무리를 지칭하는 용어로 쓰이던 접이 아니라는 것을 강조하였다. 즉 교리 학습과 교리 연구를 위한 집회적 성격을 띤 것으로 대민교화(對民敎化)의 목적으로 일정 기간 동안 개접하였다가 이 기간이 끝나면 집회를 해산하여 파접(罷接)하는 제도임을 주지시켰다. 그러나 접의 활용이 본격화된 것은 교세가 확장되는 1880년대에 포접제(包接制)를 실시하면서부터이다.[54]

　1880년대는 삼남 지역 및 강원도 일대에까지 동학 교세가 확장됨에 따라 교정기관(敎政機關)으로서의 조직망이 필요하였다. 이에 최시형은 1878~1884년에 일종의 교구제(敎區制)라 할 수 있는 포접제를 실시하게

---

52) 위의 책, p.114. 1875년 8월 단양에서 설법한 내용이다.

53) 위의 책, pp.115~116. "吾道 중에 開接이라 이름하는 것은 결코 儒門의 文士相會하야 詩賦를 희롱하는 例가 아니오 大神師 在世의 時에 잇어 氣數의 迭代盛衰하는 理를 미루워 이미 開接罷接의 規例를 말한 바 잇엇든 것이니 그럼으로 내 이제 接을 開하고 道를 講하는 것은 전혀 선생의 뜻을 이음이라."

54) 목정균, 「동학운동의 구심력과 원심작용」, 앞의 책, p.231 참조.

되었다. 포접제는 종래의 교화 기관인 접주제를 보완한 제도로서, 지방 교단을 연결하는 포의 교정적(敎政的) 업무는 매년 4회에 걸쳐 실시하는 기천식·최제우의 각도일(覺道日)·탄일·기일 등의 향례(享禮) 같은 지방 교단의 행사와 비용 및 서무를 집행하고 교도를 관리·동원하며 교주의 명령 하달 업무를 처리하는 것이었다.55)

접과는 달리 포는 동학에서만 사용한 것으로 접에서 진일보하여 지연적 유대를 강조한 상위 지방조직이며 설치 목적은 한 지역의 교도가 여러 명의 접주에 예속됨으로써 파생되는 혼란을 방지하고 보다 정연한 조직 체계를 확립하는 것이다. 이와 같이 최시형은 포와 접에 각기 포주(包主)와 접주(接主)를 두어 지방 교단을 관리케 하는 한편 이들을 교주의 통제하에 두었다.

그러나 1880년대 후반에 다시 교세가 확장되면서 포와 포 사이에 세력 균형이 무너져 각 접주 중에서 유력한 자를 대접주로 임명하여 포주를 겸임케 하였다. 이에 따라 교단조직은 교주 아래 여러 개의 포를 두고, 포의 대접주 밑에 다시 여러 명의 접주가 있어서 교화와 모든 업무는 통문을 통하여 종횡으로 연락하였다. 이후 교조신원운동에 따른 급속한 교세 확장(충청·전라·경상·경기·강원)으로 재차 포접제의 개편이 있었다. 지명을 달아 부르던 포명(包名)을 각 포 지휘관의 이름을 따서 부르게 하였다. 이로써 포는 지방교구로서가 아니라 동학농민들로 형성된 군단(軍團)으로서의 성격을 지니게 되었다.56) 갑오동학운동 당시 봉기하는 것을 기포(起包)라 하는 이유도 여기에 있었던 것이다.

그런데 1893년의 보은취회(報恩聚會)를 분기점으로 하여 접주 상호간에는 사상적 대립이 야기되어 남접(南接)·북접(北接)의 분열이 있게 되었다. 당시 시대적 상황 인식과 해결 방법에 있어서 충청도를 근거로 하는

---

55) 위의 책, pp.236~237 참조.
56) 김용덕, 「동학군 조직에 대하여」, 『한국사상』 12, 한국사상연구회, 1974, p.264 참조.

동학 교단 지도층인 북접은 종교운동 노선을 지향하였고, 전라도 일대에 근거한 농민층을 주체로 하는 남접은 혁명적 정치운동을 지향하였다. 그리하여 갑오동학운동 전개 과정에서 남접 지도층은 독자적 지휘 편제를 형성하여 3월 기포를 주도하였고, 북접 지도층은 9월 기포시에야 비로소 여기에 합류하는 등 남·북접은 불편한 관계에 있었다. 또한 남접 지도층 내부에서도 분열이 있어 결국은 갑오동학운동이 실패하는 데 큰 원인으로 작용하였던 것이다.

포접제 실시에 이어 1884년에는 육임제(六任制)를 설치하여 교장(敎長)·교수(敎授)·도집(都執)·집강(執綱)·대정(大正)·중정(中正)으로 하여금 각 포의 사무처리를 맡도록 하였다.57) 그러나 앞에서 언급하였듯이 육임제도 교세 확장에 따라 별 효과가 없게 되어 접주 중에서 유력자를 대접주(大接主 ; 都接主)에 임명하여 그 지방 포를 통할케 하였던 것이다. 포접제나 육임제 같은 기존의 교정(敎政) 조직은 결과적으로 유능한 인재들을 동학에 영입케 하는 데 큰 역할을 하였다.58) 동학의 도통을 이어받아 3대 교주가 된 손병희를 비롯하여 박인호(朴寅浩), 손천민(孫天民), 서인주 등 동학의 거물급들이 모두 1883년에 동학에 입도한 사람들이다. 또 이들이 있었기에 교리 연구와 경전 간행도 활발히 진행될 수 있었다.

경전 간행은 1879년에 포교의 방향을 북방으로 정하여 최시형이 장차 북접에 거할 것을 결정한 이후 1880년부터 착수하였다.59) 5월에 인세군

---

57) 『천도교창건사』: 앞의 책, p.124. "敎長은 以質實望厚人으로 敎授는 以誠心修道可而傳授人으로 敎執은 以有風力明紀綱知經界人으로 執綱은 以明是非可執紀綱人으로 大正은 以持公平勤厚人으로 中正은 以能直言剛直人으로 定하라 하시다."

58) 최동희, 「천도교 지도정신의 발전과정」, 『3·1운동 50주년기념논집』, 동아일보사, 1969, p.87 참조.

59) 『천도교창건사』: 앞의 책, p.119. "大神師 항상 布德에 주의하사 우리에게 일러 갈으되 天道의 運이 북방에 잇으니 만약 南北接을 택할진대 나는 반드시 북접에 거하리라 하섯고 또 갈으되 우리 道의 발전할 수명이 雍齒格으로 되엿으니 너의는 일을 쓸 때에 이 格을 잃지 말라 하섯나니 우리는 師訓을

김현수(金顯洙)의 집에 경전 간행소를 두고 암송(暗誦)으로『동경대전』을 대필케 하여 1개월 만에 간행을 완료했으며, 1881년 6월 다시 단양군 여규덕(呂圭德)의 집에 간행소를 설치하여『용담유사』8편을 역시 구송(口誦)하여 간행하였다. 또 1883년 2월에는 목천군 김단경(金段卿)의 집에 다시 간행소를 옮겨서『동경대전』1,000여 부를 간행하고 이를 각 포에 나누어 주었다. 이로써 동학은 비로소 종교로서의 면모를 갖추게 되었고 교조신원운동 때에는 교단조직인 포·접을 중심으로 동학 포교의 합법성을 주장하는 데까지 이를 수 있었다.

그러나 동학 교세의 확장은 순탄치만은 않았다. 1885년에 충청감사 심상훈(沈相薰)과 단양군수 최희진(崔喜鎭)이 단합하여 최시형의 체포를 적극 추진하고, 1888년에 다시 동학교도에 대한 관헌의 수색이 격심해져 다시 거처를 옮기며 은둔생활을 하지 않을 수 없게 되었다. 그리하여 신앙의 자유를 얻기 위하여 교리의 체계화가 절실하였다. 그러나 당시는 심해지는 동학 탄압에서 벗어나는 것과 보수적 지식인들을 동학으로 영입하는 것이 급선무였다. 이에 동학은 시대적 상황에 따라 보수, 개화의 사상을 양립시켜 나갔다. 1880년대에는 탄압을 피하기 위하여 전통에의 방향 즉 유교적 교리의 합리화를 꾀하였고, 1890년대에는 교세의 확장세에 따라 개화에의 방향 즉 전통을 탈피하는 진보적 개혁을 꾀하였다.[60]

1880년대는 포접제 실시에 따라 동학의 지도층이 대체로 유교적 소양을 갖춘 인사들로 구성되었기 때문에 유교사상을 인증하여 교리를 합리화하는 일이 비교적 용이하였다고 하겠다. 실제로 유교의 우주론적 관점에서 신관(神觀)을 합리화하고 있었던 것은 1884년의 강서(降書)에서 나타난다.[61]『시경』,『서경』,『맹자』의 말을 인용하여 동학의 '한울님'을 천(天)·

잇지 말 것이라 하시다."

60) 유병덕,『동학·천도교』, 시인사, 1987, pp.227~228 참조.

61) 吳知泳,『동학사』:『동학사상자료집』2, p.417.
　　書曰天降下民 作之君作之師 惟曰其助上帝 君以敎化禮樂 以和萬民 以法令刑戮 以治萬民 師以孝忠信 以敎後生 以仁義禮智 以成後生皆所 以助

상제(上帝)로 격하시켰다. 즉 유교 경전에서 천(天) 즉 상제를 믿고 공경했다는 예를 들어 동학의 교리를 정당화한 것이다. 이와 때를 같이하여 한동안 종래의 주문 21자 중에서 천주를 상제로 바꿔 쓴 일이 있는데 천주교가 공인된 후 1890년대에 다시 원상태대로 천주라고 한 것으로 보아 천주교로 지목받는 오해를 피하기 위한 조처였던 것 같다.[62]

1890년대에는 진보적 방향으로 나갔다. 1880년대에도 사회를 지배하던 유교사상 때문에 진보적 성향이 표면으로 드러나지 않았을 뿐 종교의식의 개혁은 이미 추진되고 있었다. 1881년에 최시형은 교도에게 어육(魚肉)과 술·담배를 금해오던 것을 해제하였다. 그 후 1897년에 향아설위법(向我設位法)을 실시케 하였고 이 무렵 동학의 주문 중 '만사지(萬事知)'를 밥 한 그릇으로 해석하여 인간존중 사상을 강조하기도 하였다.

이와 같이 교리의 체계화가 전통사상화·사회사상화 되었기 때문에 1892년의 교조신원운동이 조직적으로 전개될 수 있었고, 1894년의 갑오동학운동을 반봉건적 사회운동과 반외세적 민족운동의 형태로 발전시킬 수 있었던 것이다.

2) 교조신원운동

집단운동으로서의 동학운동은 최시형을 구심점으로 하여 교세 확장과 교단조직의 인과관계 속에서 꾸준히 지속되었으나 1892년 1월 충청감사 조병식의 금령 발표로 보다 적극적 활동을 모색해야 할 단계에 이르렀다.[63] 농민과의 유대와 연대성 확보를 토대로 한 민소(民訴) 형태의 교조

上帝者也 葩經曰畏天之威于時保之此敬天也 鄒聖曰莫知爲而者天也 此信
天也 正心正身敬勿獲罪于天 盡誠盡忠 勿獲罪于上帝
62) 최동희, 「천도교 지도정신의 발전과정」, 『3·1운동 50주년기념논집』, pp.87
~88 참조.
63) 『일성록』, 고종 28년(辛卯年) 10월 22일조 참조.

신원운동의 필요성이 대두된 것이다. 교조신원운동은 1892년 11월의 삼례취회(參禮聚會)를 시초로 서울 광화문에서의 복합상소(伏閣上疏), 보은취회에 이르기까지 약 반년 동안 진행되면서 본래의 순수한 종교운동의 성격이 변질되어 갔다. 이미 언급한 바와 같이 최초의 교조신원운동은 이보다 훨씬 이전인 1871년 이필제의 난을 들 수 있다.

그 후 최시형이 소백산과 태백산 일대를 중심지로 하여 포교에 힘쓰던 중 정부의 동학 탄압이 노골화됨에 따라 동학 생존의 길을 모색할 수밖에 없었다. 그리하여 1892년 7월 호남의 접주 서인주·서병학이 그에게 교조신원운동을 간곡히 요청하였으나 최시형은 용시용활(用時用活)을 들어 이를 허락지 않았다.

이에 서인주·서병학 양인은 그 해 10월에 독자적으로 남접 교도를 모아 공주에서 충청감사 조병식(趙秉植)에게 장사(狀辭)를 올려 청원운동을 전개하였다. 장사의 내용은 교조의 신원과 신앙의 자유를 갈망하는 것이었다.64) 결과는 실패였으나 이들 양인은 처벌을 받지 않았다. 즉 장사 행위(狀辭行爲) 그 자체가 탄압 대상이 되지는 않았던 것이다. 신미교조신원운동이 병란적 성격을 띤 것이라면 이번 공주의 장사 행위는 비폭력운동이라 할 수 있다.

이후 어느 정도 자신감을 얻게 된 교도의 끈질긴 요청에 따라 최시형은 드디어 10월 17일 교조신원을 다짐하는 내용의 입의문(立義文)을 각 도의 교도에게 발표하기에 이르렀다.65) 시위에 앞서 발표한 이 입의문은 동학

---

64) 「朴應三資料集」, 『동학사상과 동학운동』, 청아, 1984, p.264 참조.
65) 『천도교창건사』: 앞의 책, 2편, pp.135~136. 「立義文」
　　夫宗教有三　儒教始自五帝三皇以至周公孔子繼往聖開來學　人倫明於上教
　　化行於下　而爲中國四千餘年教宗　佛氏剙自印度　二十七祖繼有震丹　六祖
　　興慈運悲觀性見心　度衆生於苦海　道教始自黃帝以導引修練之法　免生民於
　　夭札　唯我靑邱自檀箕以來數千年　神聖之教仁賢之化　重熙累洽繼長增高
　　逮夫叔季　聖道榛蕪　人心枳塞　日趨汗下　滔滔莫遏　何幸天祐我東　篤生我
　　先師　統一三教　嫡傳心印　將欲布德於天下矣　粤在甲子春　橫被僞道之誣

교단의 공적(公的) 운동을 전제로 한 취지문으로서 최시형의 삼례취회를
위한 최초의 조처였다. 이어 각 접주들에게 통유문(通諭文)을 발하여 교도
를 거느리고 삼례역에 집합할 것을 명하는 한편 11월 1, 7일에 전라감사
이경식(李耕植)에게 2회에 걸쳐 소장(訴狀)을 제출하여 교조신원을 청원
하였다.

　두 소장의 요지는 천인합일(天人合一)의 도로 광제창생을 하려 한 교조
최제우의 정당성과 동학탄압의 부당성을 주장한 것으로[66] 유·불·선의
도를 통합한 동학 교지(敎旨)를 주지시키는 한편 교조신원의 동학측 요청

以身殉道 命耶運耶 且夫壬申之被禍 乙酉之遭厄 己丑之就捕 寃死者幾人
奔竄者幾人乎 凡生三事一之義 卽吾敎之大經大綱 我師之遭難 迄今三十
年于玆 爲其門徒者 宜當殫竭誠力 函函然圖所以伸雪之方 而一任玩愒互
相讙張 專昧尊師衛道之義 妄恃造化之將至 良庸慨然 凡我道人 有一於此
斷當鳴鼓聲罪矣 倍加警惕益勉修道

66) 『동학사』: 앞의 책, pp.427~428 참조.
　『천도교창건사』: 앞의 책, pp.136~137, 11월 11일의 1차 소장. "恐鑿伏以
吾師龍潭崔先生은 上帝의 面命을 受하시고 天人合一의 道로써 장차 德을
천하에 布하고 蒼生을 旣溺의 地에서 廣濟코저 하시더니 불행히 邪學의 誣
로써 大邱에서 以身殉道하시니 嗚呼 慟矣로다. 吾等은 崔先生 門下 薰陶
人이라 伸寃一事에 대하야 寢함에 此를 夢하고 食함에 此를 燕하니 一息
이 尙存에 此志이가 어찌 懈怠하리오. 夷齊를 謂하야 貪者라 하면 오히려
可하려니와 西敎로써 吾師를 의심하면 吾等이 비록 만 번의 誅戮을 被할지
라도 盟誓코 그 淸白을 伸한 연후에야 止하리라.……列邑守宰 吾道를 西
學餘派로서 지목하야 査櫛捉囚하며 錢財를 討取하야 死者 傷者 連續不絶
하고 鄕谷豪民이 또한 隨聞侵虐하야 毁家奪産이 無處不有하니 道儒로써
名하는 者는 擧皆流離하야 尊接할바 곧이 없도다. 비록 異端으로써 禁한다
言할지라도 言으로써 楊墨을 拒하는 자는 聖人의 徒라 하엿으니 言으로써
拒함은 稻成可하거니와 楊墨을 拒하기 위하야 殺人貪財한 자도 聖人의 徒
라 함은 聞치 못하엿도다.……고로 吾等이 誠心修道하야 夙夜祈天하는 바
는 輔國安民과 布德天下의 大願뿐이니 특히 慈恤을 加하야 天陛에 啓聞하
야써 先師의 至寃을 伸하며 各邑에 發令하야서 殘民의 瀕死를 濟하여지이
다."

을 고종에게 전달해줄 것을 간청하는 내용으로 되어 있다.[67] 교조신원의 대의를 천명하고 동학이 서학과 근본적으로 다르다는 것을 논리 정연하게 역설하는 한편 도와 덕을 유교적 관점에서 강조한 것으로 보아 삼례취회는 순수한 종교운동으로 시작하였음을 알 수 있다.

이에 전라감사 이경식은 교조신원 문제는 중앙정부의 소관이므로 자신의 입장에서 관여할 수 없다는 것을 밝히고 그 대신 서리층과 군졸들의 탐학·토색만은 금지할 것을 약속하고 통첩(通牒)을 관하(管下) 각읍에 발송하기에 이르렀다. 그리하여 동학 지도층은 통유문을 발하여 교도를 해산시켰다. 삼례취회는 가시적 결실은 없었으나 동학운동의 진로에 일대 전기를 마련한 대정부 청원운동이었다는 점에 의의가 있다.[68] 동학 교단은 삼례시위를 통하여 교도의 동원 능력과 단결력에 자신감을 갖게 되었으며 정부를 상대로 한 교조신원의 성공 가능성을 발견하였던 것이다. 그리하여 동학 지도층은 전라감영에서 방향을 바꾸어 조정을 상대로 하는 새로운 차원의 신원운동을 계획하게 되었다.

1892년 12월 6일에 동학 교단은 보은장내(報恩帳內)에 도소(都所)를

---

67) 『천도교창건사』: 앞의 책, pp.138~139. 11월 7일의 2차 訴狀. "吾等이 呈辭한 지 이미 六日을 過한지라 閣下의 民隱洞察함을 祗待할세 風饗露宿하야 飢寒이 切膚하며 溝壑이 迫頭하되 時日로 懸望하는 바는 오즉 伸寃禁暴에 在하더니 閣下 도리어 反正就邪하야 스스로 犯罪한다 하며 또 退去하야 고처 迷惑치 말라 하오니 吾等은 其 理由의 所在를 不知하리로다. 吾等의 잡은 바 義는 先師의 至寃을 伸코저 함이며 先師의 學은 오즉 儒·佛·仙의 道를 합하야 忠君孝親하며 至誠事天함에 잇거늘 이러한 자가 만약 異端일진대 이와 반대되는 자가 도리여 正學이 될넌지 吾等은 未知로다. 今에 各邑指目의 禍 물보다 깊으며 불보다 맹렬하야 守宰로부터 吏胥軍校와 鄕奸土豪까지 吾等의 家産을 奪取하되 自家의 소유와 同視하며 殺傷 毆打凌虐이 忌憚할 바 없으되 哀此衆生이 呼訴無地하오니 閣下는 垂憐하사 天陛에 狀聞하시며 各邑에 發關하야 先師抑寃을 伸雪하며 吏胥의 폭행을 禁戢하여지이다."

68) 김의환, 「동학농민운동사 연구」, 『부산여대논문집』 3, 1975, p.297 참조.

마련하고 교도를 집결시켰다. 소문(疏文)은 교조신원을 두 차례에 걸쳐 청원했음에도, 감사에 의해 묵살된 사실을 들어 항변하는 내용이었다. 그러나 정부로부터 회신이 없자 동학 지도층은 1893년 11월에 다음 단계의 신원운동을 결의하였다. 이어 2월 11일에 손병희의 총지휘하에 박광호(朴光浩)를 소두(疏頭)로 하여 40여 명이 3일 밤낮 동안 경복궁 광화문 앞에서 복합상소를 결행하기에 이르렀다. 상소문에 나타난 동학정신을 분석해 보면 인본주의적 사인여천사상과 도덕지상주의적 종교성의 두 가지 성격으로 요약할 수 있다.69) 근래에 세상에는 도덕을 닦는 데 힘쓰는 선비가 없었는데 다행히 최제우가 천명을 받들어 새 종교를 세우고 포교하기 시작했으나 이단으로 몰려 억울하게 처형되었다고 하여 교조신원을 주장하는 한편, 사천여부모(事天如父母)라는 말로 사인여천사상을 동학의 요지로 설명하였다. 또 동학의 교리는 유교와 대동소이하며 불(佛)·선(仙)을 통합하는 원리가 있다고 하여 동학의 통일성을 강조하였고, 최제우의 도는 당시 사회로부터 서학으로 지목받는 오해 때문에 동학이라는 명칭을 사용하였을 뿐 도 자체는 천도(天道)라는 것을 강조하여 보편적 종교임을 주지시켰다.

여기서 동학에 대한 강한 긍지와 사명감을 엿볼 수 있다. 이 때 조정에서는 모두 돌아가 자기 일에 힘쓰면 바라는 대로 조처할 것임을 약속하였

---

69)『천도교창건사』: 앞의 책, pp.141~142.
……自古聖帝明王 賢相良佐 闢四門達四聰 理陰陽順四時 措天下於泰山之安者 敬天命而順天理 明人倫立紀綱而已 挽近以來實踐行道之眞儒無幾 表章虛文徒尙外飾 剽竊經傳 浮薄釣名之士 十居八九 言念士習 尊德性而道問學 可謂蔑如 事係國治 實非細故 自不覺痛恨徹天 痛哭流涕者也…… 先師崔濟愚之言曰 仁義禮智先聖之所敎 守心正氣唯我之更定 又曰覺來夫子之道則一理之所定也 論其唯我之道則大同小異也 小異之者亦非異常別件事也……盖其宗旨 事天如父母 兼儒佛仙三敎統一之理 故曰小異焉 究其兼有之原因 則有非削髮衣緇 長往不顧 背其君父也 只兼其佛仙二敎中慈悲修煉互合之理 而實無欠於孔夫子光明正大之道體 且夫東學云者 其學名本非東學以其出於天 創於東而當世之人 謬斥以西學 蔑有餘地……

다. 이에 동학교도는 최시형의 통유(通諭) 지시에 따라 귀향하였으나 정부
의 기본방침은 동학 탄압이었다. 소두의 체포 명령과 함께 동학도를 금단
(禁斷)치 못했다는 이유로 한성판윤과 전라감사를 진소자인(陳疏自引)케
하였던 것이다.[70] 복합상소에 의한 광화문에서의 교조신원운동은 종래에
양반계층이 당론(黨論)을 배경으로 한 정쟁(政爭)에서 흔히 사용해온 당
쟁 관여자의 복권운동 방식을 그대로 모방한 것이다. 이러한 평화적 상소
나 시위는 대개 선무사(宣撫使)가 효유하면 해산하는 것이 상례로서 복합
상소에 의한 교조신원운동 역시 예외일 수 없었다.

  그러나 동학교도가 서울에서 외세의 내정 간섭, 외국상품의 범람 등 외
세의 동향을 어느 정도 체험하는 한편 청의 군함 파견 및 인천항에 정박중
인 영(英)·독(獨)의 군함을 직접 봄으로써 국제적 안목을 넓힐 수 있었다
는 점에서 광화문 복합상소운동은 나름대로 의의가 있다.[71] 당시 동학교도
의 이러한 시국관과 민족의식은 보은집회 때 동학측이 선무사 어윤중(魚
允中)에게 보낸 다음의 문장(文狀)에 잘 나타난다.

> ……倡義擊倭洋 有何大罪 一以欲捉囚 一以欲掃除乎……巡相疾之
> 已甚 使此無辜蒼生 盡入塗炭之中 生同一方 何若是殘忍 且倭洋之威
> 脅吾君 罔有其極 朝廷無一人 羞此之心 則主辱臣死之義安在乎……[72]

  동학교도가 광화문 복합상소 때 괘서(掛書)에서 척화(斥和)를 내세웠다
고 해서 미·일의 영사관에서 왕을 위협하여 동학 소탕을 강청한 사실에
대하여 분격하고 있다. 보은집회 때 척양척왜(斥洋斥倭)의 구호를 표방하
여 반외세의 정치적 요구를 하게 되었던 것도 이러한 연유에서였다.

  최시형이 1893년 3월 10일 보은취회를 위한 통문을 발하고 대도소(大

---

70)『일성록』, 고종 30년(癸巳年) 2월 26일조 참조.
71) 김의환, 「1892, 3년의 동학농민운동과 그 성격」,『근대 조선의 민중운동』, 풀
    빛, 1982, p.42 참조.
72) 국사편찬위원회 편,『東學亂記錄』(上), 聚語, 1971, pp.116~117.

都所)를 보은에 설치한 것도 이와 같은 맥락이다. 각 포의 대접주들에게 지역 단위로 포명을 주어 교단조직의 구분과 연결을 원활케 하는 한편, 각 포마다 척왜양창의(斥倭洋倡義)라고 쓴 기를 게양케 하는 등 교조신원운동은 새로운 형태로 전개되었다. 역시 보은취회도 평화적 시위운동이었으나 척양척왜를 표방한 점으로 보아 민족운동의 초기적 단계로 볼 수 있다. 이러한 성격은 정부측에 대하여 동학운동에 참여할 것을 종용한 사실에서도 확인된다.

3월 11일 보은의 삼문(三門) 밖에 괘서한 대민아(對民衙) 통고문(通告文)에서도 동학의 교조신원 대신에 보국안민의 정치적 문제가 제기되었으며 관민의 대외 항쟁을 호소한 사실에서 역시 입증된다.[73] 상소단을 서울에 파견하는 것과 같은 위험한 행동 대신에 동학 교단의 조직을 강화하는 한편 대외 항쟁을 위한 장기적 준비 태세에 돌입하였던 것이다. 즉 교조신원의 종교적 주장을 철회하고 대중과의 연대하에 현실적 정치적 욕구를 충족시킬 수 있는 '생등수만(生等數萬) 동력서사(同力誓死) 소파왜양(掃破倭洋) 욕효대보지의(欲效大報之義)'의 구호를 전면으로 부각시켰다.[74] 이

---

73) 위의 책, pp.108~109.
夫人事之難有三 立節盡忠 死於爲國 臣之難也 竭力誠孝 死於事親 子之難也 守貞慕烈 死於從夫 婦之難也 有生有死 人之常也 有事無事 時之定也 生於無事安樂之時 樂乎忠孝之道 生漁有事患難之際 死於忠孝之地 是乃臣子之難而易 易而難者也 有生之樂者 不死於君父之難 有死之心者 樂死於君父之難 吝於死者 不能成臣子之義 樂其死者 能建忠孝之節 今倭洋之賊 入於心腹大亂極矣 誠觀今日之國都 竟是夷狹之巢穴 窃惟壬辰之衢 丙寅之恥 寧忽忘之乎 今我東方三千里兆城 盡爲禽獸之跡 五百年宗社 將見黍稷之歎 仁義禮智 孝悌忠信 而令安在哉 況乃倭賊 返有悔恨之心 包藏禍胎 方肆厥毒 危在朝夕 視苦恬然 因謂之安 方令之勢 何異於火薪之上哉 生等雖草野蟲氓 猶襲先王之法 耕國君之土 以養父母 於臣民之分 貴賤雖殊 忠孝何異哉 願效徵忠於國 區區下情 無路上達 伏想閣下 以世家忠良永保國祿 憂在進退愛君忠國之忱非生等可比也 古語曰 大厦將傾一本難擎 大浪將簸 一葦莫抗 生等數萬 同力誓死 掃破倭洋 欲效大報之義 伏願閣下 同志協力 募選有忠義之士吏 同輔國家之願 千萬所懇之至

러한 동학측의 취지는 3월 22일 동학도회소(東學都會所)에서 발표한 다음의 방문(榜文)에서 엿볼 수 있다.

> 夫倭洋之如犬羊 我東邦三千里 雖五尺之童 莫不知之 莫不察焉 奈之何以巡相之老成且明察 反斥我 斥倭洋者爲邪類 則臣伏於犬羊者爲正類乎 以擊倭洋之士 罪之以捉囚 則主和而賣國者 受上賞乎 嗚呼痛哉 運耶命耶 豈以吾巡相之明 有此不燭之甚耶 揭此通衢者 恐或迷或者之臣 伏於倭洋 以順官令也[75]

왜양을 개나 양에 비유함으로써 외세에 대한 강한 저항의지를 표명하였으며 정부에서 척왜양(斥倭洋)을 주장하는 사람들을 사류(邪類)로 매도하여 체포·체벌하는 것은 나라를 파는 행위나 다름없다고 하였다. 이처럼 신원운동에 임하는 동학교도의 투지와 위세는 당당하였으니 당시 보은취회에 모인 군중의 수는 무려 2만 명을 헤아릴 정도였다. 이후 동학 지도층과 정부의 교섭은 지방관과의 대담이나 동학측 장문(狀文)에 답하는 정부측의 효유(曉諭) 형태로 여러 차례 있었다. 그러나 정부의 동학 탄압 강경책은 그대로 지속되어 한때 왕이 청의 원세개(袁世凱)에게 자문을 청한 일도 있다.[76] 그리하여 3월 29일 왕은 동학 선유(宣諭)의 윤음(綸音)을 양호선무사 어윤중에게 내림과 동시에 홍계훈(洪啓薰)에게 명하여 군대를 동원하여 청주목(淸州牧)으로 가서 동학교도와 대치하도록 하였다. 다행히 선무사 어윤중은 동학측과 비교적 성의 있는 교섭을 하였다. 왕의 윤음을 발표하는 한편 관리의 탐학은 반드시 엄징할 것이니 군중은 각자 집으로 돌아가 생업에 전념할 것을 당부하였던 것이다.[77] 이에 동학측에서는 여러 가지 사정을 고려하여 해산하기로 결정하고 3월 30일부터 4월 3일까

---

74) 김의환, 「동학농민운동사 연구」, 『부산여대논문집』 3, p.297 참조.
75) 『동학란기록』(上), p.111.
76) 『일성록』, 고종 30년(癸巳年) 3월 25일조 참조.
77) 『일성록』, 고종 30년(癸巳年) 4월 1일조 참조.

지 대부분 철수하였다. 이로써 20여 일 간의 보은취회는 일단락되었다.

보은취회 시초부터 해산할 때까지 상황을 선무사 어윤중은 재차장계(再次狀啓)에서 다음과 같이 분석하였다.

> ……其始也 狹符呪以惑衆 傳讖緯以欺世 竟乃略負才氣 鬱鬱不得意者歸之 憤貪墨之橫行欲爲民制其死命者歸之 痛外夷之奪我利源 妄爲大談者歸之 爲貧帥墨吏之所侵虐 無所伸訴者歸之 爲京鄕武斷而脅制無以自全者歸之 京外之負罪逃命者歸之 營邑屬之無賴散處者歸之 農無遺粟商無遺利者歸之 蜀蜀矇矇 風聞以入爲樂地者歸之 不耐債貨之侵督者歸之 常賤而願爲拔身者歸之 糾合滿一國不平之氣 打成一團部落 扼완張膽 無不欲視死如歸 冠儒服儒 雖無帶兵刃的情節 城陣瞭察頗有戰陣底氣像
>
> 部胥已定 行止不錯 是白乎尼 文來文待 武來武待 自有辦法 不可遽施兵威 窃欲變他梟膓獍肚 權比作忠肝義膽 多費辭氣 務施恩信 使知朝家認爲 赤子之誠意 其中有士族而投入的 幾個頭領 自稱感泣 情願退承命退散……臣大言曰 此等情事我當爲之照料 兩湖則已行文 他道則亦可公移施行 恩綸中已有使之安業之旨爲方伯守者 孰敢違越侵害慮乎 其中一人 自言其姓名曰 俺是徐丙鶴爲名漢 不幸入於此 爲人所指目久矣 當詳陳聚黨來歷 又言湖南聚黨泛看則雖同 種類不同 發文揭榜 皆其所爲 情形極殊常 願公詳察勘斷 勿以此黨混之 俾有玉石之別焉……[78]

보은취회에 모인 동학교도의 구성 성분을 구체적으로 분석하고 있다. 이들의 대부분은 뜻을 얻지 못한 불평분자, 지방관의 탐학을 제거하려는 자, 외세의 이권 침탈을 통탄하는 자, 경향의 무단(武斷)과 압제를 받는 자, 죄짓고 도망하는 자, 영읍속리(營邑屬吏)로서 떠도는 자, 농민·상인 중 극빈자, 풍문을 듣고 입도한 자, 부채의 부담에 쫓기는 자, 상천(常賤) 중 출세해 보려는 자들로 분류하였다. 이들은 모두 당시 반봉건적 입장에 있는

---

78) 『東學亂記錄』(上), 聚語, 宣撫使再次狀啓, pp.122~123.

사람들이기 때문에 각기 다른 이해 관계를 가진 군중이지만 집단을 형성할 때는 비상한 각오로 정치적 대결과 투지를 분출할 수 있는 무리라는 것이다. 따라서 그들의 성진(城陣)에는 무기는 없었으나 전진의 기상이 있고 부서가 정해져서 행동이 통일되어 있으며 문래문대(文來文待)·무래무대(武來武待)의 변법이 있으므로 일시에 군대를 동원해서는 안 된다는 것을 강조하는가 하면, 동학에 입도한 일부 접주들은 왕의 명령에 따라 곧 해산하였다고 보고한 것으로 보아 당시 동학지도층의 충군애국적 사상의 한계성을 엿볼 수 있다.[79] 특히 어윤중은 동학의 취회 양상을 외국의 민회(民會)에 비유함으로써 보은취회시의 동학운동을 부분적으로 긍정하는 면도 있었다. 또 남·북접의 분열 동기와 성격에 대해서도 언급하였다. 즉 북접에 속한 유림 출신 서병학이 어윤중에게 호남접(湖南接)의 활약상을 밀고 했다는 내용이 그것이다. 시위 중에 제문게방(祭文揭榜)은 모두 호남접의 행위라 하여 차후 동학교도 처벌에 있어서 남·북접을 구별해 달라고 한 것은 동학 상부지도층인 북접과 남접의 하부지도층 간에 의견 대립이 있었다는 것을 의미한다. 남·북접의 대립은 보은취회를 해산할 때 북접계의 교도가 3월 30일 철수했던 것과는 달리 남접계의 교도 대부분이 3일 간이나 버티다가 4월 3일에야 철수하기 시작한 사실에서도 입증된다. 그러나 남·북접이라는 말이 보편적 칭호로 쓰이게 된 것은 갑오동학운동이 일어나고서부터이다.[80]

이와 같이 교도 대중을 정치적 대결로의 방향으로 유도했던 호남접의 과격한 태도와는 달리 최시형을 중심으로 한 동학의 북접 상부지도층의 입장은 비폭력적 교조신원운동으로 시종일관하였기 때문에 소기의 목적을 달성하지 못했지만 동학교도는 다음과 같은 3가지 교훈을 얻었던 것이다.

첫째, 어윤중이 동학운동을 외국의 민회에 비유한 것에서 알 수 있듯이

---

79) 최동희, 「수운의 기본사상과 그 상황」, 『동학사상과 동학혁명』, 청아출판사, 1984, p.95 참조.
80) 김의환, 「1892, 3년의 동학농민운동과 그 성격」, 앞의 책, p.67 참조.

일부이기는 하나 동학에 대한 정부의 인식을 바꿔놓기 시작한 것이다. 둘째, 집단시위로 동학의 능력을 사회에 과시함으로써 민족종교로서의 긍지를 느끼게 되었다는 것이다. 셋째, 막강한 조직력이 있어도 평화적 소청운동(訴請運動)이나 시위만으로는 그들의 주장을 관철할 수 없다는 것을 인식하게 되었고 신미교조신원운동 때와 마찬가지로 대중적 차원에서의 물리적 현실 참여의 필요성을 깨닫게 된 것이다. 그리하여 1894년에는 남접 하층간부들 중심으로 교조신원운동에서의 군중시위 경험을 살려 동학 교단조직을 이용해 무장봉기하는 단계에까지 이르게 되었다.

4. 갑오동학운동의 성격

1) 사회운동

갑오동학운동은 봉건적 왕조사회의 말기적 상황을 객관적 여건으로 하면서, 삼남 지역의 농촌사회를 중심으로 전개되어온 민란과 밀접한 관계를 맺고, 농민운동의 정신적 구심점과 조직적 연대성을 확보한 일종의 정치운동이다. 그러나 갑오농민운동은 근대적 정치운동이라고 하기에는 근본적으로 한계가 있었다. 봉건 질서의 궁극적 상징인 전제군주제를 부정할 만한 정치의식이 수반되지 못한 상태에서, 동학 상부지도층과 하부 중심세력 간의 가치 기준 차이로 인하여 정치구조의 구체적 대안을 제시하지 못하고 새로운 경제구조나 사회구조에 대한 체계적 이념을 정립하지 못한 것을 그 예로 들 수 있다. 다만 역사 발전 과정에서 고양되고 있던 정치의식을 표출했다는 점은 의미가 크다.

백산 기포(白山起包 : 3월 21일)에서 전주(全州) 점령(4월 27일)까지 남접 동학군이 시도한 봉건적 정치구조의 변혁은 민씨 일파의 세도정치 구조를 전면 부정하고 배격하는 사회개혁운동을 지향한 것이었다. 이러한 정치의식은 이미 2월, 3월 기포시에 발표한 격문(檄文),[81] 사개명의(四個名義)[82]에 잘 반영되어 있다. 또 1894년 4월 4일자 통문에서는 민폐의 근원을 관리의 집권 야욕에 귀착시키고 있으며,[83] 4월 28일자 전주성 방문에서는 민폐의 근원을 이들 중앙의 봉건지배층인 민씨 세도정치로 지목하였고 이들의 해민(害民) 행위는 자신의 부귀만을 알 뿐 아니라 자파 세력을 지방에 심어놓기 위한 데서 연유한 것으로 보았다.[84] 동학군 봉기의 대의명분을 욕안생민(欲安生民)에 두었음을 강조하였다.

봉건지배층과 지방관료들의 무능과 부패상을 구체적으로 열거한 것은 4월 9일 동학군이 주축이 되어 대규모로 봉기할 때 전봉준 자신이 지어 선포한 무장동학포고문(茂長東學布告文)에서이다.[85] 인간에게 가장 소중한

---

81) 『동학사』: 앞의 책, p.468.
　　우리가 義를 드러 此에 至함은 그 본의가 斷斷 他에 있지 아니하고 蒼生을 塗炭의 中에서 건지고 국가를 磐石의 우에다 두자 함이라 안으로는 貪虐한 관리의 머리를 버히고 밧그로는 橫暴한 强敵의 무리를 驅逐하자 함이다. 兩班과 富豪의 앞에 고통을 받는 민중들과 方伯과 守令의 밑에 굴욕을 받는 小吏들은 우리와 같이 원한이 깊은 자라 조금도 躊躇치 말고 이 시각으로 이러서라 만일 기회를 이르면 후회하여도 밋지 못하리라

　　　　　　　　　　　　　　　갑오 정월 일
　　　　　　　　　　　湖南倡義大將所　在白山

82) 鄭喬, 『大韓季年史』上, 국사편찬위원회, 1971, p.74.
　　3월 25일에 백산에서 發布한 동학 농민군의 四個名義는
　　1. 不殺人 不殺物
　　2. 忠孝雙全 濟世安民
　　3. 逐滅倭夷 澄淸聖道
　　4. 驅兵入京 盡滅權貴 大振紀綱 立定名分

83) 伊藤博文, 『秘書類纂朝鮮交涉資料』中, 東京, 1936, pp.332~333
　　聖明在上 生民塗炭 何者民弊之本 由於吏逋 吏逋之恨 由於貪官 貪官之所紀 由於執權之貪婪 噫 亂極則治 晦變則明 理之常也……

84) 『大韓季年史』(上), p.75.
　　……大抵以國勢言之 執權大臣皆是外戚 終夜經營只知肥己 以其黨與派市各邑 害民爲事民何以堪……是故我東學 大擊義兵 欲安生民

것은 인륜이라고 하였다. 그러나 당시는 인륜 도덕이 부재하여 공경 이하 방백·수령에 이르기까지 모두가 국가의 장래는 생각지 않고 오직 자신의 안위에만 급급하였기 때문에 관직의 매매와 과거제도가 문란하였고, 경제적 중간착취가 극심해져 국가 재정이 고갈되고 오히려 외채에 의존하는 등 날로 국가의 위기와 일반 대중의 곤궁이 더해져 간다는 것을 환기시켰다. 따라서 국가적으로 위급한 상황을 더 이상 좌시할 수 없어 보국안민(輔國安民)을 위하여 봉기한다는 명분을 제시하였다. 여기서 동학의 민본주의적 정치성의 이면을 엿볼 수 있다.

정치구조 변혁을 지향한 정치이념은 이 창의문(倡義文) 외에 집강소 시기의 집강소 체제와 폐정개혁안 12개조에서도 나타난다. 정부와의 전주화약으로 전라도 53개 군에 집강소를 설치한 이후 동학 지도층은 남접이 주축이 되어 집강(執綱), 서기(書記), 성찰(省察), 집사(執事), 동몽(童蒙) 등의 지휘 계통을 세워 폐정개혁안에 따른 지방 행정과 치안 업무를 수행하였다.[86] 집강은 행정기강을 바로잡는 뜻이지만 실제로 그 역할은 방백·

---

85) 『동학란기록』(상), 聚語, 茂長東學輩布告文, pp.142~143.
　　人之於世最貴者 以其倫也 君臣父子 人倫之大者 君仁臣直 父慈子孝 然後乃成家國 能逮无彊文福 今我聖上 仁孝慈愛 神明聖睿 賢良正直之臣 翼贊佐明 則堯舜文化 文景之治 可指日而希矣 今之爲臣 不思報國 徒竊祿位 掩蔽聰明 阿意苟容 忠諫之士 謂之妖言 正直之人 謂之非徒 內無輔國之才 外多虐民之官 人民之心 日益謏變 入無樂生之業 出無保軀之策 虐政日肆 惡聲相續 君臣之義 父子之倫 上下之分 逆壤而無遺矣 管子曰 四維不張 國乃滅込 方今之勢 有甚於古者矣 自公卿以下 以至方伯守令 不念國家之危殆 徒切肥己潤家之計 銓選之門 視作生貨之路 應試之場 擧作交易之市 許多貨賂不納王庫 反充私藏 國有積累之債 不念圖報 驕侈淫昵 無所畏忌 八路魚肉 萬民塗炭 守宰之貪虐 良有以也 奈之何民不窮且困也 民爲國本 本削則國殘 不念輔民安民之方策 外設鄕第 惟謀獨全之方 徒竊樣位 豈其理哉 吾徒雖草野遺民 食君之土 服君之衣 下可坐視 國家之危 而八路同心 億兆詢議 今擧義旗 以輔國安民 爲死生之誓 今日之光景 雖屬警駭 切勿恐動 各安民業 共祝昇平日月 咸休聖化 千萬幸甚
86) 위의 책, 上, 甲午略歷, p.65.

수령의 통치권을 대행하였다. 실제로 전라관찰사 김학진(金鶴鎭)의 경우 그는 동학당 총대장인 전봉준에게 실권을 인계하고, 다만 문서에 서명하는 정도였다. 이러한 상황은 김학진이 관찰사의 정무(政務) 장소인 선화당(宣化堂)을 전봉준에게 내어주고 자기는 스스로 징청각(澄淸閣)에 거처하며 매사를 전봉준을 거쳐서 했다고 하는 기록에서 엿볼 수 있다.[87]

갑오동학운동의 반봉건적 정치성은 당시 집강소에서 자치 행정의 기준으로 정했던 폐정개혁안에서도 찾아볼 수 있다.

   1. 東學人과 政府 사이에는 宿嫌을 蕩滌하고 庶政을 협력할 事
   2. 貪官汚吏는 그 죄목을 査得하여 嚴懲할 事
   3. 橫暴한 富豪輩는 엄징할 事
   4. 불량한 儒林과 兩班輩는 懲習할 事
   5. 奴婢文書는 燒祛할 事
   6. 七班賤人의 대우는 개선하고 白丁頭上에 平壤笠은 脫去할 事
   7. 靑春寡婦는 改嫁를 許할 事
   8. 無名雜稅는 一幷勿施할 事
   9. 官吏採用은 地閥을 타파하고 인재를 등용할 事
  10. 倭와 奸通하는 자는 엄징할 事
  11. 公私債를 물론하고 已往의 것은 幷勿施할 事
  12. 土地는 平均으로 分作케 할 事[88]

집강소와 정부의 적극적 협조하에 서정을 쇄신할 것을 주장한 것이라든

    ……許置執綱于各郡　於是東徒割據各邑　設執綱所于公廨　置書記省察執事童蒙之名色　宛成一官廳　日以討索民財爲事　所謂邑宰只有名位不得行政　甚者逐送邑宰……
87) 위의 책, 東徒問辨, p.160.
    ……於是賊衆入城　城遂陷　乃自政府　特命金鶴鎭爲監司　金鶴鎭曰　吾當靑驢角巾　從容就賊　論陳利害　使賊自屈云矣　及其到任　讓賊於宣化堂　自居澄淸閣　每事由於賊矣……
88) 『동학사』: 앞의 책, pp.482~483.

지, 민원(民冤)의 대상이었던 봉건지배층 및 부호의 탐학 제거 요구라든지,
공개적 관리 채용 방법의 제시 등이 바로 그것이다. 특히 인재 등용을 강
조한 것은 신분과 문벌을 초월한 구체적 정책 대안이라는 점에서 평등사상
의 일면을 엿볼 수 있다.[89] 집강소의 행정이 이러한 폐정개혁안 실천에 주
력함으로써 비교적 공정했다고는 하나[90] 3개월 여의 기간 동안에 당초 이
들의 저항 대상이었던 이서층(吏胥層)과 부민(富民)들이 파산 후에 몸을
보호하기 위하여 동학에 입도한 예도 허다할 뿐 아니라 농민의 한풀이로
탐관오리에 대한 처단이나 대부민(對富民) 항쟁이 일부에서 감정적으로
자행되는 사례도 많았다. 그리하여 당시 최시형은 집강소에 제동을 걸기
위하여 금석지전(金石之典)으로서 8개조의 강령을 발표하기도 하였다.[91]

　　그러나 동학운동의 정치성은 한계가 있었다. 봉건적 정치구조인 전제왕
권 체제는 그대로 수용하는 태도를 보였다.[92] 인륜에 근거한 군신 관계나
충효쌍전(忠孝雙全)의 표방에서 알 수 있듯이 분명 갑오동학운동은 군주
제의 존립을 전제로 한 사회운동이었다. 또 운동을 진행하는 과정에서 동

---

89) 이현희, 「동학사상의 배경과 그 의식의 성장」, 『한국사상』 18, 1981, p.82 참
　　조.
90) 金允植, 『續陰晴史』(上), 국사편찬위원회, 1983, 고종 31년 6월조 참조. "會
　　則이 없고 백성의 소원자가 있으면 즉시 처결하니 민심이 동학군쪽에 쏠리
　　게 되어 전주의 관군과 청병은 이를 관망할 뿐이다."
91) 『천도교창건사』 : 앞의 책, pp.154~155.
　　1. 各包事務는 맛당히 該主司와 및 主管의 말을 좇을 事
　　2. 人塚을 勒掘하고 錢財를 強奪하는 者는 道法에 의하야 罪를 果할 事
　　3. 各包敎徒가 恃黨怙勢하야 財物에 犯하는 者는 엄히 懲罰을 行할 事
　　4. 他包敎徒가 或侵勒의 弊가 잇으면 法所에 馳報할 事
　　5. 各包敎徒가 法所布德所 文憑을 가리지 않고 恣意로 聚黨하는 자는 除
　　　案할 事
　　6. 無理히 相互毆打하는 자는 鳴鼓하야 各包에 回示할 事
　　7. 酗酒 賭技 褊財는 결코 道人의 行爲가 아니니 犯하면 除案할 事
　　8. 各包事務는 巨細를 勿論하고 布德所指諭를 奉行할 事
92) 주 78), 81) 참조.

학측 강령이 점차 정치 일반을 포괄하는 양상으로 변화되는 사실에서도 이
를 가늠할 수 있다.93)

19세기에 들어와 계속 적체되고 있던 경제구조의 제반 모순에 대한 개
혁의지는 전주화약 이전에 전봉준이 전라감사 김학진에게 제시한 13개조
의 폐정개혁 요구안,94) 집강소 시기의 폐정개혁안95)에서 찾아볼 수 있다.
두 가지 개혁안의 내용을 요약해 보면 토지제도의 개혁, 수취제도의 개혁,
수탈적 경제기구의 제거를 주장하고 있다.

토지제도 개혁에 관한 것으로 토지의 균등분작을 요구하고 있는데 이것
은 당시 정부측에서 세입 증대에 초점을 맞추어 국가 재정 확보를 꾀하려
했던 것과는 달리 영세 소작농의 처지에서 소작 관계에 근거한 봉건적 토
지경제의 구조를 개혁하려 한 것이다. 그러나 개혁에 대한 구체적 방안 제
시가 없었다는 점에서 이들의 정치사상이 성숙되지 못했음이 드러난다.96)

---

93) 주 78), 79), 81), 84) 참조.

94) 『大韓季年史』(上), 고종 31년 甲午條, p.86.

   1. 轉運司革罷 依舊自邑上納事

   2. 均田御使革罷事

   3. 貪官汚吏懲習逐出事

   4. 各邑逋千金 則殺其身 勿徵族事

   5. 春秋兩度戶役錢 依舊例戶一兩式排定事

   6. 各項結錢收斂錢平均分排 勿爲濫捧事

   7. 各浦口私貿米嚴禁事

   8. 各邑守令該地方用山買壓嚴禁事

   9. 各國人商賈 在各港口買賣 勿入都城設市 勿出各處任意行商事

  10. 行裸商爲弊多端革罷事

  11. 各邑吏分房時 勿捧請錢 擇可用人任房事

  12. 奸臣弄權 國事日非 懲治其賣官事

  13. 國太公(大院君)卽于預國政 則民心有庶幾之望事

95) 주 88) 참조.

96) 梁炳基, 「동학농민군의 혁명성 연구」, 『변혁시대의 한국사』 동평사, 1979,
   p.55 참조.

수취제도 개혁에 관한 것은 대개 삼정문란과 관련되는 것으로 이 두 개혁
안의 대부분이 여기에 해당된다. 집강소의 폐정개혁안 12개조 중에서 무명
잡세의 폐지나 공사채 폐지는 전주화약 이전에 전봉준이 제시한 폐정개혁
요구안 13개 조의 2, 3, 4, 5, 6, 8, 11항을 집약한 것으로 보면 된다. 즉 일
반 대중의 민원(民寃)이 대개 삼정문란과 관계되는 경제적 문제로서 수취
제도의 전면적 개혁을 가장 중시하고 있음을 알 수 있다.

이 두 개혁안에서 지적한 전운사(轉運司)와 보부상단(褓負商團) 혁파
는 왜(倭)와 간통하는 자를 엄징한다는 것과 상통하는 말이다. 물론 이것
은 사회적으로 부일파 양반관료를 지목하는 뜻도 있겠으나 경제적으로 보
면 이들 전운사와 보부상의 독점 행위를 말한다. 전운사는 개항 이후 본래
의 세미운송(稅米運送)을 감독하는 일 이외에 선박 도입·외국선박 임용
의 방법으로 전운행정(轉運行政)을 재편성함으로써 재정적으로 곤란을 초
래하였다.97) 그리하여 기존의 기선업자(汽船業者)와 선상(船商)은 몰락하
고 전운사의 각종 비행이 성행하게 되었다. 선주(船主)에게 각종 수탈·협
잡 행위를 자행하였고 농민에게는 공미(貢米) 기타 잡세를 강징하는 등 민
폐가 적지 않게 발생하였다. 특히 농민 부담의 가중 등 부작용이 가장 컸
던 지역은 전라도였으며 그 개혁의 필요성도 비례하여 이 지역이 가장 절
실하였다.98)

보부상단은 정부의 비호 아래 일정 지역의 지방 장시에서 상권을 장악

---

97) 한우근, 「동학란기인에 관한 연구」, 『아세아연구』 7 - 3, 1964, pp.27~36 참
조. 개항 이후 조선은 국제무역이나 국내 개항장 간의 船運까지 일본 선박에
압도당하여 1889년에 정부(轉運局)와 민간 차원에서 기선회사를 설립하여
이에 대응하였다. 그러나 정부는 貢米轉運에 따르는 경비(선박구입비) 염출
의 해결이라는 문제에 직면하여 독일, 일본으로부터 선박을 임대하여 세곡
運輸에 충당케 하였다. 이러한 상태는 민간의 기선회사도 마찬가지여서 일
본 선박 임용과 일본인 선원 고용이 불가피하였다. 따라서 轉運使의 권한이
비대해졌다. 본래 일반 稅米 징수에서 나아가 각색의 명목을 부쳐 잡세를 징
수하고 또 그것을 운송하는 임무까지 담당하였다.

98) 양병기, 「동학농민운동의 혁명성 연구」, 앞의 책, pp.55~57 참조.

한 동업조합으로서 어용상인이었으므로 일반 대중의 혐오의 대상이 되어 왔다. 뿐만 아니라 당시에 이들은 시전(市廛)·객주(客主)·여각(旅閣)을 통하여 수입된 외국 상품을 취급하여 자본주의 외세 침투를 용이하게 하였으며, 갑오동학운동 과정에서는 관군의 편에서 동학당 토벌에 자진 참여하기도 하였다.99) 또 전운사·보부상단의 매판적 상행위 외에 객주·여각도 개항장 중심으로 정부와 상호 보상 관계에서 외국 상인과 교역하여 막대한 이득을 획득하였다. 이들 역시 대일 미곡수출을 알선하거나 외국 특수상품 수입의 독점권을 향유하였기 때문에 전운사·보부상단과 더불어 매판적 경제기구로 동학당의 공격대상이 되었던 것이다.

갑오동학운동에서 지향한 사회구조 변혁은 봉건사회 해체 과정에서 나타난 신분구조의 붕괴와 맥락을 같이하는 것으로 두 가지 방향에서 생각할 수 있다. 하나는 전통적 사회제도의 개편이다. 폐정개혁안 12개조에서 청춘과부의 개가를 허용한다고 한 것은 유교적 사회윤리관으로서는 도저히 용납할 수 없는 문제로서 가부장적 가족제도를 전면적으로 부정한 것이다. 이것은 최제우와 최시형의 인간존중사상과 관계되는 것으로 최초의 근대적 여성운동이라 하겠다.

다음은 봉건적 신분제도의 철폐다. 이 역시 폐정개혁안에 제시한 노비문서 소각, 칠반천인의 대우 개선 같은 요구 사항에서 분석이 가능하다. 이러한 요구는 권위주의적 봉건질서에 대한 도전이며 인간평등사상의 표현이다. 동학운동에서 표방한 평등사상은 사회뿐만 아니라 정치에도 적용되고 있다. 인재 본위의 관리 인선 방안이 바로 그것이다. 민주적 참정권 요구는 아니라 하더라도 능력에 따른 인간 평가란 점에서 주의해 볼 만하다.

지금까지의 분석을 정리해 보면 동학운동 초기에는 종래의 민란과 별다름 없이 삼정문란에 기인한 농촌경제의 궁핍을 면하려는 것이 주목적이었다. 즉 생존의 위기에 직면하여 자연발생적으로 일어나는 전형적 민란의 성격을 내포하고 있다. 3월 기포(起包) 이후 동학운동 진행 과정에서 정부

---

99) 한우근, 「동학란기인에 관한 연구」, 앞의 책, pp.37~38 참조.

측에 제시한 개혁안 13개조의 요구 사항이 대부분 경제문제라는 것이 이를 입증한다.

그러나 전주화약 무렵 이들의 요구에 정부측에서 긍정적으로 반응하기 시작하여 점차 정치·사회 문제에도 관심을 보이게 되었다. 다시 말하면 갑오동학운동이 인간의 존엄성과 평등을 실현하는 사회개혁운동의 수준에 이르게 되었던 것은 집강소 설치 이후라 하겠다. 그러나 이 시기는 하부 지도층인 남접과 상부 지도층인 북접 간에 운동의식에 있어서 많은 차이점이 있었다. 따라서 봉건적 사회체제를 전면 부정할 만한 정치의식이 수반되지 못한 상태로서 양반관료들과 타협하거나 협조하는 단계에서 부분적으로 정치·사회의 개혁을 기도하였다.

결국 동학의 반봉건적 사회운동은 일제 침략에 대한 항거가 절박해짐에 따라 기성사회의 권위를 부정하는 단계에서 머물 수밖에 없었다. 이와 같이 운동 전개과정에서 개혁 대상의 제시와 정치의식이 성숙하지 못했던 것으로 보아 갑오동학농민운동을 혁명으로 단정하기에는 무리가 따른다.

2) 민족운동

동학운동에서 반제국주의적 민족의식이 명료하게 표현된 것은 각종 격문과 고시문, 포고문, 공초(供招) 등이다. 그러나 민족운동으로서의 갑오동학운동은 3월 기포시와 9월 기포시를 비교해 보면 그 성격을 달리하고 있음을 알 수 있다. 3월 기포시에는 외세 자본주의 경제 침투에 대한 위기의식에서 배외적 민족의식의 성격을 띤 것이었고, 9월 기포시에는 경제적 예속화의 문제를 넘어 정치적·군사적 예속화 강요에 따른 절박한 상태에서의 투쟁으로 반제국주의적 민족항쟁으로 성격의 변화를 보이게 된다.

'백산격문(白山檄文)'과 '사개명의(四個名義)'에서 볼 수 있듯이 3월 기포시의 민족주의 이념은 민족적 자각의 단계였다고 할 수 있다.100) 안으로 탐관오리의 부정부패를 척결하고, 밖으로 횡포한 외세의 무리를 구축하는 것을 보국안민·광제창생의 명분으로 제시한 것은 제국주의 경제 침투에 대항하고 반봉건적 사회개혁을 지향하는 근대적 민족주의 요소를 내포한 것이라 하겠다. 그러나 축멸왜이(逐滅倭夷)라는 어구를 보건대, 개항 무렵 위정척사파가 외세 배격의 논지로 이용한 양이론(攘夷論)에 입각하고 있음을 알 수 있다.[101]

동학운동에서 유독 일본을 배격의 대상으로 한 것은 당시의 시대적 상황과 관계가 있다. 19세기 후반기는 서구 자본주의 열강의 제국주의적 식민주의의 동양 침략이 감행되었고, 이에 대하여 동양에서는 대내적으로 근대화 개혁을 단행하는 한편 대외적으로 민족운동을 전개하는 시기였다. 조선의 경우도 예외가 될 수 없었다. 구체적으로 열거해 보면 1876년 강화도조약 체결 이후 조선은 열강을 향하여 경제적으로 문호를 개방하게 되어 무역을 통한 경제 침략을 당하였다. 러시아의 경우를 제외하면 서구 열강 세력은 영·미가 그러했듯이 대부분 동남아시아나 중국 쪽에 관심이 더 컸다.

이에 비하여 조선에 대한 이권 개입에 적극적이었던 나라는 청·일로서 양국은 조선에 대한 주도권을 놓고 첨예한 대립, 경쟁을 벌였던 것이다. 그러나 1884년 갑신정변을 계기로 이후 약 10년 간 양국은 경제 침투로 관심의 방향을 전환하였다. 청은 도시경제로, 일본은 농촌경제로 침투해 들어왔다. 앞에서 언급하였듯이 일본은 조선의 대외 수출품 중 주종인 미곡과 우피를 거의 독점하다시피 하였고 수입 부문에서도 단연 우세하였다. 더구나 일본은 자국내의 산업혁명 결과로 양산된 빈민을 정책적으로 조선에 이주시키고 이들 일본 거류민을 통한 상거래로 일본인 지주와 자본가를

---

100) 양병기,「동학농민운동의 혁명성 연구」, 앞의 책, pp.59~60 참조.

101) 金榮作,「동학사상과 농민봉기」,『동학혁명의 연구』, 백산서당, 1982, p.110. 동학운동의 反봉건적 성격은 斥倭洋이라는 민족적 독립사상과 관계가 있다. 봉건 지배층에 대한 무조건의 반항이 아니라는 것을 동학측이 해산을 명령한 어윤중에게 회답한 사실에서 그 예를 들었다.

양성함으로써 일본 자본주의 경제정책을 조선에 구현하려 하였다.

　이러한 과정에서 직접 피해를 받은 계층은 농민으로서 이들의 생활은 더욱 열악해질 수밖에 없었다. 즉 경제적 예속화라는 문제가 대두되었던 것이다. 또한 임진왜란 이후 민족적으로 쌓여온 반일 감정이나, 최제우 당시 교리에서 볼 수 있는 유교적 가치관이 반제국주의 대상을 일본으로 하게 한 요인이 될 수도 있다. 그렇다고 해서 조선 시장에서의 자본 침식을 가속화하고 있던 청에 대한 경계를 게을리했다고는 볼 수 없다. 다만 이 때는 반일을 구호로 하였을 뿐이다. 그러나 3월 기포시에 반봉건적 사회운동에만 국한하지 않고 민족적 국가적 차원에서 제국주의 경제 침투에 대응하여 관념적·제한적이기는 하나 민족의식을 표명했다고 하는 것은 매우 주목할 만하다.

　배외적 민족의식의 차원에서 제국주의 침략정책에 대응한 정치적 대일 항쟁의 형태로 그 색채를 분명히 드러낸 것은 갑오동학운동이 조선의 내정 문제에서 국제상의 문제로 확대되면서부터다. 동학농민층이 4월 27일에 전주를 점령할 즈음 정부에서 청에 원병을 청한 것이 계기가 되었다고 할 수 있다. 곧 이어 청의 대조선 출병이 이루어졌고 이에 따라 일본의 공동 출병도 곧 단행되었다. 이것은 청일전쟁 이후 1885년에 양국 간에 체결된 천진조약(天津條約)에 근거한 것이다.

　그리하여 일본 제국주의는 군대를 동원하여 경복궁을 무단 침범한 후 6월 15일 김홍집(金弘集) 친일 내각을 수립하고, 7월에는 조선 내의 동학운동을 빌미로 하여 조선 내정을 간섭하고 조선 침략을 위한 작업을 본격화하였다. 이에 청이 조선 내정개혁을 반대하고 공동철병을 제의하자 일본은 의도했던 대로 전쟁을 도발하였고 조선의 정국은 점차 어려운 국면에 처하게 되었다.

　이와 같은 급격한 정세 변화에 접하여 동학교도가 9월에 재차 기포한 것은 지극히 당연한 일이라 하겠다. 9월 기포의 이유를 전봉준은 다음과 같이 진술하고 있다.

問 : 更起包何故
供 : 其後聞 則貴國(日本) 稱以開化 自初無一言半辭 且無檄書 率兵入
　　都城 夜半擊破王宮 驚動主上云 故草野士民等 忠君愛國之心 不勝
　　慷慨 糾合義旅 與日人接戰 欲一次請問此事實[102]

　　그는 일본이 개화를 빙자하여 군사적 행동으로 국권을 위태롭게 한 것을 재봉기의 이유로 들었다. 동학측에서는 일본군이 야습하여 왕궁을 침입한 사건과, 친청 세력인 민씨 정부를 친일 개화파로 대체한 사실을 이미 알고 있었다. 그리하여 일본이 경복궁을 침입한 사건을 조선에 대한 무력 침공으로 이해하고 이에 대한 책임을 일본에 추궁했던 것이다.

　　조선에 주재하는 외국인들이 무역을 위주로 하는 것에 비해 볼 때 일본인이 군대를 동원하여 궁궐을 침입하는 것은 분명히 정치적 침략 행위라는 것이다. 여기서 외국무역 자체에는 그다지 문제 삼지 않고 있는데 이것은 조선의 국내시장을 석권하고 있던 일본의 경제적 침입을 우려하던 3월 기포에 비하면 민족운동의 성격이 정치적으로 변화되고 있음을 알 수 있다.[103] 동학운동이 거족적 항일무장투쟁의 형태로 구체화되었음을 입증하는 것은 10월 16일 공주 공격 직전 논산에서 전봉준이 충청감사에게 호소한 다음과 같은 고시문(告示文)이다.

　　……日寇之搆○動兵 逼我君父 擾我民黎 審忍說乎 在昔壬辰之禍 夷凌寢焚闕廟 辱君親·戮黎庶 臣民之共憤 而千古未忘之恨也 在於草野 匹夫昧童 尚鬱悒不暇 而況閣下世祿忠勳 尤借於平民小天哉 目今 朝廷大臣 妄生苟全之心 上脅君父 下罔黎民 連傷於東夷 致怨於南民 妄動親兵 欲害先王之赤子 誠何意哉 竟欲何爲 今生之所爲 固知其極 難 然一片丹心 營死不易 掃除天下之爲人臣而懷二心者 以謝先王朝五 百年遺之思 伏願閣下猛省 同死以義 千萬幸甚……[104]

---

102) 『동학란기록』(下), 全琫準供招(初招), p.529.
103) 노태구, 『동학혁명의 연구』, 백산서당, 1982, p.198 참조.

임진왜란 당시 우리 민족이 겪은 수난을 천고미망지한(千古未忘之恨)으로 상기시키는 동시에 핍아군부(逼我君父) 요아민려(擾我民黎)하는 일본의 무력침공에 대항하도록 조정대신들에게 민족의식을 고취시키는 한편, 봉기 군중에 대한 정부군 토벌 행위를 욕해선왕지적자(欲害先王之赤子)라 하여 반(反)역사적·반(反)민족적 만행으로 규정하고 있다. 따라서 어린이와 촌부에서부터 위로 조정대신에 이르기까지 일치단결하여 항일무장 투쟁하는 것만이 국은(國恩)에 보답하는 길이라는 것을 강조하였다. 그러나 정부측 태도는 오히려 이들을 토벌하는 쪽으로 더 강화되었다.

이에 전봉준 등은 전라도 전 지역의 농민은 물론 전국의 대중과 봉건지배층 및 정부군에게까지 동학의 반일항쟁에 동참할 것을 호소하였던 것이다. 11월 12일에 동학창의소(東學倡義所) 명의로 발표한 고시문에서 9월 기포의 목적이 친일 개화파에 대한 거부와 척양척화(斥洋斥華)에 있다는 것을 밝힌 후 총궐기를 의도하였다.[105] 개화파에 대한 거부는 그들의 개혁정책 그 자체보다 갑오개혁이 일본의 대조선 침략정책에 미치는 영향을 의식한 것이라 할 수 있으며, 척왜척화라 하여 청·일을 동시에 배격한 것은 조선 땅에서 일어난 청일전쟁과 관련이 있는 것으로 양국의 정치적·군사적 위협을 침략정책의 일환으로 인식하였던 때문일 것이다. 실제로 당시의 국제정세는 만주와 한반도를 중심으로 청·일·러·영의 이권 대립이 첨

---

104) 『동학란기록』(下), 宣諭榜文並東徒上書所志謄書, pp.383~384.

105) 『동학란기록』(下), pp.379~380. "……이제 우리 東徒가 義兵을 드러 왜적을 소멸하고 開化를 제어하며 조정을 淸平하고 社稷을 安保할새 매양 의병 이르난 곳의 병정과 軍校가 의리를 생각지 아니하고 나와 接戰하매 비록 勝敗난 업스나 人命이 피차에 상하니 엇지 불상치 아니하리오 기실은 朝鮮끼리 相戰하자 하난배 아니어늘 如是 骨肉相戰하니 엇지 애닯지 아니리요……방금 德軍이 壓京의 팔방이 흉흉한대 편벽되이 相戰만 하면 가위 骨肉相戰이라……조선 사람끼리라도 道는 다르나 斥倭와 斥華난 其義가 일반이라 두어 자 글로 의혹을 푸러 알게 하노니 각기 들여보고 忠君愛國之心이 잇거든 곳 의리로 도라오면 상의하야 갓치 斥倭斥華하야 조선으로 倭國이 되지 안이케 하고 同心合力하야 大事를 이루게 할새라."

예한 상태였다. 청일전쟁 유발을 저지하기 위한 대책으로 조선 정부를 배
제한 상태에서 영국과 해외의 일본 공사들 사이에 조선 영토의 분할점령이
논의되고 있었다. 동학측이 이러한 상황을 인지하지는 못했으나 어느 정도
위기의식을 느끼고 있었다는 것은 주목할 만하다. 이렇게 볼 때 3월 기포
당시의 민족의식이 종래의 배외사상을 바탕으로 한 것이라면, 9월 기포 이
후는 일본 제국주의 침략정책을 의식한 것으로 전 민족의 참여를 의도한
근대적 민족운동의 초기 단계라 할 수 있다.

제3장 천도교로의 전환과 개화운동

1. 천도교로의 전환

1) 광무 초기의 정국

농민전쟁의 형태로 진행되어 오던 동학운동이 1900년대에 이르러 애국계몽운동이라는 명목으로 개화운동에 적극 참여하게 된 것은 당시 조선을 둘러싼 국내외 정세 변화 및 도통전수(道統傳授)를 둘러싼 동학 교단 내부의 문제와 밀접한 관계가 있다.

조선 정국을 크게 바꾸는 데 계기가 된 것은 갑오동학운동에 기인한 청일전쟁(1894. 7)이다. 그 결과 일본은 시모노세키 조약(下關條約 : 1895. 3)으로 요동반도를 획득함과 동시에 제국주의 대열에 끼게 되었고, 이러한 상황에 민감한 반응을 보인 나라가 러시아였다. 따라서 러시아는 독일·프랑스와 더불어 삼국간섭으로 일본을 견제하였고, 드디어 요동반도를 반환케 하였다. 조선과 만주(滿洲)에 대한 영향력 확보에서 러시아가 일본보다 한 걸음 앞서게 되었던 것이다. 이에 러시아의 진출을 우려하는 일본·영국·미국과, 러시아·프랑스·독일의 양대 제국주의 세력권이 동아시아에 형성되는 국면을 맞게 되었다. 이러한 상황을 최대한 이용한 나라가 일본이었다.

일본은 조선에서 을미사변(1895. 10)과 아관파천(俄館播遷 : 1896. 2)으로 약화된 대조선(對朝鮮) 이권을 회복하기 위하여 한반도 문제를 놓고 여러 차례에 걸쳐 러시아와 협상을 시도하는 한편 영·미와의 유대 강화에 힘썼다. 이 때 일본은 두 가지의 외교적 절충안을 제시하였다. 협상 과정을 구체적으로 분석해 보면 제1차 러일협정(1896. 5, 베베르 - 고무라)은 고종(高宗)의 아관파천을 기정 사실화하고 새로 조직된 김병시 내각(金炳始內閣, 1896. 2, 친러 내각)을 추인하는 대신 양국 군대의 조선 주둔을 인정하는 내용이다.1) 그러나 이것은 러시아에 유리한 조건이었기 때문에 일본은 재차 교섭하여 제2차 러일협정(1896. 6, 로마노프 - 야마가타)을 주선하였다. 여기서 주의할 사항은 일본이 38°선을 경계로 조선의 분할점령을 제의한 것이다. 러일 양국에서 조선에 파병할 경우 용병(用兵) 지역을 지정할 수 있다고 막연하게 규정하는 대신 러시아의 계속적인 보호를 인정하였다.2)

일본측에 유리하게 협상이 진행된 것은 제3차 러일협정(1898년 4월)이다. 러일 양국은 조선의 주권을 인정하고 내정에 직접 간섭하지 않을 것과 연병교관(鍊兵敎官)이나 재정고문의 임명은 양국이 사전 협의하며, 러시아는 조선과 일본의 상공업 관계를 방해하지 않는다는 내용으로 되었다.3)

러시아가 이처럼 일보 후퇴하게 된 것은 여러 가지 이유가 있겠으나 삼국간섭의 결과 중국으로부터 여순·대련을 조차(租借)하여 만주 경영에 주력하게 되었고, 이로 인하여 영국을 자극할 필요가 없었기 때문이었다. 그러나 러시아는 제3차 러일협정 체결 직후 조선에서 포경권(捕鯨權)을 획득하였고(1899), 마산포 석탄저장소와 해군병원을 건설하고 부근의 율구만을 동양함대의 근거지로 삼으려 하였다(1899). 이에 대항하여 일본은 군산·마산·성진의 3항을 개방케 하고(1899) 마산에 토지를 매수하여 러

---

1) 『日本外交文書』, 29권, pp.789~792. 문서번호 458 참조.
2) 위의 책, 29권, pp.815~818. 문서번호 478 참조.
3) 위의 책, 31권, pp.182~184. 문서번호 614 참조.

시아의 동양함대 진출을 저지하는 한편(1900) 영국과 동맹을 체결하여 국제정세를 일본에 유리한 쪽으로 이끌었다(1902. 1). 영·일동맹으로 양국의 긴장은 어느 정도 완화시킬 수 있었으나 일본 국내의 전쟁 여론과 러시아의 만주 점령, 압록강의 삼림벌채 이권이 상충하여 충돌 직전에까지 이르게 되었다.

이에 다시 협상 교섭이 양국 간에 시도되었으나 실패하였다.4) 일본의 안이 러시아의 만주철도 경영과 일본의 대조선 이권의 상호 승인, 조선 개혁에 대한 일본의 전권(專權) 승인을 주요 골격으로 한 것에 비하여 러시아가 그 대안으로 제시한 것은 일본의 조선에 대한 정치·경제의 우월권과 조선 영토의 군사적 사용 금지, 만주 및 그 연안에서의 일본 이권 불인정, 39°선 이북의 중립화 등이었다.5) 이후 4차에 걸쳐 양국은 수정안과 대안을 교환했으나 해결을 보지 못하였다. 러시아에서 만주 철병을 이행치 않고 용암포 조차 사건(1902. 7)을 일으킨 것이 그 이유가 되겠으나 근본적인 것은 일본의 집요한 한국 지배욕 때문이었다.

일본은 강화도조약 이후 제물포조약, 한성조약, 천진조약, 시모노세키 조약 등 수차에 걸쳐 조선 및 제3국과 조약을 체결하여 조선의 독립과 보전을 승인하고 약속했으나, 내면적으로는 정치적·경제적 침략행위를 지속하는 한편 국제적으로 대조선 침략정책을 인정받기 위하여 영국에 대한 포섭작업을 꾸준히 전개하였다. 예를 들면 1897년에 일본은 조선에서 세관에 관여하고 있던 영국인 브라운의 지위 확보를 위하여 러시아가 조선에 파견한 재정고문 알렉세이프를 철수시키기 위해 힘썼고, 1898년에는 시모노세키 조약에서 일본이 청으로부터 얻은 위해위(威海衛)를 영국의 조차지로 넘겨주었으며, 1900년에 중국에서 의화단 사건이 일어났을 때 연합군 병력의 2/3를 제공하여 영·미 등 제국주의 열강을 도왔다.6) 또 1896년

---

4) 「默菴備忘錄」, 『한국사상』 17, 1980, 1901년 8월 16일자.
   聞日俄亦多談判我半島分割問題 然而他外國 不知此事實 實爲憂悶多端
5) 『일본외교문서』 37, 38권, 別冊. 日露戰爭 참조.

이래 러시아와 외교적 절충을 계속하는 동안 일본은 조선을 상대로 비밀조약 체결을 강요하였다. 즉 조선 정부가 일본과 공수동맹을 체결하든지, 러일전쟁에 편의를 제공하든지, 그렇지 않으면 전쟁 중 일본의 대조선 보호조약을 체결하는 것 중에서 어느 하나를 선택하라는 것이다.[7] 이를 알게 된 러시아는 조선 정부에 강경한 항의와 위협을 가하는 한편 일본과의 협상을 중단하기에 이르렀다. 이에 조선 정부로서는 대책 강구가 절실하게 되어 1904년 1월 21일에 중립을 선언하였다. 그러나 한반도에 대한 이권 문제로 드디어 러일전쟁(1904. 2. 8)이 발발하였으며 조선에 대한 일본의 식민지화 정책이 계획대로 추진되었다. 이렇게 볼 때 러일전쟁은 조선과 만주에 대한 양국의 이해 관계에서 야기된 것이지만 근본적으로 분석하면 러시아 · 독일 · 프랑스의 자본과 일본 · 영국 · 미국 자본의 양대 세력권 간 충돌로서 소위 제국주의 전쟁인 것이다.[8]

이즈음 조선의 내정은 한 마디로 정치 부재 현상의 연속이었다고 해도 과언은 아닐 것이다. 1차 김홍집 내각이 수립된 이후 1년 6개월 동안 6차례의 내각 개편이 있었으며, 이에 따른 외교정책과 내정개혁의 혼선으로 그 어느 때보다 정치가 불안하였다.[9] 임오군란 이후 청국에, 청일전쟁 이후 일본에 의하여 내정 간섭을 받아오던 것이 아관파천을 계기로 해서는 러시아에 의존하는 등 정부 시책은 외세 의존적이어서 방향을 정하지 못하였다. 그리하여 1897년 이후 1904년 러일전쟁이 발발할 때까지 대한제국으로 국호를 바꾸고 광무(光武) 연호를 사용하는 등 면모를 일신하려 하였으나 러일의 협상에 속수무책일 수밖에 없었다.

이 무렵 일부 지식층에서는 종래의 개화파, 위정척사파의 이념 대립을

---

6) 강재언, 『한국 근대사 연구』, 한밭, 1982, p.255 참조.
7) 김용덕, 「대한제국의 종말」, 『한국사』 19, 국사편찬위원회, 1981, p.170 참조.
8) 강재언, 앞의 책, 1982, p.254 참조.
9) 내각 개편 상황을 보면 1894년 6월 1차 김홍집 내각 ; 1894년 7월 2차 김홍집 내각 ; 1895년 6월 박정양 내각 ; 1895년 7월 3차 김홍집 내각 ; 1895년 10월 4차 김홍집 내각 ; 1896년 2월 김병시 내각.

불식하고 자주 독립을 공통 목표로 하여 상호 접근하는 국민적 자각이 일기 시작하였다. 독립협회의 활동이 바로 그것이다. 독립협회에서는 종래의 개화운동에서의 제약을 비판적으로 지양하고 1898년 3월에 만민공동회를 개최하여 자주국권운동을, 1898년 11월에 중추원관제(中樞院官制)를 제정케 하여 민회(民會)의 설치 등 자유민권운동을 전개하는 등 국정 개혁의 방향을 제시하였다. 갑오동학운동 이후 고양된 민족의식을 대중적 차원에서 개화운동의 형태로 이끄는 역할을 하였던 것이다.

그러나 동학은 갑오동학운동 이후 지하 활동의 형태로 교맥을 이어갔다. 그 까닭은 종래의 동학 탄압정책이 1895년 3월 10일의 내무아문(內務衙門) 훈시로 더 강화되었기 때문이기도 하지만,[10] 더 근본적인 것은 동학 초기의 교단조직 때부터 있어온 소위 연원제(淵源制)로 인한 교단의 내부 분열이다. 접주제 실시와 함께 교도를 통솔하는 도주(道主)와, 교인을 전도하여 교리를 가르치는 연원주(淵源主)가 따로 있어서 동학 지도층에는 소위 연원당파(淵源黨派)라는 것이 형성되어 지도체제의 분열이 있었다.[11] 남접·북접의 대립이 있었던 것도 그 일환에서 생각할 수 있다. 따라서 1894년 갑오동학운동 이후 활동이 소강 상태에 있었던 것도 이러한 교단 자체의 사정과 유관하다고 하겠다.

최시형이 동학 재건에 착수한 것은 도피 생활에서 안정을 되찾기 시작한 1896년부터다. 그리하여 김연국(金演局)·손병희·손천민(孫天民)에게 각각 구암(龜菴)·의암(義菴)·송암(松菴)의 도호(道號)를 내리고 공동전수식(共同傳授式)을 거행하였다. 이 때 임명장의 명의를 북접 법헌(法軒)에서 용담연원(龍潭淵源)으로 개칭한 것은 각지의 분산된 교인을 하나로 단합시키기 위해서였다. 특히 도통전수(道統傳授)를 3인에게 공동으로 시도한 것은 지도층의 단합을 강조한 것으로 볼 수 있다. 교도에게 반포한 다음과 같은 규칙에서도 동학연원에 대한 그의 관심도를 엿볼 수

---

10) 유병덕,『동학·천도교』, 시인사, 1976, pp.278~279 참조.
11)『동학사』: 앞의 책, p.562 참조.

있다.

> 吾教의 傳統淵源과 布德聯臂는 크게 구분이 있으니 이제 道統淵源
> 으로 말하면 오즉 唯一無二의 大先生의 연원이오. 布德聯臂라는 것은
> 다만 師訓을 이어 道德廣布하는 데 지나지 않은즉 薦主라 이르면 가하
> 려니와 결단코 도통연원을 받은 것은 아니로다. 近者에 들은즉 各布德薦
> 主가 문득 某淵源某淵源이라 칭한다 하니 이 어찌 教門의 成規리요. 自
> 今으로는 淵源과 布德聯臂를 서로 混淆하야 大道의 정통을 문란케 말
> 라.12)

동학의 연원을 강조하여 자신이 수운연원(水雲淵源)이라는 명분을 내
세워 모든 포덕 계열의 최고 위치임을 주지시키고 있다. 이로써 종래의 남
접이니 북접이니 하던 것은 아무런 의미가 없게 되었다. 모든 포덕 계열을
하나의 수운연원으로 통일하는 일원적 체제를 이룩한 셈이다.

그러나 최시형 이후에 동학교계는 김연국과 손병희 중심으로 크게 양분
되어 손병희가 3대 교주에 오르는 데에는 많은 어려움이 있었다. 1900년에
완전히 도통을 계승한 뒤에도 손병희는 동학 교단의 통솔은 물론 정부의
탄압에 대처한 교주로서의 입지가 불안하였다. 그리하여 동학교계를 단합
하고 정부 탄압을 모면할 수 있는 새로운 방안이 강구되었다. 종전의 동학
농민운동의 과격한 행동보다 더 설득력이 있는 개화운동에로 방향을 선회
하였던 것이다.

이에 손병희는 1900년에 통문을 교도에게 발송하여 새로운 동학체제의
결의를 알리고 자신이 3대 교주임을 선언한 후 교단 재건을 본격화하였
다.13) 따라서 동학교도의 활동이 활발해졌고 이에 비례하여 동학에 대한

---

12) 『천도교창건사』: 앞의 책, pp.164~165
13) 위의 책, p.202.
　　龍潭流水天一生水之根源　釖岳一心　無極初化生化育之大德也　荷蒙薰陶
　　惟在傳鉢此人性之綱也　道在其中　弓天乙人　運高無代　天皇地皇　人有本體

정부의 경계와 탄압도 더욱 심해졌던 것이다. 이러한 당시의 상황은 정부
에 군대를 요청한 경남관찰사의 다음과 같은 글에서 잘 나타난다.

　　진주 등지에서 민중이 嘯聚하여 或稱東學하며 或稱英學하여 州里가
騷擾하다고 巷說이 狼藉하더니 昨日에 경남관찰사 李垠容氏가 內部에
電告하기를 각군 境內에 前日 東徒의 漏綱餘黨이 往往嘯聚하기로 廣
派吏且하여 別機情探한즉 果若所聞이라 不可無陰雨之備故로 業已報
告하였거니와 現今 東徒가 日益滋蔓하여 民情이 日益騷擾하오니 轉飭
固城地方隊하여 병정 1중대를 派註本府하여 鎭靖人心케 함을 請하였
다더라.14)

　이 외에 정부의 동학교도 탄압상에 대한 상세한 보도는 『황성신문』에서
도 찾아 볼 수 있다.15) 뿐만 아니라 정부는 부일파 세력의 책동에 따라 러
일전쟁 발발 직전의 위기 상황임에도 불구하고 자주 자립의 운동을 전개하
는 독립협회를 탄압하여 해산시켰는가 하면, 보국안민·광제창생의 기치

自侍知侍 運回太古 以定知定 時有四時 自然知然 肆筵設法處靈智覺 立
綱學習 萬事達通 非徒心至 曲學之謂也 惟在正心 順理之此也 苟如是則
龍潭水流四海源 水雲大先生主天皇氏高明之根本 釵岳人在一片心 海月先
生主地皇氏博厚之恩德 荷蒙薰陶傳恩 開闢五萬年以後 次次傳授 聖心 五
百員道統之淵源也 此豈非道統設法之連脈乎 所以奉承命敎 更入於兩位先
生前 次第擇人爲先五百員中 上材五十員 先出之意也 天地剖判後 更定胞
胎之數 特設人皇氏人道綱領之法也 伏願出類拔萃之僉君子各須盡誠盡敬
保若赤子 大慈大悲 修練成道 一以貫之 共參大運之地 千萬幸甚

14) 『황성신문』, 1910년 2월 21일자.
15) 『황성신문』, 1910년 6월 9일자. "경상남북도 御史 金華榮氏가 匪徒를 捕捉
　　하는데 北道 각군에서 4, 50명을 捕縛하여 幾爲止戢이라 하였고 진주 하동
　　곤양 사천 남해 등 군에 東徒 28包에 4만 4천 명을 통솔한 巨魁 孫叔介와
　　其次 6, 7인을 捉得하였는데 稱以智 4山包中이라 하여 或鑿窟隱身하고 誦
　　呪發通하여 呼朋引類하더니 孫叔介 被捉한 후 其餘黨은 見機逃散하였더
　　니라."

를 든 동학교도에 대한 경계와 토벌을 강화하는 반역사적 행위를 자행하였
다.

이에 국사범(國事犯)의 입장에서 동학 이념이 실현될 정세를 기다리던
손병희는 해외 망명을 결심하게 되었다. 서구사회의 사상적 조류와 정세
변화를 파악하고 국내의 제 사정을 객관적 관점에서 직시하기 위한 것이었
다. 1901년에 도일(渡日)하여 그 곳에서 얻은 경험과 지식을 토대로 동학
전파에 힘썼다. 교도의 자제 교육에도 깊은 관심을 보여 2차례에 걸쳐서
64명의 청년들을 일본에 유학시켰으며, 본국의 교도에게는 「훈유문(訓諭
文)」과 「삼전론(三戰論)」을 통하여 수도(修道)에 힘쓸 것과 교양을 함양
토록 당부하였다. 그리하여 동학 교세도 점차 확장되었다. 특히 서북 지방
으로의 포교가 놀랄 만큼 활발하였다.

일본에 있는 동안 손병희는 오세창(吳世昌)·권동진(權東鎭)·박영효
(朴泳孝) 등 개화파 망명객과 교류하여 정치적 안목과 개화의식을 키워나
갔다. 그렇게 함으로써 그는 러일전쟁 직전의 러시아와 일본의 침략성을
간파할 수 있었다. 당시의 국제정세는 영·미가 일본에 호의적 태도였으므
로 일본이 유리한 입장에 있었다. 따라서 러일 양국 간에 전쟁이 일어날
경우 일본이 승리한다는 것과, 조선이 이기는 편에 예속된다는 것은 기정
사실이었다. 그는 이러한 국제간의 분쟁이나 침략전쟁에서 살아남기 위해
서는 조선이 이기는 편에서 러시아를 응징하는 것이 종전 후에 전승국의
위치 확보를 위한 최선책이라고 생각하였다. 그리하여 의정대신 윤용선(尹
容善)에게 글을 보내어 러일전쟁을 목전에 둔 급박한 상황에서 조선 정부
가 선처할 것과, 비정혁신(秕政革新)을 주장하여 「삼전론」을 제기하기에
이르렀다.

그러나 당시 조선 정부는 친러파 일색이어서 그의 건의를 요언(妖言)으
로 일축하였다. 이에 손병희는 독자적으로 개화혁신을 구상하여 동학의 차
원에서 실천에 옮기게 되었다. 정부 차원을 떠난 개화혁신의 일환으로 민
회의 설치를 계획하여 진보회(進步會)를 창설하였던 것이다. 이렇게 시작

된 그의 개화운동은 민회 활동의 형식을 취한 점에서 1890년대의 독립협회 활동을 계승하였으나, 기본적 의식면에서는 1880년대 개화파와 마찬가지로 외세(일본)에 의존하는 입장으로서 그 방법과 의식구조에 서로 상치되는 모순점을 발견할 수 있다. 1900년대의 개화혁신운동은 동학운동(1894)이 반외세 항일투쟁이었던 것과 상반되는 입장이었다.

2) 손병희의 시국관

손병희의 최고 목표이자 관심사는 종교적 수도 이외에 현실의 제 모순과 정치 비리를 타파하고 신앙의 자유를 추구하여 자주자강(自主自强)을 이룩하는 민족주의적인 것이었다. 그의 정치적 입장은 최제우나 최시형에 비하여 더욱 구체적이고 사실주의적인 면이 있었다. 그가 정치와 종교를 어떻게 융화·공존시키고 동학 교단을 어떠한 방향으로 이끌어 갔는가 하는 것은 후일에 그가 정리한 다음과 같은 법설(法說)의 내용에서 잘 나타난다.

性身雙全의 理에 의하야 천도교는 全的 생활을 사람에게 教示하고 그 法理에 의하야 정치사와 도덕사는 인생 문제의 根低에서 결코 분리하야 볼 것이 아니오. 유일의 人乃天 생활의 표현에서 그가 제도로서 나타날 때에는 政이 되고 그가 교화로 나타날 때에는 教가 된다 함이니 그럼으로 천도교는 세상을 새롭게 함에 잇어 정신문화를 존중히 아는 동시에 물질적 제도를 또한 중대시하야 그 양자를 병행케 함을 教政一致라 함이엇다.16)

여기서 그는 성신쌍전(性身雙全)의 논리로 교정일치(教政一致)의 확고

---

16) 『천도교창건사』 : 앞의 책, P.245.

한 사상 체계를 확립하였다. 그의 이러한 정치사상은 개인의 인성과 유관하겠으나 그보다는 시대적 상황에서 연유한 점이 더 크다고 할 수 있다. 그는 동학에 입도하기 이전에 이미 서세동점(西勢東漸)의 세계 대세와 이에 따른 중국 내의 불안한 제 정치상태를 들어 알고 있었으며 대내적으로 임오군란, 갑신정변을 통하여 민족을 의식하고 있었다. 한편 동학에 입도한 후 갑오동학운동에서 직접 북접 지도자로 활약하였을 뿐만 아니라 이후 전개되는 독립협회의 개화운동에 접하는 가운데 민족주의적 역사의식은 현실로 연결되었던 것이다.

처음으로 개화운동을 실천에 옮긴 것은 1901년의 도일이라 하겠다. 그는 일본에 체류하는 동안 한반도를 둘러싼 러일의 관계뿐 아니라 서구의 국제정세를 주시하는 동시에 근대문명의 진수를 알 수 있었다. 이러한 상황에서 제일 먼저 구상한 것이 조선의 대다수 대중에 대한 의식개혁이었다. 그리하여 그는 본국의 동학교도에게 효유문을 보내어 일본 체류시에 느낀 교양과 위생 교육에 주력하는 등 본격적 개화운동을 전개하였다. 1902년에 발표한 「삼전론」이나 「명리전(明理傳)」에서 구체적으로 그의 실천의지를 엿볼 수 있다. 특히 「명리전」에서 권위주의를 부정하는 실용주의적 사상을 강조하였다.[17] 개화된 서양문물을 견문한 후에 침체된 조선과 동양의 사회현실을 개탄한 것으로 보아 그의 개화사상은 서구민주주의적 민본사상에 기초하고 있음을 알 수 있다.

「삼전론」의 내용을 분석해 보면 서두에 우주만물의 생성근원이 혼연(渾然)의 일기(一氣)에 있음을 전제한 후 '한울님'을 모시고 천도(天道)를 행하는 것을 천체(天體)로, 다른 사람을 이롭게 하는 것을 도덕으로 설명하

---

17) 『천도교창건사』 明理傳 : 앞의 책, P.267.

　　……噫　稽古及今統論地球而觀之　君長創自人民中所立之名也　人民初非君長之生育也　然則民惟邦本著明若觀火　今我東洋則不然　君視民如奴隷民視君如虎威　此則苛政之法也　今若一變其政　敬天命而順人心　養人材而達其技　郁郁乎　文物燦然　復明於也　則無往不復之理　可得而致矣　性我東球中有志君子　念哉念哉

여 '한울'과 도(道)에 간격이 있을 수 없고 도와 사람이 멀어질 수 없다는
것을 주지시켰다.18)

---

18) 『천도교창건사』三戰論 : 앞의 책, pp.260~264.
　　……太古兮 萬物兮 其胡然 豈可然推理而度之 則茫茫乎 其遠感物而致之
則渾渾然 無疑……侍天行天 故是曰體天 推己及人 故此曰道德也 光被四
表中散萬事 因時取宜 大抵時中變於是用 不失執中有初克終 合爲一理 由
是觀之 天之於道 豈有間矣 道之於人 豈可遠矣哉……方今天下之大勢與
運 偕動人氣也 强莫强焉 巧莫巧焉 技藝之發達 動作之練習 極盡於此也
雖然强非勁兵之强　力就義無屈之謂也　巧非姦細之巧　態達事勝銳之稱也
以若利器堅甲 兵刃相接 則强弱相分 人道絶矣 是豈天理也哉……
　第一　道戰
　道戰也者 何曰 天時不如地利 地利不如人和 人和之策 非道不能 以道和
民 則無爲而治 可也 歸之於戰 則不可 曰不然 君子之德 風也 小人之德
草也 道之所存 德之所行 望風而不偃者 未之有也 夫大德化被草木賴及萬
方也……征伐所到 雖有億萬之衆 各有億萬心 道德所及 雖有十室之忠 同
心同德 保國之策 有何難矣哉……曰至治之時 田野闢 風雨順 山川草木
皆有精彩 天時地利無奈人和中可致者乎 所以吾必曰 可戰者 道戰也
　第二　財戰
　財戰者 何也 曰財也者 天寶之物貨也 生靈之利用 元氣之膏澤 其類幾何
動物植物礦物是也 人爲致物之主 其利惟何農商工三業是也……上以國子
至於凡民之俊秀 養其才 達其技 一以資外禦之策 一以致富國之術 此豈非
可戰者乎 所以吾必曰 可戰者 財戰也
　第三　言戰
　言戰者 何也 曰言也者 發蘊之標信 敍事之基本也 發乎中情 施乎事物 其
爲發也 無形而有聲 其爲用也 無時而不然 經緯也 毫分厘析 條理也 至精
且微 出好興戎 而摠係乎 此可不信也哉 是故先儒所云 時然後出言者 此
之謂也……交際之地 又有談判之法 兩敵相持 及其未決之時 則遠近團會
先竅事緖之曲直 閱論經緯之可否 得其事理之當話 然後萬端歸一 確定勝
負之目的 竟致歸化之規正 當其時也……興敗利鈍 亦在於談判 以此量之
則智謀之士 發言而無不中也 夫如是則言之於事物 其功豈不重大者哉……
　總論
觀今世界之形便 道之前程 尤極悗然 經曰無兵之亂云者 豈不昭然哉 第念
僉君子 如坐井中 想必昏暗於外勢之形便 故玆成三戰論一篇 忘陋輪示幸

그리고 당시의 세계 대세는 천운에 따라 인기(人氣)가 강해질대로 강해지고 공교할대로 공교해져서 사리의 통달함이 절정에 이른 상태라고 하였다. 이러한 때에 만약 각국이 충돌하여 전쟁이 일어나게 되면 국가적 힘의 차이가 분명히 드러나게 되고 인도(人道)가 끊어지므로 무력에 의한 충돌은 천리에 위배되는 행위라는 것을 강조하였다. 따라서 문명개화에 의한 보국안민의 계책으로 도전(道戰)·재전(財戰)·언전(言戰)의 세 가지를 제시하였다.

「삼전론」에 관한 상세한 설명은 1903년에 의정대신 윤용선에게 보낸 건의문에서도 볼 수 있다. 도전(道戰)은 단언하면 국교의 확립이라고 할 수 있다. 정치와 도덕은 본질적으로 같은 연원에서 출발한다고 보았다. "천시(天時)는 지리(地利)만 같지 못하고, 지리는 인화(人和)만 같지 못하며, 인화를 이루는 방법은 도가 아니면 이룰 수 없으므로 도로써 백성을 화합하게 하면 의식적 행함이 없이도 저절로 통치가 된다"고 하여 동학의 도로 국민 각계 각층을 교화할 때 비로소 도성덕립에 의한 동귀일체(同歸一體)에의 무위이화(無爲而化)가 가능하다는 뜻이다.

그는 도전(道戰)이 동학을 주체로 한 화민성속(化民成俗)의 정책이라는 것을 건의문에서 다음과 같이 상술하였다.

> ……道政者는 主敎之謂也니 化民成俗之政策也라 國無主敎면 民無率性하야 各自爲心故로 政法이 不行하나니 是故로 於古及今에 國無道而興昌者 未之有也니라.……保國之計는 在於撫民하고 和民之策은 在於道德하니 道德者는 主敎也라.……吾國이 交通萬國以來로 于今二十餘年之久矣로되 尙未覺文明之經緯하야 有道者를 害之而不能用하

須極盡心志分釋 其大同小異之理 則得力於此煥乎 其章甘受和白受采矣 潛心玩昧無至墻面之嘆 如何如何 方今世界文明實是天地一大變始刱之運也 先覺之地 必有唯親之氣應念哉 勿違乎天地感動之精神也 夫孝悌忠信 三綱五倫 世界上欽稱也 故仁義禮智先聖之所敎也 吾道之宗旨三戰之理合用 則豈非天下之第一乎 夫如是則錦上添花……

니 是는 才能者之所絶望也로소이다.……吾國之富强이 亦不下於外國
而不幾之年에 必爲政於天下하리니 是故로 開明之遲速이 亦係乎國敎
之優劣也니이다.19)

여기서 정치의 도덕성을 회복하는 최선책이 동학의 국교화라는 것을 강
조하였다. 민의 교화(敎化)는 동학에 의할 때 가능하며, 교화에 의한 정신
문화 향상이 곧 도정(道政)이라는 뜻이다.

재전(財戰)은 천혜의 자원을 산업개발에 이용하는 것이다. "재물은 '한
울'이 준 보배로운 물화이니 만민의 제용(制用)이며 원기(元氣)의 기름이
다"라고 하여 '인위치물지주(人爲致物之主)'로서 조선의 국민은 상하 불
문하고 모두 재기(才技)를 계발하여 ' 외어지책(外禦之策)'을 돕고 '부강
지술(富强之術)'을 길러야 한다는 것을 강조하였다. 외국 자본주의 침투로
인한 국내 산업의 파괴와 식민지화의 위기에서 보국안민하려면 온 국민이
국가산업 개발에 전력을 다해야 한다는 것이다. 그는 건의문에서 다음과
같이 교육의 중요성을 강조하였다.

……彼文明之國은 先透物理하야 養人材而達其技 故로 容易於進步
之地也라 今若洞開四門하고 招擧才子하야 雖小技之才能이나 褒之以
重賞하고 良工者는 特許專賣하야 利其財而發其身則 民이 興起하야
不幾之年에 離婁之明과 公輸子之巧가 接踵而至矣리니.……西洋之人
은 才藝를 必達하야 人造之術이 逐物必備하니 此則可擧而引用者也라
今我國大家世族之子弟로 以至於庶人之俊秀히 遊學於外國하야 士農
工商之業을 無不通知以後에 達其才而需用於國 則此乃國家之楨杆也
니 豈非捷徑之計策乎잇가.……20)

---

19)『천도교창건사』: 앞의 책, pp.217~219. 의정대신 尹容善에게 보낸 건의문
　　중 일부이다.
20) 위의 책, p.216.

양반 자제나 일반 서민의 자제를 가릴 것 없이 우수한 청년들을 선정하여 해외에 유학시킬 것을 권유하였다. 이러한 주장은 「명리전」에서도 보인다. 경제의 본질에 관하여 다음과 같이 개념 설정의 단계를 넘어 실천 규범까지 구체적으로 제시하였다.

> ……人氣未發 知有天賦之物 未覺人造之理也 自是食物次次艱乏 人種漸漸有殖 强弱博奪之弊 比比興焉……[21]

최제우가 '미지우로지택(未知雨露之澤)하고 지기무위이화의(知其無爲而化矣)'라고 한 말에서 한 단계 발전시켜 인간이 '인조지리(人造之理)'를 깨닫지 못하여 자연을 활용하지 못하면 인구 증가에 반비례하여 식물의 부족 현상이 야기되고 빈곤과 불평등사회로 이어진다는 것을 예시하고 있다. 기술 개발로 자연을 이용함으로써 산업발전에 임하는 것이 경제발전의 필수 조건이라는 것이다.

언전(言戰)은 외교를 뜻한다. 세계가 복잡하게 얽혀 있는 가운데 인기(人氣)와 물화(物貨)가 서로 어우러져 동양과 서양, 남방과 북방이 모두 교류하는 개방된 시대에 외교의 필요·충분 조건은 단연 언어의 소통이라는 것을 건의문에서 다음과 같이 피력하였다.

> ……目今吾國之事勢가 獨立與中立之間에 外國之威逼은 不可回避也요 利寶之請求는 亦不可必無也라 一從請求而施用不已則 國土財産은 必至於無遺之境하리니 當其時也하야 政府가 獨何以勢力으로 對抗外國乎잇가 協民心而揚民權이라야 以對天下하리이다 然則爲邦之本은 民心也요 化民之本은 道也라……言政者는 今當萬國交通之際하야 外交는 不可無者也라 大抵交際之地에 不無有事하고 有事之地에 不無利害之得失하고 得失之地에 亦不無經緯하니 經緯가 分明則 出言이 無不得利하고 經緯가 不明則 發言이 無不失敗하나니 是는 無他라……[22]

---

21) 『천도교창건사』, 명리전 : 앞의 책, p.265.

국가 간 외교가 모든 일의 성패를 좌우한다는 것이다. 또「삼전론」에서 '적당한 시기에 말한다' '한 마디로서 나라를 통하게 할 수 있다'라고 하여 외교의 시기와 기교의 중요성을 상기시키는 한편 '교제하는 마당에는 담판지법(談判之法)이 있다'고 하여 국가 상호간의 조약 체결시에는 지혜와 계략을 겸비한 외교 자세가 필히 국운을 좌우한다고 보았다. 그리하여 외국어 학습의 효율적 추진을 위하여 외국에 유학생 파견을 제창하였으니 개화에의 열망이 어느 정도였는지 가히 짐작할 수 있다.

「삼전론」의 요지는 대체로 국제 간의 정치·경제 문제가 조선의 국운과 직결된다는 논리로 일관되어 있다. 즉 외교적 대책과 국민교화(國民敎化)의 최선책이 동학의 국교화에 있다는 것을 강조하였다. 최시형대의 교조신원운동이 신앙의 자유를 추구하는 것이었다면 그의 이러한 주장은 동학을 정치적·도덕적 지도이념으로 하자는 것으로서 일대 혁신적 제안임에 틀림없다. 그러나「삼전론」이 개화적 발전이란 점에서는 의미를 부여할 수 있으나[23] 동학을 정치사상으로 하자는 것은 무리가 있다. 즉 조선왕조가 유교를 정치이념으로 하였던 것이나, 그의 제의는 다 같이 전근대적 정치의식이라는 점에서 일치한다. 또한 종교의 자유를 구가하는 현대사회의 역사발전에 역행되는 주장인 것이다.

손병희의 시국관에는 한계성이 엿보인다. 그가 제자들에게 한 다음의 강론에서 이러한 면을 확인할 수 있다.

> 日露의 戰은 곧 滿韓의 戰이라 日이 勝하면 韓이 日에 歸하고 露가 勝하면 韓이 露에 歸할 것은 明若觀火한 일이니 만일 韓政府가 此際에 잇어 拱手傍觀한다면 韓의 멸망은 風前燈火와 같을지라 만일 나로 하여금 지금 韓政府의 요직에 잇다 가정하면 계책이 반드시 없지 아니하니 그는 무엇이냐 하면 만일 日露가 開戰한다면 日露 어느 나라이 必勝할

---

22)『천도교창건사』: 앞의 책, p.219.
23) 강재언,『근대 한국 사상사 연구』, 한울, 1983, p.131 참조.

가를 잘 알아야 할 것이오. 그것을 적중한 다음에는 반드시 勝戰할 만한
편에 가담하야 공동출병을 하야 戰勝國의 지위를 얻어야 될 것이오. 그
지위를 얻은 뒤에는 강화 담판에 전승국의 지위를 이용하야 국가 만전의
조약을 얻어야 할 것이니 이는 千古에 만나지 못할 기회니라 그런데 나
의 생각으로 말하면 日勝露敗할 것을 미리 점칠 수 잇으니 첫재 지리상
관계에서 露國이 불리할 것은 다시 말할 것이 없으며 둘재 露國의 개전
목적은 만리 외에서 한 不凍港을 얻는 데 야심을 가짐에 불과하니 전쟁
에 대한 정신적 동기가 심히 박약하고 일본으로 말하면 생명을 내기하는
싸홈이니 그 정신적 동기가 강한지라 이 점이 가장 승패의 분기점이 되
는 것이며 셋재 軍略과 兵器 문제이다. 지금의 일본은 어느듯 일청전쟁
당시의 일본과 달라서 독일의 정예의 術을 배운 바 많으니 그 역시 輕視
치 못할 것이라.24)

일본이 러일전쟁에서 승리할 것임을 예견하고 조선의 국운이 전승국에
귀속될 수밖에 없다는 필연성을 강조한 것으로 보아 그의 개화의식은 친일
적이었음을 알 수 있다.

그러나 당시 정부내각은 친러파 일색이어서 이에 대한 긍정적 대책을
기대할 수 없었다. 그리하여 그는 동학 교단의 차원에서 일본 군사당국과
접촉을 시도했으나 협의 대상이었던 일본군 참모총장 다무라(田村)의 급
작스런 죽음으로 성사되지 못하였다. 이에 의정대신 윤용선(尹容善)에게
정부 차원에서 개혁운동을 주도해줄 것을 다음과 같이 건의하기에 이르렀
던 것이다.

……況今 日俄戰爭之間에 日勝俄敗와 俄勝日敗는 姑未預度이나 勝
敗를 若定이면 我國之難保는 世界之通論也라 今若 一失疆土하야 侵
入於他敵之手則 宗廟社稷은 保重이 無處하고 哀彼蒼生은 必未免魚肉
也리니 百歲之後에 魂歸泉壞인들 何面目으로 敢將容喙於先王之塋下
乎잇가 縱觀天下萬國之大勢하오니 國家興廢의 政治得失이 共和立憲

---

24) 『천도교창건사』: 앞의 책, p.210.

專制三事而已也라 雖然이나 在於行政之善否하니 共和가 雖好나 不成
則亂하고 立憲이 美法이나 無實則苛하고 專制가 統一이나 失中則壓制
也라 政治一款은 臨時執政者之所能不能也니 今不成蹟而論理이오며
祗伏念機有遲速하고 事有先後하니 知所先後면 卽近道也리다.……目
下急先務者有三하니 財政道政言政也라 今世界之戰爭根因이 專由於
此三者 故로 世界上知覺者가 評之曰三戰世界云也라.[25]

 당시 정부의 국제정세 인식의 빈곤성과 방향 없는 정책시행에 대하여
신랄하게 비판함과 동시에 내정개혁을 선행한 보국안민책을 독려하였다.
예상대로 정부에서는 요언이라 하여 오히려 동학 탄압의 지침을 강화하였
다. 그러나 손병희는 정부에 그다지 기대하지 않고 있었기 때문에 이에 대
비하여 1904년의 갑진혁신운동(甲辰革新運動)을 구상하였다. 진보회를
통한 민회 활동이 바로 그것이다. 그러나 목적이 보국안민이었다 해도 일
본세에 편승하여 국권을 수호하려 했다는 것은 그의 제국주의국가관에 대
하여 의심할 여지가 있다. 이것은 두 가지 입장에서 생각할 수 있다. 그것
은 일본의 제국주의 근성 파악이 미흡했거나 그렇지 않으면 중국이 외교
관계에서 전통적으로 사용해온 이이제이(以夷制夷)의 방법을 의도한 것
중에 하나일 것이다. 앞에서 언급하였듯이 그가 농민운동에서 개화운동으
로 선회한 이유가 당시의 국내외 정세와 관계가 있다고 본다면 그의 이러
한 정치의식은 후자의 경우일 가능성이 크다고 보아야 겠다.

3) 진보회의 조직과 활동

 1904년 2월에 드디어 러일전쟁이 발발하자 사태가 급박해짐을 알게 된
손병희는 일본 육군성에 군자금 1만 원을 부조하고 국내의 동학 지도층 40

---

25) 위의 책, p.214.

여 명을 도쿄로 불러들여 다음과 같이 대책을 협의하였다.

> 이제 輔國安民의 策이 其計上中下三者가 잇으니, 一은 大擧革命 廢
> 昏立明이 그 上策이오. 二는 惡政府를 痛掃하고 新政府를 組織함이 그
> 中策이오. 三은 日露戰爭에 干預하야 그 優勝을 佔得함이 下策이니
> 라.26)

그 결과 상·중·하의 3가지 대책 중 여러 가지 여건을 감안하여 하책
으로 결정하고 이의 효과적 실천을 위하여 구심점 역할을 할 수 있는 민회
를 조직하기로 하였다. 그리하여 손병희의 지시에 따라 동학 지도층은 귀
국하여 장차 대거(大擧)할 일을 논의하고 회명(會名)을 대동회(大同會)로
정하여 비밀리에 조직을 결성하기 시작하였다. 이 당시만 해도 정부의 동
학 탄압은 여전하여 민회의 조직 활동은 지하에서 진행되었다. 그러나『황
성신문』의 기사에서 알 수 있듯이 동학 교세는 꾸준히 확장되고 있었다.27)

---

26) 위의 책, p.221.
27)『황성신문』, 1904년 4월 12일자.
東匪處律
함남관찰사 徐正淳氏가 法部에 보고하되 府下 함흥군에 來駐 日兵이 동학
당을 砲殺한 緣由는 已有馳報이거니와 日兵이 又捉東學黨二名하여 압송
于본재판소이고 함흥군수와 本府摠巡의 捕捉이 亦爲十四名이옵기 合一六
名을 并卽一一審理하온즉 就其中八名은 非但抵死不服이라 亦無證據이옵
기 仍卽放送하고 孟凡泳 金應三 鄭承祚 三漢은 染汚東學타가 旋卽背斥하
고 初無傳用處이옵기 笞一百 役三年에 照律하였고 白樂絃 林透連은 染汚
妖書하여 傳用於一二人之意로 渠自服罪이기 役終身에 處하고 尹亨天 承
載元 崔成道는 妖書傳授가 已過三人이라고 皆自輸款에 且有證據之的確
이기 凡造讖緯妖書妖言을 傳及惑衆者皆斬이라는 律에 照하였으나 現今
道內各郡에 東學이 大熾하여 不無意外之慮이옵기 苟延時日이면 無以懲
戢일가 하여 부득이 徒權하여 卽行殺戮이라 하였더라.
『황성신문』, 1904년 6월 24일자.
義州匪徒

정부와 일병(日兵)의 동학교도 체포가 계속되고 있음에도 불구하고 동학이 도내(道內) 각군에서 대치(大熾)한다고 할 정도로 이미 민회 활동이 활발히 진행되었던 것이다. 여기서 주목되는 것은 활동 지역이 특히 서북 지방 중심이었으며 활동 시기가 러일전쟁 이후라는 것이다. 이것은 동학의 활동이 종래와는 달리 교정일치(敎政一致)의 형태로 순수한 종교운동에서 탈피하고 있음을 의미한다. 이후 7월에 대동회를 중립회(中立會)로 고쳤으나 관군의 탄압이 더욱 극심해져 부득이 중립회 조직은 연기되었다. 이때의 조직 체계는 손병희가 정점이 되었으며 모든 일은 그의 지시에 따르고 있었다. 그리하여 그는 회원의 단결과 개화에의 목적 달성을 위하여 다음과 같이 단발을 훈령하였다.

> 君等은 本國에 돌아가 道人으로 하여금 一齊 斷髮케 한 후에야 可히 성공하리라 단발의 목적은 첫재 세계문명에 참여하는 표준이오. 또한 단결을 굳게하야 회원의 心志를 일치케 하는 것이니 君等은 이런 때에 용기를 내여 亂絲를 快刀로 끈으라 하시엿다.28)

또 한편으로는 언론을 통하여 민회 활동의 진의를 사회에 알리고 동조를 구하려 하였다. 그러나 『황성신문』은 다음의 기사에서 볼 수 있듯이 별로 호응하는 기색이 없었다.

義州郡守 具完喜氏의 보고를 據한즉 到郡以後에 內地情形을 不可不念일새 派遣耳目하여 散四調探則 沿江上下近海浦港으로 以至峽邑路站에 各郡民情이 尙未孚接인 바 所謂東學黨類가 設包設接에 分派立門하였는데 渠謂大先生者는 卽是北接巨魁也라 自三水甲山으로 以至關西하여 或稱宣川派 或稱价川 安州 長津 江界中等門派하는데 龍川 鐵山이 尤甚蔓延하여 至于義州에 大包는 徒黨이 數萬名이오. 小包는 3, 4千名이라 一自日俄開仗以後로 少無顧忌하고 作黨行悖가 大駭聽聞이오니 講究方略하여 及旱禁戢에 毋致疎虞케 하라 하였더라.

28) 『천도교창건사』: 앞의 책, p.222.

是何妖人

向日夜에 有人이 投寄一封書於本社 故로 開閱則稱云外國留學生孫
秉熙하고 寄附紙貨一百元曰 每聞貴新聞이 屢屢停報告로 爲此補助라
하였기 其誠意를 感謝하여 領受後 揭報하였더니 日昨에 又一人이 投
寄一封書 故로 開閱則書辭에 稱云孫秉熙門人朴南壽하고 有云近者政
府에 上書하였더니 尙無可否之端 故로 新聞에 廣告次付送하며 計一
千八百七十字에 廣告料金 二十八元을 幷呈한다 하고 不暇接談에 忽
忙回去하는지라 其所謂上書草를 開見한즉 孫氏가 自稱崔濟愚門人하
고 卽東學黨類를 袒護하는 妄說이라 如此無理之說을 廣告에 揭載할
理가 無하거니와 此等殊常乖異之事는 將於次號에 辨明하겠노라.[29]

손병희가 정부에 상서한 사실이 있다는 것과 신문사에 100원을 기부하
게 된 동기를 밝히는 정도였다. 손병희는 그 후 재차 정부에 상소했던 내
용을 동지(同紙)에 기사화하려 하였으나 망설(妄說)이라 하여 거부당하였
다.

이와 같이 그는 언론기관과의 접촉에서 실패하였으나 뜻을 굽히지 않고
이 해 9월에 중립회를 다시 진보회로 개명하고 취지·강령·규칙을 새로
발표하여 이용구(李容九)로 하여금 민회 활동을 강력히 추진하도록 하였
다. 진보회 설립 당시 러일전쟁에 대한 대책으로 표면상 일본의 승리를 돕
는 체하였으나 그 실은 서정쇄신과 국권수호의 거족적 운동 전개가 본래
목적이었다.[30] 즉 친일적 태도의 표명은 수단 방법에 불과했다고 보아야
할 것이다. 진보회의 근본 취지는 다음의 4대 강령이 이를 잘 반영하고 있
다.

一曰 皇室을 尊重하고 獨立基礎를 鞏固히 할 事
二曰 政府를 改善할 事

---

29) 『황성신문』, 1904년 7월 24일자.
30) 李鉉淙, 「갑진개화혁신운동의 전말」, 『동학사상논총』 1, 1982, p.162 참조.

三曰 軍政財政을 整理할 事
四曰 人民의 生命財産을 保護할 事[31]

이러한 목표하에 동학교도는 경향(京鄕) 각지에서 일제히 개회(開會)하고 단발과 검은 옷으로 단결을 과시하였다. 이 무렵 단발한 회원의 수가 무려 20여만 명에 이르렀다는 것[32]을 보면 정부의 대응이 어떠했으리라는 것은 짐작할 만한 일이다. 당시 각 지방 관리들이 진보회 조직을 갑오농민운동 당시의 기포(起包)로 단정할 만큼[33] 진보회의 활동은 매우 활발하였다. 특히 일진회(一進會)와 통합한 이후의 세력은 정부를 위압할 정도였고 활동 목표 또한 개화운동이었다. 진보회의 구체적 활동 상황은 다음과 같다.

> 伊川郡報를 據한則 本月 9日에 東學黨 數千餘名이 自谷山等地로 來會本郡하여 進步會長 李容九의 通告文 揭付함을 謄報함이 如左하니……
> 一. 進步會로 定名事, 二. 以本月晦日로 一齊開會事, 三. 獨立保全事, 四. 政治改革獻議事, 五. 生命財産保護事, 六. 軍政減額事, 七. 財政整理事, 八. 同盟國軍事上에 保助事, 九. 會員一齊斷髮事라 하였더라.[34]

활동 목표의 대부분이 국정혁신·국권수호·생활개선에 관한 것이다. 그러나 8항에서 일본 군사상에 관한 일에 협조한다고 한 것은 비록 정부의 탄압을 피하고 세력 확대를 꾀하기 위한 것이라는 구실이 있다 해도 친일파로서의 지탄을 면할 수 없다.[35] 당시는 이미 일진회와 통합하여 각 지방

---

31) 『천도교창건사』: 앞의 책, p.223.
32) 천도교중앙총부, 『天道敎百年略史』, 1980, p.347 참조.
33) 위의 책, p.352 참조.
34) 『황성신문』, 1904년 10월 15일자.
35) 白世明, 「갑진혁신운동과 동학」, 『한국사상』 6, 한국사상연구회, 1963, p.83

에 360여 개의 지회 조직을 두고 회원 11만여 명을 확보하고 있던 때로서 그 운동 성향이 분명히 드러난다. 그러나 적어도 통합 이전의 민회 활동 당시에는 내면적으로 일본세를 의식한 것은 사실이나 무조건의 친일적 태도는 아니었다.

이 무렵의 정치결사는 독립협회 해산 이후에 결성된 황국협회·광무협회·국민협회·협성회(協成會)·진명회(進明會)·순성회(順成會)·일진회 등이 있었으나 대부분 그 활동이 서울에 국한되었고 지방조직은 거의 없는 형편이어서 전국적으로 대중화되지 못했던 것이 사실이다. 그러나 갑진년(1904)의 진보회 활동은 동학의 교단조직을 배경으로 하였기 때문에 최대 규모의 민회 활동이 가능하였다.36)

단발의 경우만 해도 을미개혁 때 정부에서 법령으로 시행하려 했으나 실패했던 것을 진보회에서는 단기간에 20만 명 이상이 단발흑의(斷髮黑衣)로 단결력을 과시할 정도였다. 그러나 정부의 탄압이 절정에 이르러 진보회는 입지가 불안할 정도로 궁지에 몰렸다. 이 때 진보회에 접근한 사회단체가 일진회였다. 일진회는 송병준이 러일전쟁 발발 후 일본군의 후원을 받아 조선인의 결사조직에 유의하던 중 독립협회의 회원이었던 윤시병(尹始炳), 윤길병(尹吉炳), 유학주(兪鶴柱) 등이 조직한 유신회(維新會)를 회유하여 1904년 8월에 발족한 친일단체다. 사찰원(司察員)·조사위원(調査委員)을 두어 정부의 비위를 적발하여 신문·벽보 등으로 이 사실을 폭로하는 등 언론 활동을 통하여 국민적 호응을 유도하였다.

『황성신문』에 실린 일진회의 주지(主旨)를 보면 다음과 같다.

　一은 帝室을 安寧케 할 事오.
　二는 政府를 改革할 事오.
　三은 人民의 生命財産을 保護할 事오.

참조.

36) 김응조, 「의암성사와 문화운동」, 『신인간』, 455, 1987, p.32 참조.

四는 軍政과 財政을 整理할 事라 하고……37)

활동 목표가 표면적으로는 진보회의 4대 강령과 거의 같았다. 다만 일본 군부의 힘을 배경으로 한 점이 달랐다. 더구나 10월에 진보회에 대한 토벌 지시를 철회할 것을 강경히 요청하는 상소를 일진회 명의로 정부에 제출하는 한편, 각 신문을 통하여 일제히 정부 지시를 비판·공격하는 등 일진회는 진보회 구출에 적극적 태도를 보였다. 이미 언급하였듯이 일진회는 친일단체였기 때문에 지방조직은 없었다. 그러던 차에 정부의 탄압을 받는 진보회를 지원함으로써 동학 교단조직을 일진회의 하부조직으로 이용할 수 있는 기회를 얻게 된 것이다.

이렇게 되자 정부의 입장에서는 더 이상 버틸 수 없게 되어 11월에 구금되었던 진보회 회원을 석방하도록 전국 각지에 지시를 내렸다. 이로써 진보회 활동은 국가의 공인을 얻게 되었고 동학은 비로소 신앙의 자유를 확보하게 된 셈이다. 이러한 배경 사정으로 인하여 진보회와 일진회는 자연스럽게 서로 접근하게 되었다. 처음에는 상호 협조하는 형식을 취하였으나 11월에 진보회장 이용구의 요청으로 결국 일진회로 통합하게 되었다. 그 주요 명분은 진보회와 일진회의 활동 취지와 목적이 같다는 것이다.38)

그리하여 1904년 12월 2일에 진보회와 일진회가 정식으로 통합하여 일진회를 본회(本會)로, 진보회 총회를 지부 총회로 하고 사무실을 따로 마련하였다. 따라서 본회장은 일진회장으로 있던 윤시병(尹始炳)이 되었고, 진보회장 이용구는 13도 총회장으로 되어 각 도의 지부 회장을 통솔하였다. 이와 같이 처음에는 어느 정도 진보회의 독자성이 유지되어 회 명칭이 지방에서는 진보회로, 서울에서는 일진회로 통용되었다. 그러나 1905년 9

---

37) 『황성신문』, 1904년 8월 22일자.
38) 崔鐵極, 「천도교의 근대화운동」(상) 『신인간』 310, 1973, p.44 참조. 일진회의 主旨는 開會維新의 목적으로서 표면상으로는 진보회와 활동 목표가 같다.

월에 회 조직의 개편으로 지부 총회를 폐지하여 지부 총회 사무소를 따로
두지 않기로 하고 이용구가 지방총장(地方總長)으로 됨으로써 사실상 진
보회의 독자성은 제도적으로 상실되었다.

진보회의 친일적 성격이 노출된 것은 이 때부터라고 하겠다. 실제로 진
보회는 일본 군부에 대하여 협조를 이행하였다. 경의선(京義線) 군용철도
부설과 군수품 운반에 봉사적으로 협조한 것이 그 좋은 예이다.[39] 이후 친
일파 송병준은 일본 군부와 내통하여 친일적 매국 행동을 음모하던 중 드
디어 11월에 특별평의회를 개최하여 을사보호조약을 자초하는 선언서를
발표하고 12월에 임원 개선을 단행하였다. 일진회의 매국적 친일 행위가
백일하에 드러난 상황에서 이용구를 일진회 회장으로 선정하였던 것이다.

본래 이용구는 동학교도로 조직된 진보회의 회장으로서 동학 교주 손병
희의 지시를 받도록 되어 있었기 때문에 표면적으로는 일진회와 동학교가
동일시될 처지에 있었다. 이렇게 개화운동에 의한 국권수호와 민지 계발
및 동학 포교의 합법성을 얻기 위하여 민회 활동의 형태로 이른바 갑진혁
신운동을 전개한 손병희 이하 동학교도가 본래의 취지와는 달리 매국적 친
일집단이라는 비난을 면치 못하게 되었다. 따라서 민족종교로서의 동학의
위상 재정립이 불가피하였다. 손병희가 재촉하여 귀국한 것과 천도교(天道
敎) 선포도 그 일환에서 생각할 수 있다.

4) 천도교로의 전환

동학 교단이 주체가 되어 전개한 갑진혁신운동인 진보회 조직과 활동은
앞에서 상술한 그대로 외세 침략의 위기에서 국권을 수호하고 독립 보존,
민권 옹호, 국정 쇄신과 함께 경제 발전과 교육을 진흥하는 것이 근본 취

---

39) 백세명, 「진보회와 일진회 - 갑진개혁운동과 동학」, 『신인간』 379, 1980,
   p.23 참조.

지였다. 그러나 정치 부재와 당시 친러 정권과 일본 제국주의가 비록 각기
다른 목적이라고는 하나 동학 탄압에 동조함에 따라 진보회는 일진회와 합
류하는 비극을 초래하였던 것이다. 그리하여 친일 매국집단으로 매도당하
는 동학 교단의 위상 재정립을 위하여 자구책을 강구하는 것이 가장 급선
무였다. 이에 손병희는 교단 정비의 결단을 내려 다음과 같이 1905년 12월
1일에 동학을 천도교로 개명선포(改名宣布)하기에 이르렀다.

> 夫吾敎는 天道之大原일새 曰天道라 吾敎之創明이 及今四六年에 信
> 奉之人이 如是其廣하며 如是其多하되 敎堂之不遑建築은 其爲遺憾이
> 不容提說이오. 現今人文이 闡明하여 各敎之自由信仰이 爲萬國公例오
> 其敎堂之自由建築도 亦係成例니 吾敎會堂之翼然大立이 亦應天順人
> 之一大表準也라. 惟我同胞諸君은 亮悉함.
> 敎會堂建築開工은 明年 2月로 爲始事
> 天道敎大道主 孫秉熙[40]

천도교의 연원을 최제우의 동학에 두고 있다는 것과 신앙의 자유가 공
인되고 있는 시대에 부응하여 천도교를 선포한다는 것이다. 그가 동학을
굳이 천도교라고 이름을 고친 이유로 크게 세 가지를 생각할 수 있다. 첫
째는 동학의 명칭 그대로는 '혹세무민'이라는 최제우 당시의 동학 인식을
탈피할 수 없기 때문이다. 즉『정감록』에 근거를 둔 동학의 후천개벽사상
이 탄압의 요인이었다. 그가 도일(渡日)하여 교정일치의 기치를 내세우고
대동회-중립회-진보회로 명칭을 바꿔가며 민회 형태의 혁신운동을 전개
했던 것도 실은 동학 탄압을 피하기 위한 수단이었다고 할 수 있다.

둘째는 동학이라는 명칭을 그대로 고수할 아무 의미가 없었다. 최제우가
서학으로 지목당할 것을 의식하여 반서(反西)의 입장에서 동학이라 명명
한 것은 이미 그 명분을 상실하였다. 이미 서학의 신앙 자유가 인정되고

---

40)『제국신문』, 1905년 12월 1일자 광고.

있던 터였다. 따라서 손병희는 서구적 근대화를 지향한 세계적 종교로서의 개혁운동으로 설정할 필요가 있었다. 그리하여 보편적·일반적 천도(天道)를 표방했다고 하겠다.

셋째는 진보회 활동에서의 실패다. 종교적 한계성을 탈피하려 했던 것이 오히려 종교적으로 궁지에 빠진 것이다. 종교로서보다는 친일 단체로 세간의 오해를 받게 되었기 때문에 종교적 일신이 필요하였다.

그리하여 손병희는 천도교 선포와 더불어 민회 활동과 종교 활동을 분리시키고 종교 본연의 자세로 돌아갔다. 그가 천도교에 관하여 개념을 정의한 것을 보면 다음과 같다.

> ……종교의 정의는 어떤 학자의 편견에 의하야 영구 불변할 것이 아니오 고상한 인격에 의하야 천연 자연으로 화출된 것을 이름이라 하엿다. 그럼으로 종교는 이왕 사람이 해석한 바와 같은 모형에서뿐 볼 것이 아니오. 大神師의 말슴한 바 今不聞古不聞의 理와 法에서 종교의 정의를 낼일 수 잇으니 이것이 천도교라 하엿다.[41]

여기서 천도교를 다른 기성 종교와 같이 하나의 종교로 당당히 선포하고 있음을 알 수 있다. 그리하여 그는 천도교대헌(天道敎大憲)을 발표하고, 서울에 천도교 중앙총부를 두어 교구를 지방에 설치하는 한편 종교의식과 수도조목(修道條目)을 정함으로써 근대적 교회조직을 통한 순수한 종교운동에 임하였다. 교구 정비를 단행하고 교회와 민회를 엄격히 분리하여 일진회에 소속된 천도교도를 교회로 흡수하는 한편 이용구를 회유하였다.

그는 1906년 1월 귀국하자마자 일진회에 자금 1,000원을 기증하고 일진회장으로 있던 이용구에게 새로운 교회 조직에서 교수(敎授)의 직분을, 송병준에게는 중정(中正)의 교직을 부여하는 한편 일진회를 정비하여 정치

---

41) 『천도교창건사』 : 앞의 책, p.247.

에 관심이 있는 사람들만으로 구성된 사회단체로 유도하였다. 따라서 지방지부는 폐지하고 서울에 본회만을 두어 시무(時務)를 강구토록 할 것을 이용구와 송병준에게 권고하였다. 일진회를 천도교와 별개의 순수한 정치결사로 전환케 하려 한 것이다. 그러나 이용구 일파는 교인으로 적을 둔 채 일진회를 기반으로 정치적 야욕을 충족시키려 하였다.

이에 손병희는 수차에 걸쳐 다양한 방법으로 이들에 대한 회유를 계속하였는데 그 까닭은 두 가지 측면에서 분석해 볼 수 있다. 하나는 교회 재정문제다. 그가 일본에 체류하는 동안 진보회의 민회 활동은 물론 교회 재정 일체를 이용구에게 일임하였기 때문이다. 이용구에게 교회의 전 재산이 맡겨져 있었던 것이다. 다음은 교단과 교도의 파당 형성이다. 다음 2절에서 상술하겠거니와 이것은 동학측 내부의 가장 심각한 문제였다. 연원제(淵源制)로 인하여 누적되어온 병폐로서 이 무렵은 이용구 일파 이외에 김연국 파와 손병희 파로 분열되어 교도의 단합이 시급하였다.

손병희는 천도교를 선포한 뒤에도 출교 처분을 결정하기까지 인내심으로 이들을 설득·회유하였다. 『만세보』 사설의 논조가 한때 일진회의 정치개혁운동에 대해서 긍정적으로 평가했던 것도 이와 같은 선상에서 생각할 수 있다. 일진회의 송병준이 정부에 체포되었을 때 그와 일진회를 변호한 『만세보』의 다음과 같은 사설 내용에서도 이러한 의지가 엿보인다.

……三年時間에 一進會의 목적을 達하얏난가 不達하얏난가 당초 주창한 四大綱領으로 일진회의 一大目的이라 위함은 전국 이천만 동포의 了解하난 바인지 未解하난 바인지 吾儕난 不知하거니와 我國 관리의 貪虐秕政으로 전국 인민이 희생됨을 深慮하야 塗炭에 拯濟하난 책임을 自擔하고 정부 당국자의게 충고도 하며 지방 행정관의게 질문도 하야 牛毛와 如한 苛政을 稍稍淸淨케 함은 일진회의 效能이라 謂하겟고 又或 지방회원의 不公正한 瑕疵가 種種히 有하다 하나 대부분의 선량한 효과가 有하면 支流餘裔의 如干 행동을 責備할 필요가 無하다 하야 금일에 至하도록 其目的을 達하난 효과를 기대하얏더니 시국은 점점 缺裂하고

> 인민은 益益 困難하되 일진회의 목적을 達하난 영향을 不見하겟기로 吾
> 儕의 疑團이 不無하고 且 전국 이천만 동포의 疑團이 不無하얏도다 日
> 昨에 일진회 代辨會長 宋秉晙氏가 被捉하얏다 하니 여하한 관계가 有
> 한지 不知하되 회장 李容九氏난 森林斫伐의 이익을 위하야 京城에 不
> 在하얏고 송병준씨로 회장을 대변케 하얏더니 風瀾이 忽起하얏도다.…
> …其罪戾의 有無도 不知하며 輕重도 不知하고 且一二個人의 事安이
> 오. 全會의 관계될 영향은 必無할지라도 國民黨 領袖로 自認하든 일진
> 회 대변회장의 지위도 玷汚하얏고 이천만 동포의 대표로 표준하는 일진
> 회 全部面目도 不名譽라 함도 가하니 而今에 四大綱領을 주창하든 송
> 병준은 安在오.……42)

이와 같이 이들을 회유하는 한편 다음과 같이 그들의 잘못을 각성시키
려 노력하였다.

> 내 본래 創會의 목적이 다만 이에 그친 바 아니엿으나 時勢 利치 못
> 하야 일이 뜻과 같이 되지 못하엿음은 다 運으로 돌려보내려니와 이제
> 세상이 一進會를 지목하야 賣國奴라 할 날이 멀지 아니하엿고 또한 大
> 勢의 所驅로 국가를 길이 安保할 수 없게 되면 일진회 호올로 어느 곧에
> 설 수 있으며, 선들 무엇에 필요가 있느냐. 만약 내 말이 맞지 안커든 하
> 늘에 日月이 바꾸인다 하라. 그러니까 우리 道儒된 자는 일진회로부터
> 退會하야 修道에 힘쓰고 다시 새 기회를 얻어 별로 保國安民의 길을 講
> 究함이 可하니라.43)

천도교인이라면 먼 훗날 매국노라는 역사적 심판을 의식하고 일진회로
부터 탈퇴하여 수도에 전념하는 것이 가장 최선의 길임을 주지시키려 하였
다. 그러나 이들은 오히려 교회와 민회의 분리를 주장하는 손병희의 계획
에 반기를 들고 일진회로부터 천도교 회원이 이탈하는 것을 방지하기 위하

---

42) 『만세보』, 1906년 8월 26일자.
43) 『천도교창건사』: 앞의 책, p.234.

여 다음과 같이 8개 항으로 된 결의문을 발표하기에 이른다.

吾濟는 天道敎人也라 敎門薰陶는 天人合一之宗德이오. 師師相受는 布德天下 廣濟蒼生 輔國安民之大道也라 人體爲用하여 進於開明的社會하니 曰一進會也라 曰一進會는 一而二오 二而一也라 豈可有他哉리오 我會之創立이 于今三載에 目的之進達이 尙未半塗라 來頭之影響이 恐或小懈하여 同志之心盟을 更加勉勵키로 兹에 左開諸條를 決議仰佈함.

一. 生靈은 敎理로 自修하고 肉身은 民會로 自立하여 以天道敎一進會로 刻心佩名하여 廣濟蒼生 輔國安民할 목적에 達케 함.

一. 敎門規則으로 敎任을 解할지라도 個人敎團은 自守하여 會中 薦主資格으로 會務를 執함.

一. 會中에 薦主된 人은 被薦한 會員에게 指導를 勉益함.

一. 各其薦主된 人이 被薦人의 名錄을 更修成冊하여 憑票를 特異케 更給함.

一. 入會한 敎人은 俱是個人敎團이니 個人이 合則亦一大團也라 사무실을 別定하여 敎門의 서적과 명령을 取하여 敎員에게 頒布케 함.

一. 會員과 敎人에게 受敎하기를 請願하는 人이 有할 時에는 敎門規則을 遵하여 傳敎함.

一. 入會한 個人敎團中 人人이 各히 敎堂建築과 師門奉供할 敎務를 연구함.

一. 本會 목적은 期於實施키로 不待更提함.[44]

'천도교와 일진회는 하나이면서 둘이고, 둘이지만 하나다'라는 궤변으로 명분을 세우고 광제창생, 보국안민의 본래 목적을 관철하기 위하여 별도로 교당(敎黨)을 건립한다는 것을 선언하였다. 천도교 본부의 간섭을 배제하고 독자적 활동을 하겠다는 뜻이다.

이에 손병희는 천도교 존폐 문제가 달린 일이기에 1906년 9월 17일에

---

44)『황성신문』, 1906년 9월 20일자.

이용구 이하 62명의 일진회 간부들을 출교(黜敎) 처분하고 이를 신문에 공고하였다.45)

그러나 이들에 대한 출교 처분이 곧 반일적 개화운동이 될 수는 없었다. 다만 교회와 민회를 분리시킨다는 것을 표방한 데 불과하다. 이용구 일파를 끝까지 회유하려 했던 행위는 비록 교회 재산 문제나 교도의 단합을 위한 것으로 명분을 세울 수 있으나 결과론적으로 볼 때 분명히 친일적 정치의식을 완전히 탈피한 것으로 간주하기 어렵다.

이후 천도교측에서는 『만세보』의 논설 난을 이용하여 천도교와 일진회가 무관함을 계속 강조하는 한편 천도교도가 시천교(侍天敎)로 빠져들지 않게 경계하였다. 천도교 중심으로 교도가 단합할 것을 호소한 논설로 다음과 같은 글이 있다.

---

45) 위의 책, 1906년 9월 21일자.
一進會에서 決議한 李容九 以下 62人이 본래 天道敎人으로 該決議書辭意가 天道敎宗令에 위반한 情節이 多한 故로 該 62人의 自由進退를 審問한 후에 처리하기로 本敎議案이 已決하였는데 韓景昊 朴敬一 金知鍊 3人이 天道敎 典制觀에 來하여 審問을 受한 후에 卽黜敎하였더라.
『만세보』, 1906년 9월 23일자.
天道敎人黜敎 天道敎人 李容九氏等 五十九人이 敎에 위반한 사실이 有함으로 黜敎하얏난대 其裡由와 諸氏名은 左와 如하더라.
李容九 崔應賢 宋秉天 廉昌淳 池永洽 李廷彬 鄭경수 劉文卿 李容漢
金士永 吳成龍 朴之陽 金知鍊 康德淳 韓景昊 崔榮九 安泰俊 金柄圭
金貫浩 金孝淳 朴衡釆 尹相翊 朱寅洽 李松슈 董雲卿 鞠吉賢 池鳳瑞
金卿鎬 金炳祚 李弘엽 申泰항 宋永華 白雲起 韓泰섭 李景煥 李秉模
金雨善 李震用 元昌祚 李元植 許台熙 趙世昌 兪鎭秀 安其楚 朱雲祥
車秉幹 朴啓一 金裕鍊 韓景源 方運甲 朴奎철 盧玟基 金永억 金日영
吳箕슈 金鴻健 金秉淳 金昌順 金柄模
右人 等이 私自決議에 做文字하야 亂法亂道한 情節이 掀露無餘키로 大憲司法編第一條一款敎理와 敎規와 宗令을 위반하난 件과 三款總部指飭을 不由하고 自意擅行하난 件에 照하야 該員等의 敎人資格을 消汰함.

……或曰天道敎가 즉 일진회이오. 일진회가 즉 천도교라 하니 此난 菽麥을 不辨하난 訛言이라 假使 向日의 敎會分離한 公佈가 無하더래도 學問家난 其 敎會가 不同함을 可知하얏슬 거시라……然則 일진회가 법률상에 죄를 범하야도 천도교의 죄가 아니며 政界上에 功이 有하야도 천도교의 功이 아니라 大小部分은 雖異하나 敎도 一社會오 會도 또한 독립한 一社會라 엇지 천도교와 일진회를 一體로 視하리오……然則 천도교주가 一分子敎人이 政界波瀾에 정신을 迷失한 者의게 急流勇退를 勸함이 아닌가……蔽一言하고 自今 이후로난 교회를 一體로 認하던 전국疑惑心은 可히 破하리라 하노라.46)

이로써 교도 관리에는 어느 정도 성과를 거두었으나 한동안 천도교계는 경제적으로 큰 타격을 받았다. 손병희가 일본에 체류하면서 교회 재정 일체를 이들에게 일임했기 때문에 이들의 출교와 동시에 천도교의 모든 재산을 상실했던 것이다. 이에 그는 1908년에 교회 각부의 인사 개편을 대폭적으로 단행하고 같은 해 3월부터는 자신이 직접 지방을 순회하여 천도교도의 이탈을 수습 방지하 한편 성미법(誠米法)을 제정하여 교회 재건을 꾀하였다. 완전히 이전의 교세를 회복한 것은 1910년대로서 3·1운동 당시 조직력과 자금 조달면에서 천도교가 주도적 역할을 맡을 수 있었던 것도 1910년대의 교회 재건이라는 배경이 있었기 때문이다.

2. 개화운동

1) 교단 정비사업

동학 교단 재건운동의 시작은 1900년 손병희가 대도주(大道主)의 자리에 오르면서부터라고 하겠다. 그는 동학교도에게 교인으로서의 자각을 위

---

46) 『만세보』, 1906년 9월 25일자.

하여 일종의 신분증이라 할 명첩(名帖)을 발급하였다. 즉 대도주를 정점으로 하는 대교단의 새로운 체제로 출범하였다. 그러나 갑진혁신운동의 실패로 동학 교단은 보다 조직적 교단 정비사업을 전개하지 않으면 안 되었다. 범국민적 차원에서 동학이 친일집단으로 지목받는 오명을 벗어야만 했고, 동학교도의 입장에서 시천교로의 유입을 방지하는 문제가 대두되었다. 즉 민족종교로서의 동학의 위상을 회복하는 것이 급선무였다.

그리하여 일본에서 귀국하기 전 1905년 12월 1일에 동학을 천도교로 개명 선포하고 동학 교리의 재정립과 교도의 교화에 착수하였다. 우선 권동진·오세창·양한묵(梁漢默)으로 하여금 천도교대헌(天道敎大憲)을 제정케 하고, 교빙(敎憑) 100만 매를 인쇄하여 조선에 보내고 권도문(勸道文)을 지어 전국 각지에 배포케 하였다. 1906년 2월에 공포된 천도교대헌은 모두 5편 41장 189조로 되어 있는데 여기에는 당시 교회 조직과 그 운영 방안이 잘 나타난다. 제1편 1장의 내용을 보면 다음과 같다.

第一編
第一章 大道主
第一條 大道主는 天道敎 全體를 統理함.
第二條 大道主의 位는 天의 靈感으로 繼承함.
第三條 大道主는 敎를 人界에 宣布함.
第四條 大道主는 宗令을 發布함.
第五條 大道主는 中央總部 一切公報를 認准或否認함.
第六條 大道主는 敎職을 임면함.
第七條 大道主는 大憲條規에 依하여 統理權을 行함.
第八條 大道主는 部議를 採納함.[47]

최고 직위는 대도주로서 교단조직의 모든 권한이 여기에 집중되었음을 알 수 있다. 그 운영 방안은 민족의 자주자립과 개화혁신을 천도교 활동의

---

47) 天道敎大憲, 第1編 1章.

목표로 하며 서울에 중앙총부를 설치하여 교단과 교도의 연락을 행정적으로 처리하게 하였다. 이로써 기관제(機關制)가 시작되었고 직제나 명칭은 이후 여러 차례 변하였다.

천도교대헌 발표와 함께 손병희는 오직 종교 활동만을 전개하여 교회조직 정비에 힘썼다. 천도교 중앙총부 아래 전국 각지에 72개의 대교구(大敎區)를 두고 대교구의 교령(敎領)을 원직(原職)과 주직(住職)으로 구분하여 72명을 선정하였는데, 원직은 교장(敎長)·도집(都執)·집강(執綱)·대정(大正)·중정(中正)·교령(敎領)의 육임(六任)이 있고, 주직은 현기사장(玄機司長)·진리과장겸우봉도(眞理課長兼右奉道)·좌봉도(左奉道)·고문과원(顧問課員)·이문관관장(理文觀觀長)·서적원(書籍員)·서응원(庶應員)·교섭원(交涉員) 등이 있다. 이렇게 해서 천도교대헌 제정과 72대교구 설치와 동시에 천도교 시대가 시작되었던 것이다. 『황성신문』은 당시 천도교의 교세에 관하여 교인의 수를 구체적으로 들고 있다.

> 천도교에서 각 지방에 대교구를 劃置하였는데 교구는 교인 10만 명 이상으로 정하며 교구 수는 72요 區長의 성명은 如左하더라.[48]

교인이 700만 이상이라고 한 것은 과장된 표현임을 감안하더라도 천도교의 양적 증가가 컸다는 것은 인정해야 할 것이다. 교도는 대부분 본의 아니게 일진회 회원이었기 때문에 천도교는 표면적으로 친일집단으로 오인될 여지가 많았다. 이러한 현상은 민회의 형태로 동학을 재건하려던 손병희의 계획이 빗나갔음을 뜻한다. 천도교인의 수가 많은 만큼 이에 비례하여 일반 사회의 천도교에 대한 인식은 좋지 않았다. 을사늑약(乙巳勒約)이 체결된 직후 의병 활동이 고조되었을 때 천도교인이 이들의 투쟁 대상이 되었던 것도 이와 관계 있다.[49]

---

48) 『황성신문』, 1906년 3월 16일자.
49) 『천도교창건사』: 앞의 책, p.243 참조. 閔宗植 등의 의병이 각지에 봉기하여

이후 손병희는 시일 예식(侍日禮式)과 수도조목을 재조정하였다. 당시 시일 예식이나 기도·설교·교단조직에서 흔히 도주·교주·장로(長老)·도사(道師)·전도사(傳道師)·전교사(傳教師)·사장(司長)·관장(觀長)·원장(院長)·구장(區長)이라는 용어가 많이 사용되고 있는데 이것은 정치·사회적 조직 체계를 모방한 것으로 표면적으로는 교정분리(教政分離)를 선언했으나 실은 천도교의 활동이 계속 정치·사회운동의 성격을 유지하고 있음을 알 수 있다. 『만세보』와 『천도교월보』의 간행이 바로 그것이다.

수도방법으로 연원제(淵源制)를 실시하였는데 이것은 유교와 불교에서 행해오던 관례를 모방한 것으로 연원의 계통을 잇는 것이다. 그러나 손병희는 연원제를 1921년에 철폐하고 다음과 같이 개혁의 신념을 밝혔다.

> ……吾教의 人乃天의 大旨는 五萬年이 終토록 一日과 같을지나 時宣에 의하야 教의 제도는 屢變하리니 십년에 小一變하고 백년에 中一變하고 천년에 大一變하야 항상 新面目을 가춤이 可하니라.[50]

정치·사회 개혁뿐만 아니라 시대적 요구에 부응하려면 종교의 의식이나 조직·교리도 개혁해야 한다는 것을 시사하고 있다. 신종교(新宗教)로서 면모를 일신하기 위한 의지의 표현이었다. 사실 연원제는 폐단이 많았었다. 포교의 방편으로 만든 제도이기는 하나 본래의 뜻과는 달리 제각기 분파를 형성하여 반목과 질시·분열의 폐해가 컸기 때문이다.[51]

종교의식으로 말하면 최제우가 동학을 창도할 무렵부터 있었던 것이나 당시까지도 확정된 규칙이 없었다. 단지 입도식(入道式)에서 제단에 제수(祭需)를 갖추어 놓고 청수(淸水)·향(香)을 올린 후 축문을 읽고, 주문을 암송하는 정도여서 산제(山祭)·불공(佛供)·묘제(廟祭)·기제식(己祭

동학도 수천 명을 살해할 정도로 민심이 격앙되었다.

50) 위의 책, p.250.

51) 주 11) 참조.

式)과 다를 바가 없었다. 최시형에 이르러 향아설위(向我設位)의 설법으로 일대 개혁을 시도했으나 손병희에 이를 때까지 향벽설위(向壁設位)의 의식이 그대로 존속되었고 음식이나 과실의 제전(祭奠)을 폐지하고 청수한 그릇 놓는 것만 달라졌을 뿐이었다. 손병희는 최시형 당시의 이러한 의식을 그대로 답습하였던 것이다.

수도조목으로 오관(五款 : 呪文, 淸水, 侍日, 誠米, 祈禱)을 정하였는데 그 중에서 특이한 것은 성미법의 실현이라 할 수 있다. 천도교가 일진회와 분리된 이후 가장 어려웠던 것이 경제적 궁핍이었다. 교단 경비가 부족해진 것은 차치하고라도 외채(外債)의 독촉에 몰려 거의 자멸 상태에 빠졌다. 그리하여 재원 조달 방법을 논의한 결과 네 가지 안이 제기되었다. 첫째는 양한묵의 주장으로 일진회에 빼앗긴 재산을 되찾자는 것이고, 둘째는 권동진·오세창의 안으로 교인들에게서 의연금을 걷자는 것이고, 셋째는 교인 1호(戶)마다 매일 10전씩 걷자는 황학도(黃學道)의 안이며, 넷째는 교인 1인당 매일 취반시(炊飯時)에 일시미씩(一匙米式) 모았다가 바치게 하자는 오지영(吳知泳)의 제안이다.[52] 결국 오지영의 일시미안(一匙米案)을 채택하였는데 결과는 성공적이었다. 1911년에 총독부의 탄압정책으로 성미(誠米) 염출마저 금지되어 한때 어려움이 있었으나 교도의 자발적인 특별 의연금 헌납으로 위기를 극복하였고, 1914년 3월에 무기명 성미제가 실시되어 교회 재정을 무난히 확보할 수 있었다. 그리하여 언론 활동과 학교 교육에 재정 지원을 할 수 있었고, 3·1운동 당시에 운동자금 일체를 천도교에서 부담할 수 있었던 것이다.

또 향벽설위의 의식은 그대로 지속하되 제수품으로 청수일기(淸水一器)만을 강조하였는데 이것은 나름대로 근거가 있다. 1900년에 도인(道人)들에게 발표한 수도(修道)에 관한 통문(通文)에서 그 필요성이 이미 거론되었었다.[53] 천지만물의 근원이 용담수(龍潭水)라고 하는 이치에 근거하여

---

52) 오지영, 『동학사』 : 앞의 책, p.559 참조.
53) 『천도교창건사』 : 앞의 책, pp.204~205.

청수의 원리를 청강(淸江)·사해(四海)로 확대 비유하여 설명함으로써 제수의 표준물(標準物)로 청수 한 그릇을 강조하였다.

교도에 대한 교화사업도 손병희가 최시형의 뒤를 계승하면서부터 시작되었다. 그는 이미 1899년의 설법에서 다음과 같이 신앙생활의 자세와 중요성을 주지시켰다.

> 사람이 만일 자식이 自然한 理氣 가운데서 生함을 안다면 누가 天主를 공경하지 안으며 누가 천주를 사모하지 아니하리오……一動一靜을 自行自知하는 고로 我는 知하되 天은 不知하며 밭 갈고 종자를 뿌리여 제 힘 드려 먹는 고로 自力인줄만 思하고 天恩은 不知하나니 어찌 민망치 안으며 어찌 두렵지 안으리오……우리 大先生께서 비로소 無極大道大德의 근본 원리와 接靈降話의 이치를 刱明하엿는 고로 開闢初 天皇氏의 始刱之運이라 하나니 의심하지 말고 의심하지 말라.54)

갑오동학운동 이후 의기가 침체되어 있던 동학교도의 신앙 태도를 계도하는 중에 경천(敬天)과 식고(食告)의 뜻을 설명하고 철저히 실천할 것을 종용하고 있다. 이후 그는 일본에 가 있는 동안 세계문명의 발달과 아시아를 둘러싼 제국주의 열강의 대립 속에서 생존을 위한 민족적 자구책은 오직 의식개혁뿐이라는 것을 깨달은 바 있어 교도에 대한 교화운동의 범위를 확대하여 의·식·주 등 생활 전반에 걸쳐 계몽활동을 하기 시작하였다.

龍潭水流四海源 布德天下之理也 師師相授自在淵源之命敎 五百員道通之理也 豈不銘念哉 方今大運通泰 將欲大道設法 而察其頭領之用道 以先生心法 奉命奉定矣 洗斥塵陋 倍加前日之誠 無至後悔之嘆 書宵顯望 大凡以淸水之源 渾入於淸江 則必無痕於淸江之淸 以混濁之源 渾入於淸江 則非不淸江之受也 不勝淸江之淸德 自不合水性之淡泊矣 噫水無淸濁 本性淡淡而已 靜則淸 動則濁也 水未作於大海 則能不脫於風浪之濁亂 人不成於大道 則能不斥於塵埃之私陋也 望須孝養水性速成大道 以吾聖淸淡和氣 合德似好似好耳

54) 위의 책, pp.197~198.

1901년에는 각별히 언행에 유의할 것을 강조하여 교도에게 다음과 같이 4개의 실천 항목을 정해주기도 하였다.

一. 守心이니 마음을 잠시라도 精脈에 떠나지 말게 할지라 떠나지 안는 바는 日用行事間 이것을 念念不忘하야 三端에 相違케 말 것이며

二. 正氣이니 喜怒哀樂間에 과도히 말라 怒가 過하면 經脈이 不通하고 哀가 過하면 精脈이 不化하고 喜樂이 過하면 散脈이 不調하나니 필시 大該가 有할지라 愼之愼之하라.

三. 飮食調節이니 음식이 過하면 胃에 溢하고 胃에 溢하면 經絡이 不調하야 消食치 못하는 고로 害가 多하니라 人이 食하는 物이 多하되 其中 五穀은 純然한 精氣라 利가 有하고 餘外之物은 利害가 相伴하나 제일 肉類는 害가 多하며 酒類도 또한 多害하니라.

四. 居處淸淨이니 비록 土屋이라도 내외를 朝夕酒掃하고 거처를 정결히 하며 또는 근처에 水를 棄하지 말라. 부패하야 악취가 나면 有害하며 또는 몸을 자조 목욕하라. 몸에 汗塵이 많으면 有害하니라.[55]

인간의 심성이 행동으로 표현되는 것이므로 말이나 행동에 있어서 항상 수심정기(守心正氣)할 것과 음식 조절, 집안 청소 등의 위생관을 계도하였다. 그러나 이용구·송병준이 일진회의 명의로 교도를 오도하고 1905년 11월 17일에 일본의 보호를 원한다는 선언문을 발표하는 등 매국 행위를 자행하는 지경에 이름에 손병희는 이들과의 차별성을 부각시키려는 의도에서 부녀자에 대한 포교와 죄수들 교화에 주력하여 부인전교사(婦人傳敎師) 제도를 제정하는 한편 감옥 설교를 시작하였다.

그리고 각도의 교인들에게 다음과 같은 포고문을 발표하여 이용구 일파의 비행을 비판하고 시천교에 빠져드는 잘못이 없도록 당부하였다.

……이용구 이미 會頭가 됨으로부터 會務를 專橫하고 師訓을 억이였

---

55) 위의 책, pp.208~209.

으며 이용구 그 聯臂를 보되 自家의 固有品과 같이 하야 坐云하면 坐하
고 立云하면 立하야 다만 自心의 所慾을 채울 뿐이오 조곰도 聯臂의 자
유를 許치 아니하엿고 그 聯臂된 자도 또한 그 지휘를 받되 固然과 같이
인정하야 一毫의 자유를 갖지 못하며 또한 一毫의 자유를 질겨하지 않
으니 그 迷昧함이 어찌 이렷틋 하리오. 생각하라 諸君이 처음 入敎할 때
에 이용구의 私愛를 위하엿든가 천도교의 公愛를 위하엿든가……師門
에 없는 법을 혼자 앉어 지어내니 이는 역시 亂道者요. 師丈 못한 次第
道法 저 혼자 알엇으니 이는 또한 亂法者라 하엿으니 어찌 금일에 이용
구로써 먼저 亂道亂法에 犯하고 또한 各區長이 亂道亂法에 좇을 줄을
알엇으리오……이제 겨우 俗謗을 脫하고 敎體를 일움에 밎어 저 또한
岐路로 橫馳하니 先生 在天의 靈이 그를 吾徒라 이르랴 아니하랴 痛哉
痛哉라 唯我敎友는 試思할지어다.[56]

일진회 명의로 결의문을 발표한 이용구를 난도자(亂道者)·난법자(亂
法者)로 규정하고 그가 연비제(聯臂制)를 최대한으로 악용하여 천도교인
을 시천교에 유치하는 행위를 지탄하는 한편 교인들이 이에 미혹되지 않도
록 일깨웠다. 여기서 연비라고 하는 것은 접주제를 개설하면서 시행되어
온 관례로서 동학에 교인을 입도시킨 전도인을 천주(薦主)라 하고 입도한
교인을 피천인(被薦人)이라 한 데서 연유한 것이다. 이 때 피천인이 곧 연
비인 것이다.

이 연비제는 인원이나 계열에 확실한 제한이 없었으나 천주와 피천인
즉 전도인과 교인의 관계는 연비제의 유기적 관계이므로 만약 시천교에 천
주가 입교하면 연비와 함께 입교하는 것이 되기 때문에 천도교의 교도 관
리가 어려웠다. 그리하여 천도교대헌 제정 후 1907년에 일명 천주연비제
(薦主聯臂制)라 칭하는 연비제를 폐지하고 각자 자유로이 지도자를 택하
게 하여 뜻이 맞는 사람들로 일단(一團)을 형성하는 연원제(淵源制)를 채
택하였다.

---

56) 위의 책, pp.235~236.

또 천도교도는 교도가 시천교로 유입되는 것을 방지하기 위한 대책으로 천도교령 41호를 『만세보』에 발표하였다.[57]

일진회는 그 전신이 진보회이며 본명이 이만식(李萬植)인 이용구가 갑진년(甲辰年)에 민회를 규합한 데서 연유한 것임을 밝혔다. 따라서 종교와 민회는 별개의 것이므로 천도교인이 민회에 가입하려면 천도교 중앙총부의 허락을 받되 다수 연비의 천주라 해도 일진회에 가입할 때는 개인의 자격이라는 것을 주지시켰다. 즉 교인이 민회에 가입하는 자체가 교령을 위반하는 것임을 강조하였다.

이 무렵 손병희는 교리강습소를 서울에 두고 천도교 내의 인재를 모아 교리 연구에 치중하는 한편, 1910년에는 사범강습소(師範講習所)를 설치하여 교인 자제들에게 교리와 과학을 병행하여 교육함으로써 원시적 종교 형태를 완전히 탈피할 수 있었다. 교리 연구 결과 많은 교리서가 출간되었는데 이 때 양한묵의 활약이 가장 컸다. 교리 체계화의 첫 출발이라 할 수 있는 저작으로는 1907년에 지은 「대종정의(大宗正義)」를 들 수 있다.

「대종정의」는 종교의 발전, 오교(吾敎)의 신인시대(神人時代), 오교의

---

57) 『만세보』, 1906년 9월 6일자.
昨日 天道敎 中央總部에서 本敎大道主의 宗令을 地方各敎人의게 公布한 全文이 如左하더라.
宗令 第四十一號
余不侫이 接于師宗하야 敎務是膺일새 考諸眞理하며 酌之時宜하야 定其規制하니 敎政合分이 不一其途라 向自甲辰으로 李萬植이 糾合民會하야 自圖其家國健全하니 是난 自敎入政也오. 今年 一月에 余自○○還하야 設中央總部而執其務하니 雖自度不擧나 宗敎面目이 若將有彰明焉이라 是난 敎而貳於政이니 然而敎與政이 不有界分하야 兩途交架면 公眼所照에 奚所名焉고 自今으로 敎人은 惟敎是宗하야 與民會로 無相混雜이 爲宜어다 惟我宗徒여.
一. 敎人이 入民會者난 其姓名與入會情由를 通知于中央總部함.
一. 有敎職而入民會者난 不許其兼察敎務함.
一. 旣入民會者난 雖多數聯臂之薦主라도 箇人之敎資格뿐 自持함.
一. 敎人이 入民會하야 敎規違戾하난 자난 敎憲에 擬施함.

현명시대(顯明時代), 오교의 신사상시대(新思想時代), 오교의 요지(要旨) 등 5장으로 구성되었는데 여기서 처음으로 동학사상을 '인내천'으로 규정 지었다. 그 외에 대표적인 것으로는 1910년의 「무체법경(無體法經)」이 있는데, 여기서는 성심변(性心辨)·성심신삼단(性心身三端)·십삼관법(十三觀法)을 논하였다. 도의 귀착점을 내[我] 자신에 두고 그 기점을 성천(性天)으로 하여 '인내천'으로 귀결시킴으로써 교리의 철학적 체계화의 극치를 이룬 저술이라 하겠다. 그 외에도 수십 편의 저술 활동이 3·1운동 직전까지 계속 이어졌다.

이 밖에 그의 설법 중 가장 유명한 것은 1912년 4월에 서울에 교리강습소를 설치한 후 각 지방의 천도교 지도자 500인을 선발하여 도장에서 행한 공동전수심법(共同傳授心法)이다. 그 설법의 내용은 대개 인내천·성신쌍전(性身雙全)·교정일치·성령출세설(性靈出世說)·이신환성(以身換性)·규모일치·신앙통일·종교의 정의·무체법설(無體法說)로 요약할 수 있다. 인내천은 최제우의 『동경대전』과 『용담유사』에 있는 모든 사상을 표어로 말한 것인데 손병희가 일본에서 귀국한 이후 십여 년 동안 설법한 내용이 모두 인내천에 관한 것이다.

'성신쌍전'은 보국안민·포덕천하·광제창생의 정신을 추출한 말이다. 보국안민은 신(身)에, 포덕천하는 무극대도의 신종교로서 성(性) 즉 도(道)에 속한다고 하였다. 본래 물(物)과 심(心)은 지기(至氣)인 '한울'인데 다만 '한울'의 발현 작용상(發顯作用上) 달리 나타날 뿐이라는 것이다. 이 물심(物心) 두 가지를 모두 섭리하고 수행하는 것을 성신쌍전이라 하며, 물(物)은 신(身)으로, 심(心)은 성(性)으로 구분할 수 있다고 하였다. 이러한 성신쌍전의 이치에 의하여 일상생활에서 정치와 도덕을 함께 생각하는 교정일치(敎政一致)의 논리를 제기할 수 있었다. 인내천 생활에서 제도화하는 것은 정치가 되고 교화하는 것은 종교가 된다고 하여 천도교의 정치·사회 활동을 합리화하였다. 결국 정신적 교화와 물질적 제도 양자의 병행을 강조한 것이다.

'성령출세설'은 최제우와 손병희의 육신은 비록 다르다 할지라도 그 법신(法身)에 있어서는 오심즉여심(吾心卽汝心)의 경지에 있다고 하여 인간의 정력(精力)이 후대인(後代人)에게 통하여 영구 불멸하고 또 장생한다는 것이다. '이신환성'은 생명으로써 사상을 바꾸라는 뜻이다. 인내천사상의 논증이 활발해진 것은 1910년대로서 '인내천'에 관한 논증과 「무체법설」은 다음 4장에서 거론키로 하겠다.

2) 민지 계발사업

1900년대의 개화운동은 정치적 문제를 제외하면 대부분이 대중을 상대로 한 계몽활동이었다. 천도교에서 추진한 민지(民智) 계발사업(啓發事業)은 대략 교육사업, 언론·출판사업, 민족의식 고취의 3가지로 요약해 볼 수 있다. 갑진혁신운동 당시 흰 옷을 물들여 입게 한다든지 상투를 자르게 하고 간편한 양복을 입게 하여 근면·자조·협동 정신을 진작시키려 한 것이나, 손병희가 일본에 체류하는 동안 내외 정세 변화 추이에 유의하여 국내의 교도 중에서 유능한 청년들을 선발하여 일본에 유학시킨 일이 모두 이러한 맥락에서 생각할 수 있는 것들이다.

손병희는 특히 민족의 자립정신을 기르고 개화를 촉진시키는 가장 최우선책이 근대적 학교 교육이라고 믿었다. 그러나 학교 설립과 같은 본격적 교육사업을 전개하기에는 상당한 준비기간이 필요하였기 때문에 권동진·오세창·조의연(趙義淵)·이진호(李軫鎬)·조의문(趙義聞)·박영효 등과 교류하면서 일본에 유학생을 파견하는 일부터 시작하였다. 1902년 3월에 제1차로 24명, 1904년 3월에 제2차로 40명을 파견하여 도합 64명의 유학생을 일본에 보냈다.58)

당시 천도교에서 파견한 일본 유학생 중에서 뒤에 신문화운동을 이끈

---

58) 백세명, 「갑진혁신운동과 동학」, 『한국사상』 6, 1963, p.78 참조.

인물로 이광수·정광조(鄭光朝)·박종경(朴宗卿)·이관영(李寬永)·서윤경(徐允京)·백종흡(白宗洽) 등 10여 명이 있다.59) 손병희의 교육에 대한 관심은 지대하여 기회가 있을 때마다 일본의 근대화 과정을 소개하여 학교교육의 중요성을 강조하였다. 근대교육의 진흥으로 민지(民智)를 계발하고 기술을 습득하여 민족의 생활 기반을 확고히 함으로써 민족 역량을 함양해야 한다는 것이다.

이러한 그의 교육 열의에 대한 당시 사회적 반응은 대개 긍정적이었다. 그가 일본에서 귀국한 지 얼마 안 되었을 때 『황성신문』 논설에서 다음과 같이 그의 교육 열의에 기대를 표한 것을 보아도 보아 어느 정도였는지 알 수 있다.

笑笑居士 孫秉熙氏는 以天道教主로 今爲標榜하니 其教旨之如何는 吾輩之未能詳知어니와 第其爲之는 卽英豪卓犖之士也라 嘗見其所著 '準備時代'一書 則洞觀我韓時勢하고 參酌內外形便하여 準備今日之先務 而著述者也니 則地方自治之規模야라 獲讀其書하고 未嘗不三復興歎이러니 又其在日本也에 凡我國人士之遊學日本者 類多絀於學費하여 不能就學者를 一切捐金措辦하여 爲資其留學之費 而使之就學케 하니 賴此而得成就學業者 前後凡百餘人이라 由是로 日本之人이 亦高其義 而慕其風하여 皆藉藉稱誦이러라. 居留日本者 十餘年이다가 本月初에 始撤家歸國하니 國人이 皆注目而竦而하여 未知其主意之何居하더니 近聞則 氏가 慨然於國人之愚昧하여 專以開發民智之主義로 京城及各地方에 毌論鄕村하고 將廣設學校하여 獎勵教育할 터인데 爲先 設立學校가 治至數百餘所라 하니 吾輩는 不勝感賀讚頌이로다.60)

손병희가 일본에서 국내 정세를 통찰하고 내외 형편을 참작해서 유학생

---

59) 이현희, 「갑진혁신운동의 민중사적 위치」(상) 『신인간』 431호, 1985, p.66 참조.

60) 『황성신문』, 1906년 2월 14일자.

을 양성했다는 그의 전력과, 귀국함에 이르러 그의 교육 열의가 지방 향촌에까지 미칠 것을 희망적으로 기대하고 있음을 알 수 있다. 교육사업이 실제로 시작된 것은 이 때부터였다.61) 그러나 아직은 학교 설립 같은 본격적 사업은 아니었으며 기존의 사립학교에 보조금을 지불하는 정도였다. 당시 사립학교는 거의 무상 교육을 실시하고 있어서 교재의 무상 공급이나 교원 봉급 지불에 극심한 재정난을 겪고 있었다.

이에 천도교계는 이후 서울에 중앙총부를 설립한 후 1906년 3월에 보성학교(普成學校)에 80원, 합동소학교(合同小學校)에 40원, 흥화학교(興化學校)와 광명학교(光明學校)에 각각 30원, 석촌동소학교(石村洞小學校)에 15원을 보조하는 등 각급 사립학교 23개교에 20원부터 80원에 이르는 보조금을 형편에 따라 지급하였다. 그러나 일진회 추종자 62인을 출교 처분한 다음 이러한 보조사업은 중단되고 말았다. 교단 자체가 재정난에 봉착했기 때문이다.

이후 1910년대에 성미제의 성공으로 재정적 기반을 구축함으로써 교육사업을 다시 시작할 수 있었으나 이즈음에는 방법을 달리할 수밖에 없었다. 왜냐하면 일제는 을사늑약을 체결한 후 1908년 9월에 사립학교령을 선포케 하여 사학에 대하여 관권을 개입하기 시작하였고,62) 조선 강점 후에는 1911년 8월에 조선교육령, 10월에 사립학교령, 1915년에 개정사립학교 규칙을 차례로 제정·발표하여 민족사학에 대한 탄압을 더욱 강화하였다. 이에 천도교측은 교육사업의 방향을 기존 학교를 인수 경영하는 형태로 전환하지 않을 수 없었다. 손병희가 교육사업에 본격적으로 착수한 것은 1910년대로서 천도교에서 보성학교와 동덕여학교(同德女學校)를 인수한 것이 그 대표적 사례다.

보성학원(普成學園)의 경우 본래 구한국의 내장원경(內藏院卿)이던 이

---

61) 최철극, 「천도교의 근대화 운동」(하)『신인간』311, 1973, pp.84~85 참조.
62)『舊韓國官報』제4165호, 1908년 9월 1일자, 아세아문화사, 1974, 勅令 제62호, 私立學校令.

용익(李容翊)이 1905년에 설립한 전문학교, 중학교, 소학교의 3교를 총칭하는 것인데 1907년에 이종호(李鍾浩)에게 경영권이 넘어간 후 경영난을 겪기 시작하였다. 이에 1910년 12월 21일에 천도교측은 채무 청산조로 8,000원을 지불하고 학교측으로부터 경영권을 정식으로 인계받았다. 학원 설립자로 대도주(大都主) 박인호(朴寅浩)를, 전문학교 교장으로 윤익선(尹益善)을, 중학교 교장으로 최린(崔麟)을 임명하여 종전 방침대로 학교를 운영하되 민족의식 고양의 이념 실현에 주력하였다.63)

이 외에도 서울의 문창보통학교(文昌普通學校), 대구의 교남학교(嶠南學校), 일신보통학교(日新普通學校)와 청주의 종학학교(宗學學校) 등 7, 8개 교에 직접 관여하는 한편 각계 각층의 인재를 천도교로 영입하는 일을 과감하게 전개하였다. 그의 민족사상이 인재육성으로 구체화되었던 것이다. 그리하여 오세창, 권동진, 이종일(李鍾一), 최린 등 지도급 인사가 손병희와의 인연으로 속속 천도교에 입교하게 되었다. 그 결과 유족한 자금과 뛰어난 인재 확보로 천도교는 민족적·대중적 종교인 동시에 지성인의 단체로서 불교나 기독교보다 독립운동에 있어서 선구적 입장에 있을 수 있었다.

천도교의 교육사업과 관련하여 빼놓을 수 없는 것은 언론·출판 사업이다. 출판기관으로는 보성사(普成社)가 있으며 언론지로는 『만세보』와 『천도교월보』를 들 수 있다. 손병희는 일본에 있는 동안 장래 조선의 자주독립을 위한 민족교육적 입장에서 민지계발과 문명개화의 원동력이 도서출판에 있음을 느꼈기 때문에 귀국할 때 인쇄기와 활자를 구입하여 왔다. 그리하여 1906년 5월에 보성관(普成館)을 설치하여 천도교 교과서 36,000부를 인쇄하였으나 곧 말썽이 생겨서 법정의 송사로 번졌다.

1910년 초에 천도교 직속의 인쇄소로 창신사(彰新社)를 설치하여 우선 천도교 기관지인 『천도교월보』를 간행하였다. 그러던 중 보성학원의 경영권 일체를 인수함에 따라 이 학교에 소속되어 있던 보성사와 종전의 창신

---

63) 義菴孫秉熙先生記念事業會, 『義菴孫秉熙先生傳記』, 1967, p.291 참조.

사를 합병하여 보성사로 명명하고 시설과 인원을 더욱 확충하여 본격적으로 인쇄업계에 진출하였다. 보성사는 『천도교월보』 외에도 각종 교리 서적, 학교 교과서 및 일반 교양물 일체를 취급하였다.

『만세보』는 천도교의 기관지로서 1906년 6월 17일에 창간호를 발행한 후 1907년 6월 29일 폐간될 때까지 293호를 발간하여 일간신문으로는 단명했다고 할 수 있으나 1년 남짓한 기간 동안 사회에 미친 영향은 대단히 크다. 오세창을 사장으로 하고 발행인 겸 편집인에 신광희, 총무 겸 주필은 이인직으로 하였고, 손병희·권동진이 운영에 깊이 관여하였다. 주목할 것은 문장을 국한문으로 혼용하되 한문에는 반드시 한글로 토를 달아 명실공히 대중 계도를 위한 신문임을 증명하였던 것이다.

게재 항목은 사설·관보(官報)·외보(外報)·논설·해외전보·신보(新報)·소설·일기예보·각지론(各紙論)·삼한고사(三韓故事)·광고 등이었다. 또 1907년 3월 7일부터는 여성 독자를 위한 한글 전용 기사도 실었다. 신소설 『백옥신년(白屋新年)』, 『혈(血)의 누(淚)』, 『귀(鬼)의 성(聲)』이 모두 이 『만세보』에 연재된 소설들이다. 『만세보』는 천도교 기관지로서의 역할을 수행하고 있었지만 공명 정대한 논술과 신속 정확한 보도를 위주로 하는 신문 본래의 의무와 책임·역할에서 그 본분을 다했다고 할 수 있다. 『만세보』는 애국계몽운동이 활동 목표라는 것을 창간호 사설에서 명시하였다.64)

---

64) 『만세보』, 1906년 6월 17일자.
　　萬歲報라 名稱한 신문은 何를 위하야 作함이뇨. 我 한국인민의 지식계발키를 위하야 作함이라……環球萬邦에 유통하는 근세풍조가 인민의 지식계발하기랄 제일주의로 인정하야 신문사를 廣設하고……신문의 효력으로 言할진대 개인의 지식만 계발할 뿐 아니라 一則 國際의 관계와 정치의 만회와 甚至 전쟁을 激成하며 평화를 회복하난 일 기관이오. 二則 善을 彰하며 惡을 懲하고 上化가 下에 浹하며 下恫이 上에 達케 하며 加之生活上步趣와 개화적계급이 各히 개인의 품성 자격을 隨하야 水의 漸漬함과 如히 전국을 開導誘拔하는 一槖鑰이니 생존경쟁의 시대를 遭遇하야 신문사회의 다수 興旺함이 역시 인민을 警省하는 處處遵人의 一木鐸이라 謂할지로다. 嗚呼라

즉 '인민의 지식계발'을 전제한 다음 작게는 국제적 생존경쟁이 치열한 시대에 처하여 '장래 노예기반(奴隷羈絆)을 탈(脫)하여' 희생과 탄압의 굴레를 벗어나기 위한 것과, 크게는 '국가와 인민의 실력을 양성하여' 국위를 선양하고 국권을 회복하는 것을 목표로 들었다. 또한 문명개화의 방법으로 위로부터의 개화와 하의상달(下意上達)을 제시하였다. 더 나아가 개화당이 집권하여 국정개혁을 주도할 것을 구체적으로 논하기도 하였다.[65]

민족의식 고취에 대한 의지는 신문 제1면 상단에 정치에 관한 논문이 기재되면서 본격화되었다. 「준비시대」(1906년 8월 9일, 38호~9월 18일, 70호)라는 제목으로 향촌 자치를 강조하는 내용이 연재된 것을 효시로 계속해서 「국가학」의 논제로 1부 국가전체편, 2부 입법편(立法編), 3부 원수편(元首編), 4부 행편(行編)으로 나누어 11월 22일(124호)까지 54회에 걸쳐 상세히 기술함으로써 정치 일반에 대한 상식을 계도하였다. 12월 15일(143호)부터 중국 상해의 모일간신문에 실린 논설 「논부강문명지오대제기(論富强文明之五大制器)」를 8회에 걸쳐 연재하였고, 12월 25일(151호)부터는 「정치관념과 정체발전(政體發展)」이란 명제로 16회에 걸쳐 연재했는데 이것은 일본학자 시라카와 지로(白河次郎)·고쿠부 다네노리(國府種德)의 공저인 『지나문명사(支那文明史)』를 요약한 것이다.

이와 같이 사설이나 논설 이외에 대중의 정치의식 고취를 위하여 특별

我韓의 現今 시대는 과연 여하한 시대라 稱하리오……전국 이천만동포의 腦髓를 一朝에 劈開하고 문명한 신공기를 醍醐와 如히 灌注하야도 其不足함을 유감됨으로 생각할 시대이라. 吾儕는 如此한 시대에 인민교육의 대표하는 의무로 巨款을 소비하야 신보사를 설립하고 精利한 기계활자를 준비하며 신구학문에 嫺熟한 기자랄 延聘하야 공명정대한 논술과 확정 신속한 보도를 일층 주의하야 本月十七日 日曜에 第一號를 發刊하니 此는 我韓人民 敎育的으로 瓶設한 萬歲報이라……장래 노예 羈絆을 脫하며 犧牲慘毒을 免할 일 지침은 지식계발에 在하고 지식계발은 신문에 在한 줄로 사상하면 吾儕의 刱한 만세보가 大韓皇城에 간행하는 신문중 일 지침됨을 覺得할 것이오…….

65) 『만세보』, 1906년 7월 3일자 참조.

히 지면을 할애하였다. 이 난에 실은 논문 중에서 유독 일본 유학생 조용은의 논문 「녹림시대(綠林時代)를 탄(嘆)함」(1907년 6월 2일, 272호~6월 5일, 274호)은 시국에 관한 것으로 그 호소력은 당시 민족 전체에 경각심을 일으키기에 충분하였다. 그 내용을 일부 소개하면 다음과 같다.

……盖自百年以來로 戰捷餘威로 完視天下하야 兩目을 猛張하고 사방을 回顧하니 임의 英法 양국이 先鞭을 着한지라……선교사를 利導하야 개인의 傳道로 藉口하고 或該國의 病痼를 際하야 치료한다 보호한다 稱托하다가 주권과 軍權을 手腕에 ○收하나니 此道로 取한 바 영토난 一曰 東京, 二曰 安南, 三曰 東蒲塞, 四曰 交趾支那, 五曰 廣州灣, 六曰 南亞弗利加의 북부니 此난 佛蘭西의 종교상 수단이오.66)

……所謂 列國은 衝天의 위세를 暴逞하야 천만의 비휴와 수백의 艨艟을 海陸으로 幷進하야 不我徒者면 裂其土하며 殺其民하며, 不我順者면 踩其頸하며 ○其腹하야 行號施令에 唱覇○雄者가 多함으로 喪國하고 亡國한 孫이 哀號蒼天에 血淚成雨하니 悲矣慘矣라……引此現象하야 證古綠林하면 大槪 目的은 割人肉하야 充我腹하며 吮人血하야 輔我膚하난 故로 一家의 一時禍亂과 一國의 百年滅亡에 比하야 霄壤의 縣殊가 有할 뿐 아니라 且古昔의 綠林은 饑饉의 餘와 兵禍의 後에 起하나니……67)

……哀我同胞난 古今의 綠林時代를 각오할지어다 전 雨腥風이 천지에 충만하고 虎口狼牙가 山野에 交橫하나니 엇지하면 惟我檀君以來에 聖神의 신체를 具하고 仁義의 성격을 養한 대한민족이 危境死地에 陷入한 秋를 당하야 奮勵극救할 자 其人伊誰오……애통하고 통곡하야 蒼天에 訴하니 蒼天이 夢夢이라 今此 浩劫慘禍는 非天不惠라 綠林이 不惠니 凡百君子난 毋庸虛徐하고 互相怵惕하야 自衛自保하기에 注意할

---

66) 『만세보』, 1907년 6월 2일자.
67) 『만세보』, 1907년 6월 4일자.

지어다.68)

　여기서 녹림(綠林)이라는 것은 일종의 약탈을 의미한다. 녹림의 시원(始源)을 상고시대에 두고 그 이후 계속해서 녹림의 방법이 더욱 확대, 잔악해져 왔다고 하였으며 당시의 세계를 바로 그러한 때로 보았다. 약소국에 대한 열강의 약탈 행위를 실례로 들어 상기시키는 한편 현금의 녹림을 극복하는 것이 조선의 당면한 민족적 과제라는 것을 통절히 주지시킨 내용이다.

　『만세보』에 나타난 정치사상은 단언하면 개화사상에 바탕을 두었다고 하겠다. 손병희의 「삼전론」도 개화사상과 밀접한 관계에 있었으나 그것은 어디까지나 동학의 천도(天道) 사상을 골간으로 한 것인 데 비하여 『만세보』의 정치사상은 기사의 자료선택이나 논조로 보아 개화사상 그 자체였다고 할 수 있다.

　정치적 기사 내용을 분석해 보면 천도교가 일진회 회원을 출교 처분하기 이전(1906년대)과 그 이후(1907년대)의 논조에 차이가 있음을 알 수 있다. 1906년대의 대외 정치관은 대체로 개화한 열강에 대하여 긍정적으로 인식하는 경향이 있다. 특히 제국주의 국가에 대한 이해가 모호하다. 일반적으로 제국주의 국가에 대하여 외교적인 면에서 지나치게 신뢰하는 입장을 취하고 만국 공존의 자세를 지향하고 있는 것을 짐작할 수 있다. 이러한 경향은 다음의 논설에서 엿볼 수 있다.

　我韓은 大陸의 半島라 比컨대 巨人이 一腕을 伸함과 如하고 日本은 其地形이 甚長하야 北의 千島에 起하야 南의 臺灣에 在하얏스니……其形이 長蛇의 蜒蜿함과 如하니 假使 我國으로 富强에 先進하얏더면 日本은 其○腹이 巖石에 觸當함과 如하야 首尾가 應키 難하며 手足을 措키 不能할지라 반다시 我韓에 대하야 卑辭厚禮하야 交鄰의 誼를 先修

---

68) 『만세보』, 1907년 6월 5일자.

하얏슬 것이어늘 不幸히 此를 不得하고 日本이 富强에 先進하얏는지라 其地勢를 觀하고 國力을 論할진대 長蛇蜒蜿하는 傍에 一蛙가 病脚을 未振함과 여한지라.……今에 萬國의 文明이 地球上에 輝를 爭하야 公法을 無視치 못하며 約條를 敢違치 못함으로 我國이 强者의 倂呑을 幸免하얏스니 此는 今世文明에 對하야 萬歲를 呼하고 謝치 아니함이 不可하도다. ○에 日淸日露의 兩次開戰時에 日本이 我韓의 獨立維持를 宣布하얏으니 願하건대 今日 形勢가 日本이 萬國에 對하야 食言키는 不能할지라 然則 我國은 맛당히 彼의 保護力을 利用하야 孜孜히 國家 實力을 養하야 後日의 自强力을 得하면 彼保護하던 者는 反動의 力으로 自退할 것이라 我韓도 小國이오 日本도 또한 小國이라 脣齒의 勢는 何年代를 不論하고 相離함이 不可하도다 彼英米德法은 其位置와 關係가 我國에 對하야 第二에 在하거니와 淸과 露는 我에 接近한 關係가 有한지라……然함으로 我國이 日淸의 交誼를 失함이 不可함은 三尺童子도 可히 知할 바라 故로 日我國이 外隙을 勿生하며 内政을 自修하야 國의 實力을 養함이 最上策이라 하노라.[69]

현대는 개화된 세계 열강이 국제법인 만국공법을 준수하여 국가 간에 체결된 조약을 위반하지 않는 시대이므로 조선은 병탄을 면할 수 있다고 하였다. 그런가 하면 조선에 대한 열강의 개입 정도를 비교적 정확하게 분석하고 있다. 영·미·독·불은 지리적으로 멀리 떨어져 있어서 그리 염려할 것은 못 되지만 러시아·청은 국경이 인접해 있어서 언젠가는 다시 크게 침투해올 것이므로 이들 양국과 교의(交誼)를 지켜야 한다는 것이다.

특히 일본은 청일전쟁, 러일전쟁시에 조선의 독립을 인정했으니 일단은 믿고 일제의 보호를 역이용함으로써 실력 배양에 힘쓰자고 하여 한일관계를 순치(脣齒)의 관계로 보았다. 이러한 세계관은 최제우가 서구 침입에 대한 위기의식에서 조선과 중국의 관계를 순망지환(脣亡之患)으로 표현했던 것과 그 성격에 있어서 다를 바가 없다. 대상이 일본으로 바뀌었을 뿐

---

69) 『만세보』, 1906년 6월 29일자.

이다. 그렇다면 1880년대의 친일적 개화파보다 오히려 민족의식에 있어서 후퇴한 경향이 있다.

그러나 이 논설을 발표할 당시는 아직도 이용구를 출교 처분(1906. 9. 17)하지 않았던 때로서 그들을 회유하기 위하여 모든 방법을 동원하던 천도교계의 사정을 감안한다면 이러한 논조의 기사는 어느 정도 고려할 수 있지 않을까? 한반도를 거인이 일완(一腕)을 뻗친 것에, 일본을 장사(長蛇)에 비교하여 지세로 볼 때 조선이 일본보다 우위에 있다고 함으로써 상징적 표현으로나마 자주의식을 고취한 사실에서 이를 감지할 수 있다.

이러한 대외관은 의병(義兵)의 항쟁을 부정적으로 평가한 다음의 기사에서도 찾아볼 수 있다.

洪州의 砲烟이 熄하고 泰仁의 匪魁가 縛에 就하니 其兵은 烏合의 愚氓이오. 其將은 時務를 不識하는 崔益鉉이라. 旰라 偏見의 士林을 煽動하야 誤路에 指導하고 無罪한 人民을 誘聚하야 死地에 驅入하니 義의 名은 一時日實에 歸하고 亂의 萌은 目下影響이 何에 至할지 於是 平朝廷이 不安하고 國際에 惡感情을 胚胎하니……故로 小國에 兵亂이 一起하면 利는 强國에 歸하고 禍는 弱國이 受하나니 試思어다 假使 今日의 崔氏로 하여금 孫吳用兵의 才가 有할지라도 我國의 財源과 我國民의 團體力으로써 世界의 强國과 戰爭을 起하야 數三年 繼續한 能力이 無함은 天下萬國이 共知하는 바라 今에 義兵이 洪州全域을 據하야 大砲와 小銃의 諸般 武器를 持하고 四五百兵衆을 擁하얏스나 日兵一中隊의 攻城을 遭하야 一卵의 上에 磐石을 加함과 갓치 手를 束하고 縛을 被하얏스니……70)

……今에 我國朝野의 幾個縉紳이 井蛙의 眼으로 全局을 未見하고 螳螂의 斧로 傾車의 轍을 拒하니 其所謂義兵의 敗는 可히 論할 것 업거니와 국민의 정신을 眩亂케 하야 進步主義가 此를 因하야 더욱 緩晩하리로다. 蔽一言하고 국가의 罪人이라 三尺이 自在하니 王章의 誅를

---

70) 『만세보』, 1906년 6월 28일자.

不免할 것이니 吾人은 其愚頑을 加論치 아니 하노라.71)

6월 28일자 논설은 최익현을 지목하여 한 말이다. 의병을 일으켜 항일투쟁을 하는 것은 명분에 그칠 뿐 현실적으로는 불가능한 것이 분명한 만큼 항쟁을 계속하여 대중을 사지에 몰아넣는 것은 현실을 외면한 무모한 행동이라는 것이다. 오히려 결과적으로 국내 불안과 국제 간의 대립만 조장할 뿐 약소국에서 전쟁이 유발될 때는 강대국만 이득을 보게 된다고 하였다.

또 6월 29일자 기사에서 의병 활동의 패배를 들어 그들을 국가의 죄인이라고까지 혹평하고 조선의 개화 발전에 방해가 된다고 하여 유림들의 정치관을 근시안적 세계관으로 매도하였다. 이것은 이상보다는 실리추구를 앞세워야 한다는 실학자들과 개화론자들의 현실 인식과 유관한 것이라 하겠으나 그 이면에 계속 누적되어온 정서적 대립도 작용했을 것으로 생각할 수 있다. 동학 창도 이후 시종일관 비도(匪徒)로 몰아붙여 정부의 동학 탄압을 선동·유도해온 사회계층이 이들 위정척사론자들인 유림들이라고 할 때 국권수호라는 입장에서는 비록 뜻이 같다고 해도 사회 인식에 있어서는 철저히 보수적이었던 그들의 승산 없는 항쟁을 최선의 방법으로 볼 수는 없었을 것이다. 거기다가 그 무렵 천도교는 친일집단으로 오도되고 있던 처지였기 때문에 그들의 이른바 개량적 개화사상을 논리적으로 합리화할 필요가 있었던 것이다.

이와 같이 『만세보』의 논조는 민족적 당면 과제가 청·일과 평화적 외교 관계를 유지함으로써 국제적 분쟁을 억제하는 한편, 대내적으로 내정 개혁을 단행하여 국가의 실력을 양성해야 한다는 방향으로 일관하였다. 폭력에 의한 투쟁보다는 민지 계발에 의한 비폭력적 민족운동을 방법론으로 제시하였다.

그러나 1907년대부터 정치적 대외관보다 국권회복이라는 현실적인 국내 문제에 초점을 맞추는 경향을 보인다. 국채보상운동(國債報償運動)을

---

71) 『만세보』, 1906년 6월 29일자.

홍보·지원한 사실을 그 사례로 들 수 있다. 대구의 서상돈(徐相敦) 등이 의연금 모집운동을 발기했다는 것과 이에 호응·참여한 인사들의 명단과 모금 액수까지 상세히 보도하는 등 열의를 보였던 것이다.72) 또한 국채보상 의연금 모금이 부진한 이유를 자본가와 사회 저명인사들의 비협조 때문이라 하여 그들의 애국심 부족을 질책하는 한편73) 국채보상운동의 근황을 소개하는 중에 활동의 열기에 비하여 그 실적이 이에 상응하지 못한 것은 경향 각지에서 저마다 국채보상단체를 결성하였기 때문이라 하였다. 그리하여 이 운동의 일원적(一元的) 통합을 제의하는 등74) 기회 있을 때마다 이 문제를 기사화하였다.

이러한 정치의식의 변화는 거의 폐간할 무렵인 1907년 6월 2일부터 연 3회에 걸쳐 게재한 「녹림시대를 탄함」이라는 논설에서 최고조에 이르렀다. 즉 외세에 의존하는 개화운동의 방향이 민족 자강·자존의 방향으로 전환되었던 것이다.

『만세보』의 정치의식은 외교정책에 대한 관심 못지않게 내정개혁에서 적극성을 보였다. 오히려 개화운동의 주요한 과제가 이 문제가 아닌가 한다. 1907년 5월 9일부터 「하진이상퇴(下進而上退)」라는 명제로 2회에 걸쳐 게재한 예리한 필치에서 이를 엿볼 수 있다. 당시 조선의 현실상을 '하진이상퇴'라고 표현한 것이다. '하진(下進)'이라는 것은 국내 일반 대중의 민지(民智)는 이미 진보하였다는 뜻이다. 그 예로 경향 각지에서 일고 있는 교육열 즉 사립학교의 건립, 여성교육의 활성화, 부인의 사회 활동 참여, 국채보상운동의 대중운동화, 학문연구의 진보 발전 및 정당·학회 설

---

72) 『만세보』, 1907년 2월 28일자 참조.
73) 『만세보』, 1907년 4월 11일자 참조.
74) 『만세보』, 1907년 4월 13일자. 당시 발기했던 국채보상을 위한 단체를 예로 들면, 普成舘 내에 '국채보상연합회의소', 대한매일신보사 내에 '국채보상지원금총합소', 自强會舘 내에 '국채보상연합회의소', 紙廛都家 내에 '中央義務社'가 있고 普成舘期成會에서 각 발기소를 연합할 계획을 처음 갖기 시작하였다.

립, 월보나 잡지·회보 등 언론 출판 활동의 일반화를 들어 이러한 점이 바로 '하보(下步)의 점진(漸進)'이라고 하였다.[75] 즉 대중의식은 향상되었다는 뜻이다.

그러나 위정자들은 이에 따르지 못하고 오히려 역행한다고 하여 '상퇴(上退)'라 하였다. 중앙정부의 행정적 무능력과 관료적 정치성, 조정대신의 권력 남용, 하부관리의 무사안일주의, 지방관의 탐학, 지방 치안의 마비, 세관(稅官)의 부정 횡령 및 사법관(司法官)의 국법 남용을 들어 '상보점퇴(上步漸退)'라는 말로 정치의 후진성을 비판하였다.[76] 따라서 이러한 주장은 조선사회의 문명이 점진[77]하고 있는 데 비하여 당시의 봉건적 사회체제는 낙후성을 면치 못했다는 것이다. 따라서 내정개혁은 민(民)의 입장에서 정부를 독려함으로써만 가능하다는 논리로까지 이끌었다.

전통적 신분제도에 대하여 보여준 부정적 태도는 다음과 같다.

……政黨社會와 平民社會가 本是 一種民族社會의 區別한 人物이언마는 其十分迥殊한 情態를 論할지면 涇渭의 淸濁이 同流키 難하며 ○유의 香臭가 同器키 不堪함과 如한 者라 政黨社會는 何如한 人物이뇨 老論少論南人小北이라 하는 華奕한 閥閱을 藉賴하고 政丞判書翰林閣臣이라는 榮耀한 官爵을 倉氏庫氏로 世世承襲하야 天을 흔하며 日을 動하고 威福은 山을 拔하며 世를 盖하는 勢燄을 掌握 中에 能히 屈하며 能히 伸하는 造化柄을 持有한 兩班이오.[78]

반상의 신분제도는 유독 조선사회에만 존재하는 제도라 하였고, 조선의

---

75) 『만세보』, 1907년 5월 9일자 참조.
76) 『만세보』, 1907년 5월 10일자 참조.
77) 『만세보』, 1907년 3월 30일자 참조. 「문명의 漸進」을 주제로 한 논설에서 계몽운동에 참여하는 종교·사회·교육 단체로 42개 단체를 들어 조선사회의 발전 현황을 소개하였다.
78) 『만세보』, 1906년 6월 30일자.

정당사회는 양반 지배층으로 구성되어 있어서 이들은 민을 권력으로 제압하는 한편 경제적 수탈을 자행하는 악풍을 조장한다고 하였다. 조선사회에서만 볼 수 있는 반상의 신분제도는 역사적으로 청산되어야 한다는 주장이다.

『만세보』는 이처럼 지식인들의 개화운동 일환으로 발행되었기 때문에 사설에 나타나는 교양물에서도 정치 분야를 가장 많이 다루었다. 기사화되는 빈도수가 많은 순서대로 몇 가지를 예로 들면 정치 다음으로 교육·여성·경제·국가관·도덕·위생관이 있다.

『만세보』의 특징을 분석해 보면 대략 3가지로 요약할 수 있다. 첫째로, 대중적 일간지라는 점이다. 당시의 신문에 비해 지면의 크기가 2배이며, 한자에는 한글로 토를 달아 읽기 쉽게 하였다. 둘째로, 내용면에서 신문 연재소설의 신기원을 이룬 것이다. 『만세보』의 주필이었다는 유리한 조건이 작용했다고는 하지만 이인직의 소설은 최초의 연애소설이었다. 셋째로 민족계몽지라는 점이다. 정치기사를 지속적으로 실어 범국민적으로 역사의식을 고취시켰다. 4대 강령의 목적과 상반되는 일진회의 행위를 비판한 것이나[79] 국채보상운동을 적극 후원했던 것이 그 좋은 예이다.

이용구 등의 출교로 인한 재정 곤란으로 결국 378일 만에 폐간되고 말았으나『만세보』의 언론 활동은 개화운동에 국한했던 아쉬움은 있으나 구한말에 민지 계발에 기여한 것은 의심의 여지가 없다. 이후의 개화운동은 소강상태를 이루다가 교회 재정 회복과 교단 재건이 이루어진 1910년대에 『천도교월보』를 통하여 지속되었다. 그러나 기사 내용은 주로 교도를 대상으로 한 것이어서 당시 체계화 작업이 한창이던 교리의 해석과 종교적 도덕심 함양에 관한 것이 대부분이었다.

『천도교월보』의 발행 경위를 보면 1910년 7월 16일 중앙총부에 천도교

---

79) 『만세보』, 8월 26일자에는 「일진회」, 8월 30·31일자에는 「宋秉畯」, 9월 2일자에는 「李容九」, 9월 25일자에는 「천도교와 일진회」라는 명제로 일진회·송병준·이용구의 부당 행위가 천도교와 무관함을 들어 비판하였다.

월보과를 신설하고 김완규를 발행인으로 하여 이 해 8월 15일부로 창간호를 간행하였다. 그러나 『천도교월보』는 출발부터 수난을 당해야 하였다. 한일합방 조인이 발표되자 8월 29일 주간 이교홍(李敎鴻)의 명의로 일본의 한국 침략을 비난하는 성명서를 서울 주재 각국 영사관에 발송하고 성원을 요청한 일이 있다. 이 일이 발각되어 이교홍 등 천도교월보사 간부진이 투옥된 것을 계기로 통권 296호를 발행하는 동안 계속해서 일제의 탄압을 받았던 것이다. 그러나 1937년 6월호를 마지막으로 발행하기까지 『천도교월보』는 천도교의 기관지로서 『만세보』의 대중 계도 활동을 계승하여 간접적으로나마 대중계몽지로서의 역할을 수행하였다.

『천도교월보』의 게재 내용은 천도교인을 대상으로 한 것과 일반 대중 교화를 위한 것으로 양분해 볼 수 있는데 목차는 교문정의(敎門訂議)·교리부(敎理部)·강연(講演)·학술부·기예부·잡조(雜俎)·물가부·중앙 총부 휘보의 순서로 되었다. 학술부에서 연재된 논문이 주로 역사·지리·물리·화학·영농·과수재배 방법·삼림의 효과에 관한 것이었음을 보면 당시 민족계몽에 대한 천도교의 관심이 학술적인 분야에 있었음을 짐작할 수 있다. 참고로 창간호의 목차를 소개하면 다음과 같다.

天道敎會月報 通卷 第1號 1910年 8月 15日
論　說
　　警告傍觀諸君　　　　　　　　　　　　李鍾麟
敎理部
　　大宗發源說　　　　　　　　　　　　　李　瓘
　　本敎歷史　　　　　　　　　　　　　　吳尙俊
　　本敎의 眞理　　　　　　　　　　　　梁漢默
講　演
　　宗敎思想의 自由　　　　　　　　　　朴明善
　　마음으로 다스릴 것(以心治心)　　　　金永倫
　　我　天　　　　　　　　　　　　　　林明洙

　　　淸水의 必要　　　　　　　　　　　　金義鳳
　學術部
　　　義務敎育에 對하야　　　　　　　　　李鍾麟
　　　學必爲己　　　　　　　　　　　　　吳尙俊
　地　理
　　　大韓地理師生　　　　　　　　　　　李光鍾
　　　地文學의 定義　　　　　　　　　　　李敎鴻
　歷　史
　　　東史槪論　　　　　　　　　　　　　元泳義
　物　理
　　　物理學의 定義及目的　　　　　　　　李敎鴻
　經　濟
　　　經濟學의 槪要　　　　　　　　　　　鄭光朝
　　　農壤에 施肥方法　　　　　　　　　　編輯室
　　　果樹嫁接法
　技術部
　　　詞　藥　　　　　　　　　　　　　　鳳山子輯
　　　寄　書
　　　自動心과 被動心의 關係　　　　　　　金泳淳
　　　敎를 不可不信　　　　　　　　　　　全錫禧
　談　叢
　　　家內必知
　　　모란봉(短篇小說)　　　　　　　　　　鳳凰山人
　物價部
　　　內外國貿易額
　　　我國農業의 槪要
　中央總部彙報80)

목차 중에서 주목할 것은 학술부로서 『만세보』와 큰 대조를 이룬다. 정

---

80) 『천도교월보』 1, 1910년 8월 15일자.

치적인 항목은 없고 그 외에 학문의 거의 모든 분야를 취급하고 있다. 1호부터 계속 게재한 학술부의 논문으로 대표적인 것은 「대한지리사생」, 「경제학의 개요」, 「물리학의 정의급목적」이 있다. 「대한지리사생」은 사제 간에 문답식으로 지리학 강령과 천문지리(天文地理)·지문지리(地文地理)·인문지리를 논한 것으로서 3호(1910년 10월)부터 필진이 바뀐 채로 8회가 연재(15호, 1911년 10월까지)되었다. 또 「경제학의 개요」는 1호, 2호까지 연재한 후 다시 16호(1911년 11월)부터 6회에 걸쳐(21호 1912년 4월) 수록되었으며, 「물리학의 정의급목적」은 무려 16회나 연재(1911년 11월까지)되었다. 이로써 1900년대의 개화운동이 정치적 시사성을 지닌 것이었다면, 1910년대의 개화운동은 문화운동쪽으로 방향을 선회하고 있었음을 알 수 있다.

특별한 이유는 없겠으나 25호(1912년 8월)부터 학술부가 제외되었다가 95호(1918년 7월)부터 다시 개설되었는데 이 때의 논문은 「법률경제」(95호~103호), 「심리학강요(心理學綱要)」(97호~102호), 「논리학적의(論理學摘義)」(95호~103호) 등 그 종류가 다양해졌다. 즉 학술 분야가 점차 확대되었다. 그리고 111호(1919년 11월)부터 독자문단(讀者文壇)이 신설되었으며, 116호(1920년 4월) 이후는 아예 항목 구분이 없어지고 교리·학술·문예에 관한 것을 아울러 게재하였다. 점차 목차의 항목이 변화되는 양상으로 보아 개화운동의 대상이 대중에서 상류 지식층으로 전환되었고 질적으로 향상되고 있음을 알 수 있다.

특히 1920년대에는 천도교청년당이 주도하는 신문화운동의 추세에 맞추어 논제가 변하는 경향이 있다. 예를 들면 「자기해방과 인내천주의」(1920), 「종교철학」(1924), 「철학개요」(1927), 「세계종교사」(1927), 「종교와 과학」(1931) 등이 그것이다. 당시 인내천사상의 논증과 개벽사상에 의한 새시대·새인간으로의 세계개조를 제창하던 분위기에 부응한 논제들이다. 특히 종교·철학·과학이 서로 연관되어 언급되고 있는 것이 특징이다.

『천도교월보』의 주요 활동 목표는 개화운동보다 교리 연구와 포교였다. 그 당시 단골 투고가는 이종일·양한묵·이돈화(李敦化)·최안국(崔安國)·오상준(吳尙俊)으로서 가장 대표적 실적을 든다면 각종 경전의 강해(講解)와 양한묵이 주재한 교리 토론「포덕연구문제일반(布德硏究問題一班)」인데 이것은 92호(1918년 3월)이후 11회에 걸쳐 진행된 토론 내용을 수록한 것이다. 이 때 참가자는 양한묵 이외에 당시 교리의 권위자라 할 수 있는 이관(李瓘)·이상현(李象鉉)·장기렴(張基濂)·김교경(金敎慶)·윤익선(尹益善) 등 제씨이다.

또한 뺄 수 없는 업적으로 언문부를 통한 부녀자 및 일반 교도에 대한 도덕적 교화를 들 수 있다. 언문부는 12호(1911년 7월)부터 신설된 항목으로 이종일이 쓴「본교역사(本敎歷史)」의 번역(12호~57호 1915년 4월)은 대표작이다.

『만세보』와『천도교월보』의 이러한 활동은 단순히 민지계발사업으로서 대중의 민족의식 고취, 정부의 개혁, 지식인층의 인격 도야에만 국한된 경향이 있으나 이러한 여러 가지 활동과 종교적 교화가 바탕이 되어 1919년 3·1운동 당시 천도교가 정신적 지주로 그 소임을 다할 수 있었다고 하겠다.

제4장 인내천사상과 3·1운동

1. 인내천사상의 종지화

1906년 2월에 천도교대헌이 공포된 이래 천도교계에서는 근대적 교회 조직과 교리의 체계화 움직임이 일기 시작하여 1907년에 「대종정의」, 「동경연의(東經演義)」 등 10여 종의 교리서가 간행되면서 사상적 활동이 구체화되었다. 이 무렵 일본에서는 이미 도쿄(東京)대학에 철학회를 창설하고 철학잡지를 간행하고 있었다.[1] 따라서 일본 유학생 출신이 많은 천도교 청년지도층(양한묵·崔昌朝·정광조·張景洛 등) 역시 철학에 깊은 관심을 가지게 되었던 것은 지극히 당연한 일이겠다.

---

1) 일본 明治시대(1868~1911)의 서구적 근대사상 수입은 明六社에서 비롯되었다. 그러나 明治 초기의 사상계는 明六社 중심의 자유민권운동(영국계 실증주의사상과 프랑스계의 계몽사상에서 영향을 받은 것)이 있었는가 하면 東京大學 중심의 진화론 철학이 일어나 이에 대립하는 양상을 나타내었다. 전자의 경우는 구한말 개화기의 개화사상가들에게 계몽사상으로 이어졌고, 후자는 1900년대 일본에 유학한 조선 청년들에게 큰 영향을 주었다. 특히 일본은 明治 후반부터 스펜서·헤겔의 진화론에 이어서 칸트·헤겔·베르그송·니체·키에르케고르 등의 철학사상과 생명철학·실존철학·危機神學 심지어 니힐리즘·데카당스 등 모든 사상이 빠짐없이 수용되었다(大正시대).

「대종정의」에 나타난 이들의 철학에 대한 관심도를 보면 다음과 같이 신앙을 철학 및 제도와 밀접한 관계로 보았다.

> 吾敎의 信仰과 哲學과 制度를 三區에 分하여 人心傾向의 準的地를 定하니 信仰은 人이 天에 粘着하여 其身이 自有를 忘하며 哲學은 性이 本來 天과 身의 衆生相을 兩段分定하여 性身久暫의 別로 性界榮譽는 三光同壽를 期하고 身界利益은 百年一夢을 認하는 大旨義를 揚明하며 制度는 天人合一的 要點을 抽出하여 性灵人의 正的과 肉身人의 正軌를 定하니 新鮮한 面目이 一大素天國을 構成한 者니라……2)

신앙은 천(天)이 천(天)을 만나는 것이고, 철학은 인(人)이 천(天)을 보는 것이며, 제도는 인(人)이 인(人)을 보는 것이라 하였다. 철학은 인(人)이 성(性)과 신(神)의 관계를 밝히는 것이고 또 그렇게 함으로써 성(性)과 신(神)의 이상적인 모습을 규명할 수 있는 것으로 여겼다. 사람이 천(天)을 탐구하는 것이 철학이므로 천(天)을 알려면 먼저 철학을 이해하여야 한다는 뜻이다. 따라서 근대화에의 개혁의지가 강한 만큼 이에 비례하여 교리의 철학적 재구성에 열의를 보였다. 이러한 면에서 가장 적극적이었던 인물로 양한묵을 들 수 있다.

그는 최제우의 시천주사상을 토대로 천도교가 새시대에 맞는 신사상으로 혁신해야 한다는 것을 「대종정의」에서 다음과 같이 역설하였다.

> 人은 幼年壯年의 別이 有하니 敎의 今日은 人의 壯年이니라 其體는 天大이요. 其光은 日出이어늘 其思想이 古朴을 持하면 嗚呼其可리오 吾敎의 本素는 充然果然하여 半分增益을 不要하나 此를 發表하기는 思想文明으로 現代文明의 前駕를 作할지니라.3)

---

2) 「大宗正義」, 吾敎의 顯明時代 : 천도교중앙총부, 『天道敎經典』, 1987, pp.645~646.
3) 「대종정의」, 앞의 책, p.649.

현대문명을 선도하여 사회개혁의 뜻을 실현하려면 교리의 사상적 개혁이 불가피하다는 것이다. 이에 서양의 근대적 사조에 따라 무신론적·합리주의적 방향으로 교리의 새로운 논리가 전개되었다. 천도교 선포 당시부터 근대적 교구제 확립 및 교리의 철학적 체계화에 계속 참여한 양한묵의 사상 요지는 1907년에 지은 「대종정의」에 집약되어 있다.4) 이후 '인내천'이 천도교의 종지(宗旨)가 되었고 '인내천'에 대한 논증은 계속되어 1920년대에는 이돈화가 그 중심 인물로 활약하였다.

양한묵의 철학적 관심은 그 때까지는 성리학에 기초한 것이다. 따라서 그의 인내천 논증은 성리학적으로 전개되었다. 그렇다면 그가 논증한 인내천은 과연 어떠한 것인가? 그는 인내천을 '사람의 마음이 곧 천(天)'이라는 뜻으로 추정하였다. 즉 성(性)과 심(心)의 관계로 풀어나갔다. 인내천은 사람과 만물이 천(天)으로부터 나왔기 때문에 사람과 만물에 성(性)과 심(心)이 내재한다는 논리로 천인(天人)의 관계를 동일시하였다.5)

성리학의 성즉리설(性卽理說)에 의하면 이(理)는 천지만물을 주재하는 법칙으로서의 천(天)이며, 성(性)은 사람의 천부적인 마음이므로 곧 사람의 마음은 천(天)이라는 결론에 이르게 된다. 그러나 사람의 성(性)은 부분적이고 천(天)은 전체적이다. 이를 구체적으로 언급한다면 사람의 마음은 나 자신의 마음으로서 각자 개체 속에 있으며 천(天)은 이(理)로서 천지만물을 주재하는 전체이므로 인내천이라는 주장에는 다소 무리가 따른

---

4) 위의 책, p.636. "大神師는 吾敎의 元祖라 其思想이 博으로 從하여 約에 至하니 其要旨는 人乃天이라 人乃天으로 敎의 客體를 成하고 人乃天을 認하는 心이 其主體의 位를 占하여 自心自拜하는 敎體로 天의 眞素的極岸에 立하나니 此는 人界의 初創한 大宗正義라 謂함이 足하도다."

5) 李弼右, 「心性의 管見」, 『천도교월보』 68, 천도교중앙총부, 1916, pp.7~8. "性者난 生也니 人之所受乎天 而分天之體 以生者也오 心者난 活也니 天之所賦乎人 而爲人之月 以活者也라……高虛蒼蒼하야 無聲無臭난 天性之體也오 溫寒熱冷과 風雨雷電은 天心之用也니 物之生長收藏이 盡是此 性心之動動靜靜이오 人亦此性心之一小分子라 人何不能天이리오"라 하여 梁漢默의 論理를 뒷받침하였다.

다. 즉 천(天)과 인(人)의 관계를 양적으로 보면 인내천이라는 논리는 성립되기 어렵다.

그리하여 그는 질적으로 인내천을 증명하려 하였다.6) 인간이 수양하여 그 정신이 대천(大天)에 융합 일치되면 인내천에 이른다는 것이다. 즉 사람과 천(天)의 공통적 요소로 '정신'을 들었던 것이다. 크고 작다는 양적인 조건을 제외하면 천도 사람도 정신이라는 점에서는 동일하다는 것이다. 이러한 논조는 1910년대에 교계(敎界) 전반적으로 통용되고 있었다.7)

또 천(天)과 사람의 공통적 요소로 '이(理)'를 들기도 하였다.8) 사람의 성(性)이 천의 이(理)이므로 결국 이(理)는 천과 사람의 공통적 요소가 된다는 뜻이다. 그리하여 천(天)의 성리(性理)와 조화는 사람 즉 나 자신에서 찾아야 한다는 주장에까지 이르렀다. 이에 대하여 그는 1909년에 발행된 「무체법경」에서 다음과 같이 언급하였다.

> 性理를 欲見이라도 求我心이요 造化를 欲用이라도 在我心이요 天地萬物 世界를 欲運搬이라도 在我心 一片頭니라9)

---

6) 「대종정의」, 앞의 책, p.635. "敎는 天의 大精神이니 人은 此精神範圍 內에 生成하는 者니라. 人은 大朴中出來한 者라 其思想이 能히 종교계에 交通하기는 불가사이로다." ; 「東經演義」, 『동학사상논총』 I, 천도교중앙총부, 1982, p.7. 『동경대전』「포덕문」의 천사문답장을 양한묵이 해설한 내용 중 일부를 소개하면 "종교는 天의 大精神이고 사람은 天의 小精神"이라고 하였다.

7) 이돈화, 「종교적 수양과 처세방법」, 『천도교월보』 96, 1918, p.10. "天人合一이라 함은 人의 小한 精神이 天의 大精神과 符合함을 意味함이니 元來 人은 小分天이라." ; 李昌薰, 「정신」, 『천도교월보』 68, 1916, p.10. "人名有一團精神하니 精者난 性身의 요소오 神者난 心理의 機括이니라 宗敎난 天의 大精神이니 吾人이 此範圍 內에 生하난 者니라."

8) 「東經演義」, 앞의 책, 「포덕문」의 인간사회 발전 법칙을 논한 장의 일부 해석 중에 '人乃小分天 而人之性卽 天之理也 欲知天之命與理者'라는 말이 있다. 주 6) 참조.

9) 「無體法經」, 『천도교경전』, p.523.

이것은 사람의 본성을 이(理)로, 사람의 능력을 조화로 본 것이다. 결국 천(天)의 종교성을 부인하는 단계에 이르게 된다. 인내천사상을 철학적으로 논증하는 데 있어서 성리학의 이론으로서는 논리상 한계가 있었으며, 종교적으로도 무신론적으로 흐를 위험이 따랐다.

따라서 철학적 체계화 과정에서 야기되는 종교성 손실을 보완하고 천(天)에 신성(神性)을 부여하기 위한 노력이 계속되었던 것이다. 1910년대에 이돈화가 『천도교월보』에 「인내천 연구」라는 제목으로 논문을 연재한 것도 실은 이러한 맥락에서 생각할 수 있다. 교리의 철학화라는 점에서 새로운 진전은 1920년대에 서양의 근대철학을 수용함으로써 가능하게 되었으나 종교성 손실이라는 문제는 여전히 해결해야 할 숙제로 남을 수밖에 없었다.

1) 신관

손병희의 신관은 최제우의 시천주에 대한 해석에 집약되어 있다고 할 수 있다. 그가 실제로 동학의 지도권을 장악하고 나서 1899년 7월에 쓴 「각세진경(覺世眞經)」을 보면 다음과 같이 시천주를 시천(侍天)으로 표현하여 천(天)의 신성(神性)을 부정하고 있음을 알 수 있다.

高莫高於天이오 厚莫厚於地요 卑莫卑於人이어늘 人以侍天者何也 物有是性이오 物有是心이니 是性是心은 出於天이라……10)

여기서 시천의 이유와 천의 개념을 설명하고 있다. 최제우가 시천주해야 할 의무를 강조하여 '한울님'을 신격화하고 있는 데 반하여 그는 시천을 기정 사실화하고 나아가 시천의 이유를 규명하였다. 만물에 성(性)과 심(心)

---

10) 「覺世眞經」, 『천도교경전』, pp.585~586.

이 있는데 이것은 '하늘'로부터 나온 것이므로 이미 사람이나 만물은 '하늘'을 모시고 있다는 것이다. 즉 사람이나 만물은 '하늘'로부터 본성을 타고났다는 뜻이다. 따라서 '시(侍)'는 의지적 신(神)을 상대적으로 모신다는 뜻이 아니라 '한울'로부터 받은, 저마다 고유한 성질을 갖추고 있다는 것이 된다. 이처럼 천주(天主)를 천(天)으로 표현한 것이나, 시(侍)를 모신다는 것에서 갖추고 있다는 것으로 해석을 달리함으로써 그는 신관을 우주론으로 정리하였다.

그러면 그가 말하는 '하늘'은 과연 어떠한 것인가? 그는 천(天)·지(地)·인(人)을 상호 불가분의 관계로 보았다. 위의 '하늘'은 고명한 덕을, 아래의 땅은 박후(博厚)의 은혜를 본성으로 하며, 사람은 이 천지의 성(性)을 본성으로 하는 것이므로 결국 천지인(天地人) 삼재(三才)는 일기(一氣)의 조화에 불과하다는 것이다. 따라서 만물의 본성은 일기(一氣)의 조화이며 '하늘'에서 나왔다는 뜻이 된다. 이렇게 보면 '하늘'은 일기로서 우주만물의 생성원리라고 할 수 있다.11)

한편 천(天)과 우주만물의 관계를 음양의 이치로 다음과 같이 부연 설명하기도 하였다.

> 鬼神者何也니이까 陰陽之變化謂也니라 鬼神論之 則陰鬼陽神이오 性心論之 則性鬼心神이요……動靜論之 則動神靜鬼니 總而論之 則氣抱理理賦氣 而無依無立之環也니라12)

성심(性心)도 음양이라고 하여 성심이 나온 '천(天)'과 음양이 나온 '일기(一氣)'가 동일하다는 것을 성리학적으로 해석하였다. '하늘'의 신성(神性)을 부정하고 있다. 굳이 '하늘'의 신성을 인정한다 하여도 범신론적 입

---

11) 최동희, 「천도교의 근대사상 수용」, 『한국사상총서』V, 한국사상연구회, 1982, pp.284~285 참조.
12) 「각세진경」, 앞의 책, pp.589~590.

장에서 벗어날 수는 없었다.13)

한편 '하늘'과 사람의 관계를 '인시천인(人是天人)'으로 표현하여 다음과 같이 '하늘'의 개념을 정의하기도 하였다.

聖訓曰人是天人也요 道是大先生主 無極大道也者는 何者오 人是天人也者는 天以化生萬物에 意属形體하여 任意用之者也요,……14)

사람이 곧 천인(天人)이라는 것은 사람은 본래 '하늘'에서 나왔다는 것을 강조한 말인 듯하다.15) 천인(天人)은 '하늘'이 낸 사람이라는 뜻이 된다. 그 근거로 '하늘'이 만물을 화생(化生)하고 그 뜻을 사람에게 맡김으로써 사람이 만물을 이용하게 되었다는 것을 들고 있다. 결국 '하늘'의 뜻이 사람의 뜻, 즉 성(性)과 심(心)으로 나타난다는 것이다. 다시 말하면 사람의 성과 심은 '하늘'의 뜻 즉 일기(一氣)의 조화라는 말이 된다. '인시천인'이라는 단어는 그가 1903년에 지은 「명리전」에서도 나타난다.16)

사람이 천인이라는 것을 전제로 하고 천리(天理)의 본성을 존양(尊養)하여 시천(侍天)의 이치에 도달하는 종교가 바로 천도교라는 것을 밝혔다. 이와 같이 손병희는 초기에 '하늘'을 일기로 보아 사람과 '한울'의 관계를 우주법칙의 필연적인 것으로 규정하였다. 요컨대 사람과 '하늘'의 관계를 '인이시천(人以侍天)'이라 하여 '사람의 성(性)과 심(心)이 하늘에서 나왔다'는 것을 강조하였고, 다시 '인시천인'이라 하여 '사람은 하늘의 뜻을 받아서 태어났다'는 뜻으로 해석하여 사람의 성과 심을 떠나 '하늘'이 존재할 수 없다는 논리를 전개하였다.17) 즉 '하늘'은 인격적 신으로 존재하지 않는

---

13) 오익제, 「의암성사의 법설과 신앙」, 『신인간』 455호, 1987, p.19 참조.
14) 「授受明實錄」, 『천도교경전』, p.655.
15) 최동희, 「천도교의 근대사상 수용」, 앞의 책, p.286 참조.
16) 『천도교창건사』 「명리전」 : 앞의 책, p.267.
   人是天人道是天道　能守天道之性者　時異道殊智謀相照　意思若同合爲一理也

다는 결론으로 이끌었다. 천주(天主)를 천(天)으로 표현한 것도 그 일환으로 생각할 수 있는 문제다. 결국 '하늘'은 만물의 근원일 뿐이고 종교적 신의 대상이 아니라는 것이다. 따라서 천도교의 종교적 입지를 위해서 천인(天人) 관계에 대한 새로운 논증이 불가피하게 되었다.

그리하여 양한묵은 손병희의 '인시천인'을 '인내천'으로 발전시키는 한편 「대종정의」와 「무체법경」에서 천도교의 종지(宗旨)로 '인내천'을 규정한 후 체계화 작업을 본격적으로 추진하였던 것이다. 그가 성(性)·심(心)을 중심으로 하는 성리학적 심학(心學)의 관점에서 인내천사상을 체계화한 것은 1909년에 지은 「무체법경」에서이다.[18] 그 내용의 요점은 성(性) 즉 도(道)를 완성하는 것이 먼 곳에 있는 것이 아니라 자신의 마음과 정성에 있다는 것으로 인간은 항상 마음에 중심을 두고 살아야 한다는 뜻이다.[19]

이와 같이 그는 천인 관계 또는 천(天)과 만물의 관계에서 '하늘'을 일기(一氣)·이(理)·성(性)·심(心)으로 보는 천도교 초기의 논지 위에 자신의 인내천사상을 정립하여 신종교로서의 면모를 기하였다. 그러나 '인내천'을 종지로 할 때 최제우의 동학을 천도교의 원조라고 하였으므로 최제우의 신관을 벗어날 수는 없었다. 그리하여 표면적 이론과는 달리 실질적으로 '하늘'을 어떤 초자연적 신으로 부각시킬 필요가 있었다. 이에 최제우의 사상 요지를 '인내천'이라고 규정한 데 이어서 다음과 같이 신적(神的) 기능에 관하여 부언하였던 것이다.

究靈迹은 人의 慧能으로 抽出키 難한 者라 天의 代表로 天의 能力을 行하는 自然的活機니 此靈迹의 由來한 根本的神機는 言語와 文章으로 表象키 不能한 者라 人이 此를 叩하면 但히 泯默에 付하며 反省하여도 其推想力이 能히 其發迹地에 未及하나니 是는 意識界에 根因

---

17) 최동희, 「천도교의 근대사상 수용」, 앞의 책, p.288 참조.
18) 「무체법경」, 앞의 책, p.509. "人之覺性이 只在自心自誠이요 不在乎天師權能이니 自心自覺이면 身是天心是天이니 不覺이면 世自世人自人이니라."
19) 임운길, 「무체법경 연구」(2) 『신인간』 472, 1989, p.39 참조.

한 者라 謂키 不可할지요[20]

이것은 철학으로 규명할 수 없는 신의 영력(靈力)이 있다는 것을 뜻한
다. 결국 '천(天)'은 신(神)이라는 말이다. 양한묵이 이처럼 의도적으로 천
(天)에 신성(神性)을 부여하고 교리의 철학적 합리화와 상반되는 모순을
야기하게 된 것은 당시 서구의 근대사상이 유입되는 근대화 조류에 부응하
여 사회사상으로서 교리의 체계적 정리가 불가피했던 때문이라 하겠다. 참
고로 영(靈)에 대한 현대적 해석을 보면 영이란 천(天)이 개체에 나타날
때 즉 개별적으로 한계지을 때이고, '한울님'이란 영(靈)이 우주 전체에 충
만할 때 즉 총체적으로 부를 때로서 결국 '한울님'은 영(靈) 곧 신(神)이라
는 것이다.[21]

2) 인간관

최제우가 시천주의 전제조건으로 수심정기(守心正氣)를 제시하여 인간
의 본질 이전에 도덕적 수련 자세를 언급하여 '한울님'을 인간에 내면화하
는 데 치중하고, 최시형에 이르러 일보 발전하여 사인여천(事人如天) 사상
으로 인간의 존엄성을 강조한 데 비하면, 손병희 때는 인내천의 원리로 인
간의 본질을 규명하고 인본주의의 사회적 실천에 힘썼다고 할 수 있다. 성
심(性心)을 바탕으로 인간의 본질을 정의하는 한편 시천주의 합리화를 시
도했던 것이다. 인간의 근본과 자아 완성에 대한 수련의 지침서로는 단연
「무체법경」을 들 수 있다.
　「무체법경」에 의하면 인간의 근원을 인즉천(人卽天)의 논리로 무형인
성(性)과 심(心)으로 보아 다음과 같이 '하늘'에 연결시켰다.

---

20) 「대종정의」, 앞의 책, pp.639~640.
21) 표영삼, 「해월신사의 신관념」, 『신인간』 479, 1990, pp.9~14 참조.

性이 闔則爲萬理萬事之原素요 性이 開則爲萬理萬事之良鏡이니 萬
理萬事 入鏡中 能運用曰 心이라 心은 卽神이요 神은 卽氣運所致니
라22)

성심(性心)은 사람에게만 해당되는 것이 아니라 만리만사(萬理萬事)에
적용되는 것으로 성(性)은 기(氣)가 작용하기 이전 상태이고 심(心)은 기
가 작용하는 상태라는 것이다. 성(性)은 우주만물의 근본 바탕이고, 심(心)
은 곧 신으로서 기운의 소치라 하여 '인내천'을 유교적 우주관으로 합리화
하였다. 또한 기운의 시초를 '나'라고 하여 사람의 무궁성을 언급하였다.23)
무형한 '하늘'의 이치와 기운이 운용되는 출발점이 '나'이며, '나'의 출발점
은 성천(性天)이 기인한 곳이라 하여 인간은 처음과 끝이 무한한 성천(性
天)에 속한다고 보았다.24) 즉 인간성의 무궁함이 그 본질임을 들어 성심
(性心)의 수양을 의무로 강조하였다.25)
  또한 시천주의 해석에서 인간성의 본질 규명을 시도하였다. '시천주'를
'각천(覺天)'으로 풀이하여 시천의 도덕적 수련 이전에 먼저 자기 마음이
곧 '하늘'이라는 인간성의 본질을 깨달아 자기의 심적(心的) 덕화(德化)에
힘써야 한다는 것이다. 이러한 논리는 이후 이돈화에게서 다음과 같이 재
강조되었다.

---

22) 「무체법경」, 앞의 책, p.495.
23) 위의 책, pp.495~496. "運用最始起點曰我니 我之起點은 性天之所其因이
    요 性天之所根本은 始乎天地未判之前 而是時億億萬年이 自我而始焉하
    고 自我至天地之無에 是時億億萬年도 亦至我而終焉이니라 是以로 心幻
    性曰闔이요 性生心曰開니 性心雙修는 惟知道者라야 能之니라."
24) 임운길, 「무체법경 연구」 (1) 『신인간』 471, 1982, p.30 참조.
25) 「무체법경」, 앞의 책, p.510. "侍天主之 '侍'字는 卽覺天主之意也요 天主지
    '主'자는 我心主之意也니라 我心覺之면 上帝卽我心이요 天地도 我心이니
    森羅萬象이 皆我心之一物也니라 我心을 我侍니 我는 卽指名이요 指名은
    卽現身之謂也니라."

　侍라 함은 即覺의 意인데 自己의 自天을 覺하야 其天靈의 感化를
一世에 布케 함이 即-布德의 原理라 할 것이라 然하면 布德코자 하난
者난 먼져 自己의 心靈의 本源을 知할 것이요 그리하여 그 心靈의 感化
로 他人 心靈의 본원을 融一케 하야 一世가 同一한 德澤下에 歸케 함
이 是大神師의 本目的이라 할지라.26)

　역시 시천의 이치를 각천(覺天)으로 보았던 것이다.

　양한묵이 최제우의 사상을 '인내천'으로 규정할 때 '자심자배(自心自拜)
하는 교체(敎體)'라는 표현을 썼는데27) 이것을 그대로 풀이하면 자기 마음
을 스스로 숭배하는 것이 천도교의 진수라는 뜻이 된다. 이렇게 보면 시천
(侍天)의 수련 방법으로 제시한 것이 자심자배이고, 자심자배를 위하여 먼
저 인간의 본질을 터득해야 한다는 뜻에서 '시천주'를 각천으로 해석한 것
으로 생각된다.

　자심자배에 대한 보충설명은 「무체법경」 도처에서 자심자성(自心自誠)·
자심자경(自心自敬)·자심자각(自心自覺)·아심아시(我心我侍)와　같은
유사한 표현으로 부언되고 있다. 성(性)·심(心)으로 인내천을 논증하는
가운데 성(性)을 깨닫는 것은 바로 자신의 심(心)과 정성에 달린 것이라
하여 자심자성을 강조한 대목이 보인다.28) 이어서 성(性)을 깨닫는다는 것
도 결국은 자신의 마음을 스스로 깨닫는 것이라 하여 자심자각으로 표현하
고 있는데 이것은 극단적으로 말하면 자기 마음을 깨달으면 자신이 곧 '하
늘'임을 알게 된다는 뜻이 된다. 그러니까 자신의 성(性)·심(心)·신(身)
을 깨닫는 정도 여하에 따라 자심자배의 자세 즉 천인합일(天人合一)의
경지가 이루어진다는 뜻이 된다. 그렇다면 '시천주'는 곧 자심자배라는 결
론에 이른다.

---

26) 이돈화, 「愛의 개방」, 『천도교월보』 107, 1919, p.6 참조.

27) 주 4) 참조.

28) 「무체법경」, 앞의 책, p.509. "人之覺性이 只在自心自誠이요 不在乎 天師
　　權能이니 自心自覺이면 身是天 心是天이니……"

이러한 논리는 다음의 '아심아시(我心我侍)'라는 귀절에서도 찾아볼 수 있다.29) 자신의 마음을 깨닫는 것이 전제될 때 상제도, 천지도 삼라만상도 모두 자기 마음이 된다는 것이다. 따라서 아심아시는 '시천주'로서 내 마음이 나의 육신 속에 있다는 뜻이 된다.

이와 같이 '인내천'의 논리에 의거하여 시천주를 시천 즉 자심자배의 자기 수련으로 이끌었으며, 그 전제조건으로 인간의 본질 터득 방법인 자심자각·아심아시를 들었다. 또한 「무체법경」의 성심신삼단론(性心身三端論)에서 자심자배의 수도 자세와 기본 방향을 주지시키기 위하여 인내천의 주객 위치를 분명히 정해주었다. 처음에는 인간이, 다음에는 천(天)이 주가 되고, 결국에는 주객이 합일되는 경지에 이르러야 한다고 하였다. 이 것은 최제우가 시천주를 위한 선행 조건으로 도덕적 수양인 수심정기를 제시했던 것에 비하면 철학적 이해를 전제로 한 수양방법으로서 가히 혁명적이라 할 수 있다.

이후 천도교 지도층의 활동은 주로 『천도교월보』를 통하여 교리의 심화 발전에 주력하여 교도를 대상으로 종교 활동에 치중하게 되어 도덕지상주의적 성향을 보이게 된다.

2. 1910년대 천도교계의 동향

1) 독립운동의 제 양상

손병희가 3대 교조로 뒤를 이은 직후 교정일치를 제창하여 갑진혁신운동을 시도한 지 얼마 못 되어 애국계몽운동에서 큰 활동을 하지 못했던 이

---

29) 「무체법경」, 앞의 책, p.510~511.
　　我心覺之면 上帝卽我心이요 天地我心이니 森羅萬象이 皆我心之一物也니라 我心我侍니 我卽指名이요 指名卽現身之謂也니라,

유는 진보회가 일진회와 통합함으로써 야기된 교계 자체 내의 문제도 있으나, 더 근본적인 이유는 앞에서 언급한 바와 같이 인내천사상의 철학적 체계화 때문이었다고 할 수 있다. 1910년대 일제강점기에 접어들면서 전 민족적 중심과제였던 독립운동에서 적극성을 보이지 못했던 것도 이러한 맥락에서 생각할 수 있다.

당시 독립운동은 두 가지 유형으로 대별된다. 하나는 1880년대의 임오군란·갑신정변 이후 1890년대에 전개된 갑오동학운동과 1900년대의 의병운동으로 이어지는 무장투쟁이고, 다음은 개항 직후 정부 차원에서 추진한 개혁정책과 1890년대 말엽의 독립협회운동으로 이어지는 평화적 국권수호운동으로서 이른바 애국계몽운동이다.

그러나 1910년대는 이러한 두 가지 유형의 민족운동을 더 이상 지속할 수 없는 상황에 이르렀다. 일제가 정규군·헌병경찰·조선총독부의 행정조직을 총동원하여 조선의 독립운동 가능성을 근절하기 위하여 경계와 탄압을 가해왔기 때문이다. 이미 1907년 구한국 군대의 해산 직후에 총포 및 화약류단속법30)을 제정케 하여 총기류와 화약류의 휴대나 운반을 금하였다. 더구나 1910년 이후는 이 단속법을 더 강화하여 위반자 색출을 철저히 하였다. 일제의 식민지 무단통치 탄압으로 우리 민족은 완전히 무장해제를 당했던 것이다. 그뿐만 아니라 조선총독부는 종교단체나 학교 이외의 어떠한 집회나 단체의 결성을 엄금하였으며 심지어 종교적 강연회도 반드시 사전에 허가를 받도록 하였다.

이러한 상황에서 무장투쟁을 더 이상 지속하기란 어려운 일이었다. 따라서 민족운동의 종래 방법은 재고해야 할 형편이었다. 왜냐하면 일제의 탄압도 문제지만 민족운동 자체에 있어서도 의병의 항일전이나 애국계몽운동의 열기와 의지에 상응하는 만큼의 결과를 기대할 수 없었기 때문이다.

특히 의병 활동은 1909년 일본군이 전라도 일대에서 자행한 남한 대토벌 작전으로 더 이상 지속할 수 없게 되었다. 대중적 투쟁 방법을 포기하

---

30) 『구한국관보』 3864호, 1907년 9월 6일자, 「법률5호」, 銃砲及火藥類團束法.

고 요인 암살이나 테러 등 소수 정예주의적 방법으로 전환하거나 독립운동 근거지를 만주·연해주로 옮기는 방법을 택하는 길밖에 없었다. 1910년 전후해서 국내 민족운동 방법으로 주로 많이 사용한 이론은 폭력·비폭력의 양자를 종합한 독립전쟁론(獨立戰爭論)이었다.[31]

독립전쟁론은 가장 적기에 기회를 포착하여 민족의 독립을 쟁취한다는 것을 이론 체계로 하는데 중일전쟁·러일전쟁·미일전쟁 같은 국제전(國際戰)이 일어나는 때를 독립전쟁의 적기로 보았다. 이러한 민족운동은 주로 비밀결사를 중심으로 추진되었다.[32] 국외에 새로 독립운동 기지를 설립하고, 국내에서는 애국계몽운동의 이념을 계승하여 정치·군사·경제·문화 등 모든 분야에서 근대적 민족의 역량을 향상시키는 한편 독립군 양성을 위한 군자금 조달에 주력하는 것을 기본 방침으로 하였다. 이러한 활동은 비밀결사인 신민회(新民會)가 선구적이었고 가장 활발하였다.

신민회가 설립될 당시의 목표는 조선의 봉건적 사회개혁과 근대국가 설립이었다.[33] 신민회를 중심으로 대중적 통일연합체를 결성하여 자유민권이 보장되는 근대적 민족국가를 건설하는 것이 본래의 목적이었다. 그러던

---

31) 尹炳奭, 「1910연대의 한국독립운동」, 『한국근대사론』II, 1977, pp.27~33 ; 신용하, 「3·1독립운동의 사회사」(상)『한국학보』30, 1983, p.6 참조.

32) 申載洪, 「1910年代 國外에서의 民族運動」, 『한국사』21, 국사편찬위원회, 1981, pp.116~117 참조.
1910년대의 국내 독립운동을 연대별로 정리해 보면
1913년 : 獨立義軍府, 光復團, 光復會
1914년 : 大成學校出身의 其城(野球)볼團
1915년 : 鮮明團, 朝鮮國權恢復團
1916년 : 韓英書院唱歌集事件, 自立團, 永住大同商店事件, 洪川學校唱歌集事件
1917년 : 李增淵 등의 秘密結社, 朝鮮産業物産獎勵稧
1918년 : 朝鮮國民會, 民團組合, 自進會, 靑林敎事件 등이 있다.

33)『한국독립운동사』I, 국사편찬위원회, 1968, p.1027. "……독립자유로써 其目的을 세움이니……略言하면 오즉 新精神을 喚醒하야 新團體를 조직한 후에 新團을 건설할 뿐이다."

것이 독립전쟁론을 표방하고부터는 가능한 한 애국계몽운동을 계승하면서 민족의 역량을 향상시키는 한편 서북간도(西北間島)에 우리 민족을 집단적으로 이주시켜 독립운동 기지를 확보하는 일을 최우선으로 하였다. 그 외에 군자금 조달·무관학교 설립으로 근대적 군사교육에 의한 독립군 양성에 주력하였다. 그러나 신민회의 이러한 양면적 독립운동은 일제의 무단통치하에서는 생명이 길지 못하였다.

다만, 독립운동은 기독교·천도교·대종교·불교·유교 등의 종교단체나 학교에 의하여 간접적으로 은밀히 추진하는 방법으로 명맥을 유지할 수 있었다. 그러나 신민회가 안명근 사건, 105인 사건 등으로 회원 600여 명이 연이어 수난을 당하는 중에도 제 비밀결사의 활동은 3·1운동 때까지 계속 이어졌다.

기독교측의 독립운동은 관서 지방의 예수장로교 계통과 서울·경기 지역의 대한감리교 계통에서 별도로 진행되었다. 특히 관서 지방의 예장파는 안창호(安昌浩) 등 신민회의 핵심 회원을 기반으로 하여 개화파 인사들과 더불어 능동적 활동을 전개하였다. 이들은 1919년 2월 초순 중국 상해(上海)에서 보낸 신한청년단(新韓靑年團)의 선우혁(鮮于赫)과 접촉하면서 항일의식이 더욱 고조되었다. 그러던 중 신민회 회원이었던 천도교의 이종일(李鍾一)과 1918년 12월 접촉하게 되면서 기독교측은 천도교측의 민족운동 연합전선 결성에 참여하게 되었던 것이다.

서울·경기 지역의 감리교파도 YMCA가 중심이 되어 대중 시위운동을 계획하던 중 역시 천도교측 이종일의 제의에 동조하여 학생청년층을 3·1운동시위에 동원하는 역할을 맡았다. 즉 기독교측 독립운동은 적어도 3·1운동 초기 단계까지는 신민회에 기반을 두었던 관서 지방의 예장파가 주도해 나갔다고 볼 수 있다.

국외에서의 독립운동은 국내의 후원에 의하여 독립운동 기지를 설정하고 그 곳을 중심으로 항일세력을 조직화하는 한편 학교 설립과 군사 교육을 통하여 독립군을 양성하기도 하였고, 국제정세 변화에 따라 외교적으로

대응하여 한민족의 독립의지를 표명함으로서 국내의 독립운동을 고무하였
다.

독립운동 기지로 유명한 곳은 애국계몽운동을 주도했던 신민회가 개척
한 서북간도(西北間島) 지역과 의병 출신 조선인들이 이주하여 자리잡은
만주·시베리아 지역이다. 특히 신민회에서 제일 처음 독립운동 기지 건설
에 착수한 중심 지역은 유하현(柳河縣)의 삼원보(三源堡)와 소만(蘇滿)
국경에 위치한 밀산부(密山府)의 한흥동(韓興洞)이었다. 삼원보에서는 경
학사(耕學社), 부민단(扶民團), 한족회(韓族會)라고 하는 자치기구를 두
어 수십만의 한인 교포들을 위하여 경제 향상·항일의식 고취·청장년의
군사교육 실시 등 3·1운동이 일어날 때까지 활발히 민족운동을 전개하였
다. 그 중에서 신민회의 취지를 계승한 경학사는 1911년 노천군중대회(露
天群衆大會)를 계기로 이상룡(李相龍)·이회영(李會榮)·이시영(李始
榮)·이동녕(李東寧)·윤기섭(尹琦燮) 등이 창설한 단체로서 공화적(共
和的) 민족주의 항일민족독립운동을 적극적으로 추진한 최초의 단체였
다.34)

밀산부 한흥동에도 넓은 황무지를 대거 매수하여 집단적으로 한인을 이
주시켜 산업을 일으키고 대순학교(大旬學校)라는 무관교육기관을 창설하
여 사관 양성을 본격적으로 전개하였다. 한편 북간도의 용정촌(龍井村)과
명동촌(明東村)에도 일찍이 1906년부터 독립운동 기지화 계획이 추진되
어 서전서숙(瑞甸書塾)을 설립하여 민족주의 교육을 시작하였다.

이후 1910년대는 이주민이 증가함에 따라 민족지도자를 중심으로 간민
회(懇民會)라는 항일단체가 조직되어 이 일대의 한족사회(韓族社會)는 독
립군을 편성하는 단계에까지 이르렀다. 이 지역에서의 독립운동 계획 중
가장 주목할 것은 동삼성(東三省)에서 김교헌(金敎獻)과 중광단(重光團)
의 서일(徐一)·여준(呂準)·이상룡 등 39명의 이름으로 1919년 1월경
(음력 1918년 12월)에 '무오독립선언서(戊午獨立宣言書)'를 발표한 일이

---

34) 朴永錫,『한민족독립운동사연구』, 일조각, 1982, pp.185~220 참조.

다. 이것은 제1차 세계대전 종전 후 국제정세의 변동을 포착하여 독립을 선언한 것으로 가장 최초의 것이다.

1910년대 종교 계통의 독립운동 중에서 국내의 기독교·천도교가 미온적·무저항주의적 성격을 보였다면 대종교 계통의 중광단은 항일투쟁에 적극적이었던 단체로서 크게 대조를 이룬다. 그 까닭은 중광단의 근거지가 일제의 무단통치권 밖에 있었던 때문이기도 하지만 더 근본적인 것은 구성원의 대부분이 종래의 의병 출신들로서 의식면에서 큰 차이가 있기 때문이다. 그러나 중광단도 초기에는 무기가 없어서 항일민족교육과 계몽사업에 주력하다가 '무오독립선언서'를 발표하여 3·1운동의 촉진제 역할을 할 수 있었고 뒤에는 정의단(正義團)을 군정부(軍政府)로 조직, 개편하는 단계로 발전하였다.[35]

중광단의 무오독립선언은 국내 천도교의 천도구국단(天道救國團)과 일맥상통하는 점도 없지 않다. 다음 절에서 언급하겠지만 천도교 중앙총부의 소극적 태도와는 달리 보성사를 중심으로 한 천도구국단은 일제 강점 직후부터 꾸준히 항일독립운동을 추진해왔고 1918년에는 독립선언문 발표와 대규모의 대중시위운동을 계획하였다. 무오독립선언서에는 일본의 조선 강점을 '동양의 적, 국제법규의 악마, 인류의 적'으로 규정하고 평등천하의 공도(公道)를 실현하여 대동평화(大同平和)를 이루기 위하여 조선의 독립운동을 한다는 살신성인(殺身成仁)의 투쟁의지가 담겨 있다.[36]

---

35) 위의 책, p.179 참조.
36) 朴菖熙, 『사료국사』, 한국외국어대학교출판부, 1981, pp.624~626 참조.
  '무오독립선언서'의 내용을 보면,
  ……우리 대한 동족 남매와 온 세계 우방 동포여 우리 대한은 완전한 자주독립과 우리들의 평등 복리를 우리 자손 黎民에게 대대로 전하게 하기 위하야 여기 이민족 전제의 학대와 압박을 벗어나서 대한 민주의 자립을 선포하노라……십년 무단의 작폐가 여기서 극단에 이르므로 하늘이 그들의 예덕을 꺼리어 우리에게 좋은 기회를 주실새, 하늘에 순종하고 인도에 응하야 우리 독립을 선포하는 동시에 그가 우리나라를 강제로 병탄한 죄악을 선포하고 징계하노라……무력겸병을 근절하야 평등한 천하의 공도를 진행하는 것은

또 무오독립선언서에 서명한 사람 중에는 노령(露領)과 만주의 독립운동지도자 외에 상해와 미주에 있던 민족지도자들도 있는 것을 보면 국외의 독립운동은 상호 긴밀히 연락을 취하고 있었음을 알 수 있다. 무오독립선언은 독립할 때까지 계속 투쟁하겠다는 강한 의지를 내외에 선포한 것으로 일본 유학생의 ‘2·8독립선언문’에도 영향을 미쳤을 가능성이 크다.[37]

한편 노령에서는 이동휘 등이 연해주에 대한국민의회를 조직하고 1919년 2월에 윤해(尹海)·고창일(高昌一) 등을 파리 강화회의에 대표로 파견하였다. 이렇다 할 성과는 없었지만 이 사건은 만주에서의 독립운동과 함께 3·1운동의 초기 조직화 단계와 같은 맥락에서 생각할 수 있다.[38]

그러나 국외에서 외교적 방법으로 제일 먼저 독립운동을 계획한 곳은 상해였다. 1918년 8월에 여운형·장덕수·선우혁 등이 결성한 신한청년당에서 1차 세계대전이 끝난 후 11월 28일 한국 독립에 관한 청원서를 당의 명의로 파리 강화회의에 (미국 대통령에게) 보내고 또 1919년 2월에 김규식을 한국 대표로 파견하였다. 당시 김규식이 지시받은 임무는 한국 및 아시아 전 지역에 대한 일본의 침략 야욕을 세계에 폭로하고 일제 식민통치하의 한국 실상을 소개하여 서양 강대국들로부터 여론과 주의를 환기시키는 것이었다.[39]

곧 우리 독립의 본령이다. 密盟和戰을 엄금하고 대동평화를 선전할 것이다. 이것이 우리 복국의 사명이다.……

단기 4251년 11월 일
만주노령유지일동

金敎獻·金東三·趙鏞殷·申圭植·鄭在寬·申 檉·呂 準·李範允
朴殷植·朴贊翊·金佐鎭·李始榮·李相龍·尹世復·文昌範·李東寧
申采浩·許 爀·李世永·柳東說·李 光·安定植·金學滿·李大爲
孫一民·崔炳學·朴容萬·林 溥·金奎植·李承晚·趙 煜·金躍淵
李鍾倬·李東輝·韓 興·李 沰·黃尙奎·李奉雨·朴性泰·安昌浩

37) 이현희, 「3·1운동에 관한 연구」, 『성신연구논문집』 12, 1979, p.129 참조.
38) 박영석, 앞의 책, pp.232~235 참조.
39) 신용하, 「3·1독립운동 발발의 경위」, 『한국근대사론』 II, 지식산업사, 1977,

당장의 효과는 없었으나 이로써 일본에 대한 강대국들의 경계심이 점증하게 되었으며 제2차 세계대전 당시는 일본의 패망과 더불어 한국의 독립을 보장한다는 안건이 수차에 걸쳐 국제회의에서 거론되었다. 산발적이던 독립운동을 3 · 1운동이라는 이름의 거족적 독립운동으로 발전시키는 데에 활력소로 작용하였음은 물론이다. 만주에서의 '무오독립선언서'나, 노령의 대한국민의회의 대표 파견 그리고 일본 유학생의 '2 · 8독립선언' 등 모두가 이와 같은 맥락에서 생각할 수 있다.

미주 지역에서는 1903년부터 1905년 사이의 노동이민으로 구성된 한인 사회를 바탕으로 1909년 이대위(李大爲) 등이 하와이에서 국민회를 창설하면서 민족운동이 정식으로 시작되었다. 이후 1910년대에 이르러 하와이·로스엔젤레스 · 샌프란시스코 · 뉴욕 · 워싱턴 등지에서 항일단체가 속속 조직되어 독립운동 자금을 모으고 제1차 세계대전 이후 각종 국제회의에 대표를 파견하여 선언문을 발표하였다. 국민회는 1910년에 대한인국민회로 이름을 바꾸고 미국에 거주하는 한인의 권리를 옹호하는 한편 기관지로 『신한민보(新韓民報)』를 발간하였다. 이후 대한인국민회는 1922년 해체될 때까지 재미 한국인의 권리를 옹호하는 한편 1918년에는 파리 강화회의에 대표 파견을 결의하는 등 독립운동에서도 활발한 움직임을 보였다.[40]

한편 이 무렵 샌프란시스코 교민들은 정한경(鄭漢慶)이 중심이 되어 서북간도와 시베리아의 독립운동 후원기금으로 30만 원을 모금하는 등 3 · 1운동 때까지 독립운동에 적극성을 보였다.[41] 결국 이들은 1913년에 안창호를 단장으로 하는 흥사단을 조직하였다. 그러나 신민회의 독립정신을 계승하여 창단된 흥사단은 당시에는 활약이 그리 크지 못하였다.[42]

---

pp.53~54 참조.

40) 윤병석, 「1910년대의 한국독립운동」, 앞의 책, p.38 참조.

41) 국사편찬위원회 편, 『한국독립운동사』 2, 1968, p.124 참조.

42) 山邊健太郎, 「3 · 1운동과 민족독립운동의 발전」, 『한국근대사』, 까치 편역, 1982, p.244 참조.

그 외에 대한국민회·신한협회(新韓協會) 등 몇 개의 단체가 있었으나 가장 활약이 컸던 것은 대한인국민회였다. 여기서 1917년 10월 뉴욕에서 개최되는 세계약소국민족동맹회의에 박용만을 한국 대표로 참석케 하여 한국의 식민지적 현실 입장을 호소하고 독립의 당위성을 역설토록 하였으며, 1918년 12월 파리 강화회의에 독립청원서를 발송하도록 결의하고 정한경·이승만·민겸호(閔謙鎬)를 대표로 선정하는 한편 독립운동 자금을 모금하였다. 일본의 방해로 대표 파견은 성사되지 못했으나 이러한 사실이 신문에 보도됨으로써 이후 일본 유학생의 '2·8독립선언'에 촉진제 역할을 할 수 있었다.

2) 천도교계의 동향

일제의 식민통치 중에서 종교에 대한 정책은 겉으로는 비교적 탄압의 형태를 피하는 듯했으나 실은 비밀리에 탄압 말살 정책을 취하였다. 큰 세력을 이루고 있던 기독교와 천도교에 대해서 특히 그러하였다. 기독교에 대해서는 외국인 선교사가 간여하고 있기 때문에 세계 여론을 의식하여 소위 정교분리 정책을 설득력 있게 제시하여 조선과 우호적 유대 관계를 유지하고 있던 개신교 선교사들을 회유하였다. 정치와 종교의 분리정책으로 선교사들에게 포교의 자유를 허용하는 체하면서 한국에 대한 일제의 식민통치에 대해서는 일체 간섭하지 못하게 하는 등 교묘한 방법으로 기독교를 탄압하였다.

그러나 천도교에 관해서는 그렇지 않았다. 천도교는 최제우가 창도할 때부터 교리에 민족적 자주의지와 사회개혁사상이 함축되어 있었기에 민족종교로서의 위상이 정립되어 있었다. 그리하여 갑오동학운동(1894)·갑진혁신운동(1904)으로 이어져 혁신적 구국 차원에서 정치·사회·문화 운동을 선도할 수 있었다. 이에 일제는 천도교 본부와 교구조직 및 활동에 관하여 예의 주시하였고 손병희·권동진·오세창·최린·이종일 등 천도교 지도층에 대한 감시를 철저히 하여 미행 정책으로 일관하는 등 탄압을 늦추지 않았다.

일제의 천도교에 대한 탄압은 이미 조선 강점 이전부터 있었다. 1909년 이완용 살해미수 사건을 발단으로 하여 천도교 간부를 구속한 것이 그 시작이었다.[43] 교회의 간부인 양한묵·오상준 양인을 이 사건 모의에 가담한 것으로 매도하여 혹독한 고문을 가하였다. 이후 천도교와 그 간부들에 대한 감시는 더욱 극심해졌고 직접적으로 탄압이 노골화된 것은 합방되는 그 날부터였다. 앞 장에서 언급했듯이 1910년 8월 15일 창간호를 발간한 천도교월보사의 간부 4인이 종로경찰서에 감금된 사건[44]이 이를 증명한다. 일제의 강점에 반대하는 서한을 천도교월보사 주간 이교홍(李敎鴻)이 각국 영사관(領事館)에 발송하고 성원을 요청한 것이 계기가 되었던 것이다. 이 사건으로 인하여 『천도교월보』는 정치적 견해를 일체 표명하지 않겠다는 약속을 하고서야 다시 발간이 허용되었다. 이후 천도교의 독립운동은 소극적이 될 수밖에 없었다.

또 1911년 4월 1일에는 항간에 유포된 낭설을 빙자하여 손병희를 헌병대에 출두시켜 교도에 대한 법령 발표, 포덕연호(布德年號)의 사용, 매주 5홉씩 걷는 성미제, 심지어 개인의 사생활까지 문제 삼아 위협하였다. 특히 성미제는 정부에서 조세를 징수하는 것과 같이 강제성을 지녔다고 하여 1909년의 각령(閣令) 제2호[45]에 위배된다는 구실로 성미제도의 폐지를 강요하기에 이르렀다. 손병희는 성미제도 폐지에 동의한다는 날인을 하고서야 석방되었다. 이후 천도교의 운신폭이 좁아진 것은 당연한 일이다. 이종

---

43) 의암 손병희선생 기념사업회, 『의암 손병희선생 전기』, 1967, pp.257~258 참조.

44) 위의 책, p.258. 1910년 9월 중순 교회 간부 金完圭 등이 警務總監府에 구속되어 교회 조직과 운영, 재정 상태, 교인의 동태 및 간부들의 신상 등을 문초받고 석방된 일이 있다.

45) 『구한국관보』 4313호, 1909년 3월 1일자, 閣令 제2호

일이 천도교 중심의 대중시위운동 계획을 건의하였을 때 그가 신중한 태도로 임한 것이나, 3·1독립운동 계획시에 비폭력운동 강령을 제시한 것도 모두 이와 같은 범주에서 생각할 수 있으며, 인내천사상의 체계화라는 종교 활동에 주력하게 된 것도 그 때문이라 할 수 있다. 그러나 대중시위운동의 계획은 이미 1910년 9월 이종일을 주축으로 한 보성사의 천도교청년층이 중심이 되어 추진되고 있었다.46)

이종일 등이 계획한 대중봉기운동은 처음에는 갑진혁신운동(1904)의 계승을 의도한 것이었으나 1919년 3월 1일에 이르기까지 점차 그 계획을 구체화하게 되었다. 경술국치 이후 김석진(金錫鎭)·황현(黃玹)·이근주(李根周)·이만수(李晩秀)·이중언(李中彦)·박병하(朴炳夏) 등 수십 명의 지도자급 인사들이 순국하는 상황에 이르자 자결하기보다는 구국운동에 몸 바치는 것이 더 효과적이라고 생각하여 민족운동 계획을 구상하였던 것이다. 그는 『제국신문』, 『황성신문』이 폐간되고 서북학회 등 수십 개의 학회가 연이어 해산됨에 천도교가 솔선하여 대중집회를 열 것을 주장하였다.

그러나 신민회(新民會) 사건으로 일제의 감시가 심해져서 1911년 7월 15일 범국민적 신생활운동의 명분으로 비정치적 대중집회를 개최하기로 하였다.47) 보성사 직원 60여 명과 대한제국민력회(大韓帝國民力會) 회원이 연합하여 합의했던 이 운동은 1904년의 갑진혁신운동을 재현하는 것이었다. 대한제국민력회는 이종일이 천도교에 입도하기 전 1898년 3월 9일에 그의 자택에서 조직한 비밀결사로서 민권운동과 대정부 비판을 주로 하였다. 개화사상·동학사상을 실학(實學)과 같은 맥락으로 이해하고 갑신정변의 원인이 대중의 지지와 호응이 없었기 때문이라는 판단에서 그 대안으로 조직한 단체가 대한제국민력회였다.48) 비록 대중집회가 사전에 발각

---

46) 「默菴備忘錄」, 『한국사상』 18, 1981, 1910년 9월 30일자 참조.

47) 이현희, 「3·1민주혁명에 관한 연구」, 『동학사상논총』 I, p.182 참조.

48) 「默菴備忘錄」, 『한국사상』 16, 1978, 1898년 1월 9일자.
　　以朝鮮末期之實學思想爲今日再顯　則民權復興莫如前日也　而擧忘實學思想之人士　實惜爲乎

되어 불발로 끝났으나, 이종일의 이러한 운동은 뒤에 민족문화수호운동본부(1912)와 천도구국단(1914) 결성의 계기가 되었다는 점에서 의의가 크다. 그는 범국민적 신생활운동이 실시되지 못함에 따라 한용운(韓龍雲)·백용성(白龍城)·이능화(李能和) 등 불교계 인사를 찾아가 독립시위운동을 위한 연합전선 결성의 뜻을 전하고 천도교측과 협조할 것을 제의했으나 성사되지 못하였다.

이에 천도교측은 1911년 10월 31일에 단독으로 민족문화수호운동본부를 결성하고 보성사 내에 본부를 두었다.49) 손병희를 총재로, 이종일을 회장으로 하고 각 부서에 따라 여러 가지 계획을 추진하였으나 비밀결사였던 관계로 그 활동이나 조직이 표면화되지 못하였다. 그러나 1913년까지 각종 강연회와『천도교월보』를 통하여 독립운동의 필요성과 독립사상을 대중에 인식시키는 한편 무장세력의 양성을 위하여 무기 구입 문제도 논의할 정도로 활동이 의욕적이었다. 뿐만 아니라 1914년 5월에는 '대한독립의군부(大韓獨立義軍府)'에 군자금 수백 원을 전달하기까지 하였다.50)

그러던 중 1914년 8월 제1차 세계대전이 발발하고 일본이 독일을 상대로 선전포고를 하는 등 국제정세가 급변하여 이른바 독립전쟁론에서 말하는 독립전쟁의 기회를 맞게 됨에 따라, 그 해 8월 31일 보성사 내에 '천도구국단'이라는 비밀결사를 조직하기에 이르렀다. 여기서도 손병희를 명예총재로 추대하고 이종일이 단장이 되었다. 이 해가 갑인년(甲寅年)이어서

위의 책, 1898년 2월 20일자.

今日之緊事 再興實學思想之富國要素 又展開民衆次元 則將欲爲强國 故外國不敢嘲壓矣

위의 책, 1898년 3월 9일자.

遂組織大韓帝國民力會於余之家 李鍾一爲同會長 柳永錫爲副會長 廉相模爲主幹事 鄭喬·李建鎬·李鍾冕·李鍾文爲顧問 將實展事業 則民權總合及對政府批政批判爲主 罷會而歡談至夜半

49)「默菴備忘錄」, 위의 책, 18집, 1911년 10월 31일자 참조.

50) 주 47) 참조.

이종일은 갑오(甲午, 1894), 갑진(甲辰, 1904), 갑인(甲寅, 1914)의 삼갑운동(三甲運動)이라 명명하고 실천계획에 착수하였다.

첫번째 사업은 제1차 세계대전에 따른 국제정세의 분석이었다. 이 무렵 한국인들은 독일의 승리를 바라고 있었다. 일본이 가담한 연합국이 패전하면 한국 독립에 유리한 정세가 조성되리라는 기대 때문이었다.[51] 일본의 패전을 예측한 천도구국단원들은 다음 단계로, 그 때를 대비하여 시국선언문을 준비해 두었으나 사전에 발각되어 압수당하고 말았다. 이와 같이 국제정세에 능동적으로 대처할 수 있었던 것은 천도교측에서 1890년대 후반부터 국내외의 정세 변화에 대하여 예리한 관찰을 하고 있었기 때문이다. 손병희가 3대 교주로 추대되자 일본으로 건너갔던 것이나, 진보회(進步會)를 설치하여 민회 운동을 전개한 것 모두가 천도교 자체의 입지와 관계가 있으나 실은 조선의 국운이 국제정세와 관계 있는 것으로 판단했기 때문이다.

이종일은 1905년에 천도교에 입교하여 보성사의 일원으로 민족운동을 추진하기 이전 1898년에 '대한제국민력회'를 창립하고『제국신문』을 창간할 당시부터 국제정세 변화에 큰 관심을 보였었다. 그는 러시아·일본·독일 등 열강이 조선에 대한 이권 획득에 혈안이 되어 있는 상황에서 저들의 경제 침탈 위협을 대한제국민력회의 이름으로 정부에 경고하였고[52] 1900년부터 러일 간에 전쟁이 일어날 것을 예상하여 그 귀추를 주목하였다.[53] 특히 그는 1902년 영일동맹이 결성되었을 때 이를 조선과 러시아에

---

51) 신용하,「3·1독립운동 발발의 경위」, 앞의 책, p.44 참조.

52)「默菴備忘錄」, 앞의 책, 16, 1898년 4월 7일자.
　　聞露獨日等外國勢　以漸入介利權獲得云　此當以決斷閉塞　不然則我國之
　　富 沒入彼手　故余主大韓帝國民力會會員多數　疏于政府　利權之確守　以保
　　民國之富力富强　納忠排佞輩　以政府之必然策　余會員雖有微力寒勞　專納
　　而守利權乎

53) 위의 글, 앞의 책, 17, 1900년 1월 29일자
　　漸高日露開戰說　沈及長安一隅

대한 위협으로 간주하고 다음과 같이 깊은 우려와 함께 자강할 것을 강조하였다.

> 聞駐英日公使與英國外部 爲約日英同盟此6條 限5個年間云 日英協商(同盟) 威脅于我國及俄國 尤脅我國 欲將侵韓前提此必是然矣 憂也又慮也 不講自强自奮故矣[54]

제1차 세계대전 이후 윌슨의 민족자결주의에 희망을 걸게 된 것도 이러한 천도교측의 시국관과 같은 흐름에서 생각할 수 있다.

천도구국단은 1916년에 이르러 민족운동을 좀더 활성화하기 위해서 사회의 원로급 인사들과 접촉하여 독립운동의 상징적 존재가 되어줄 것을 요청하였다. 이종훈(李鍾薰)은 이상재(李商在), 김홍규는 한규설(韓圭卨), 홍병기는 박영효, 장효근(張孝根)은 김윤식(金允植), 이종일은 남정철을 찾아가 교섭하였으나 이상재만 기독교도를 대중봉기에 동원할 수 있다는 협조 의사를 표명하였을 뿐 대부분 부정적이어서 이 계획은 실패하고 말았다. 민족운동에서 적극적 태도를 보였던 천도구국단에서 이들과 접촉을 시도했던 이유는 두 가지 의미에서 생각할 수 있다. 첫째는 손병희 등 천도교 중앙총부측 태도가 신중론으로 일관해 있었던 때문이고, 둘째는 포섭하려 했던 인물들이 민족의식의 한계는 있었으나 개화사상에 기초하고 있어서 그 점은 능히 극복할 수 있을 것으로 생각했던 때문일 것이다. 이렇게 볼 때 천도구국단의 민족운동관 역시 비판의 여지가 있다.

결국 천도구국단은 1917년 권동진·최린·오세창·이종훈 등과 함께 윌슨 대통령의 민족자결주의 원칙과 러시아 혁명 이후의 새 내각 건설 등 국제정세의 변화를 분석한 후 천도교에서 이에 능동적으로 대처할 것을 손

위의 글, 위의 책, 1900년 1월 30일자.

大憂日露開戰說 何則 我國側蒙尤被害故也

54) 위의 책, 1902년 2월 28일자.

병희에게 거듭 건의하게 되었다. 그러나 손병희는 대중시위보다 독립청원을 제의하여 끝까지 소극적 태도를 보였다. 종교적 입장을 고수한 것이다.

대중시위에 의한 독립운동 계획이 본격적으로 추진된 것은 1918년 1월 8일 월슨이 정식으로 민족자결주의 원칙 14개조를 발표한 이후부터라고 할 수 있다.[55] 같은 해 2월 리투아니아·에스토니아가 독립을 선언하고 5월 체코·유고·폴란드 등이 민족 자주권을 선언하는 등 급변하는 국제정세에 영향을 받았던 것은 물론이다. 이종일 등 보성사 사원이 삼갑운동(三甲運動)의 재현을 주장하여 천도교의 독단적 거사를 제의할 정도로 과격했던 것과는 달리 손병희·권동진·최린·오세창 등은 각계각층의 대중을 통합하자는 대안을 제시하는 신중성을 보였다.

그리하여 이들은 시위운동에서 지켜야 할 조건으로 대중화·일원화·비폭력의 3개 원칙을 결정함으로써 갑오·갑진의 민족운동에 이어 무오독립시위운동을 결정하였던 것이다.[56] 9월 9일을 거사일로 하여 최남선(崔南善)이 독립선언문을 작성하기로 했으나 원로급 인사의 교섭 지연, 자금 부족, 대중동원의 미성숙으로 지연되어 결국 만주의 중광단(重光團)에게 '무오독립선언서'를 최초로 발표할 기회를 허용하게 되었던 것이다.

이러한 일련의 움직임은 1917년 김시학(金時學)의 발의로 전개되기도 하였다. 도중에 이 안(案)은 천도교·기독교·유림의 3종단을 연합하고 송진우(宋鎭禹) 등 중앙학교(中央學校) 팀과 윤용구(尹用求)·한규설(韓圭卨) 등 구 관료층 모두를 총망라하여 1만 명의 서명으로 이루어진 독립청원서를 독일 수뇌부에 제출한 후 거족적 독립시위운동을 일으킨다는 것이었다.[57] 이러한 모든 노력이 결집되어 내재적으로 3·1운동의 분위기가 점차 성숙되어갔다고 할 수 있다.

---

55) 이현희, 「3·1민주혁명에 관한 연구」, 앞의 책, p.184 참조.
56) 「默菴備忘錄」, 『한국사상』 18, 1917년 4월 10일자.
   吾等之民衆運動方法 則煽起農漁民勞動者 商人學生層 以罷業爲汎起民
   衆運動 妥吾等乃着手罷業勸勉矣
57) 신용하, 「3·1독립운동 발발의 경위」, 앞의 책, p.182 참조.

3. 천도교와 3 · 1독립운동

3 · 1독립운동은 거족적 독립운동으로서 어느 한 종파나 계층이 단독으로 추진한 운동이 아니었다. 독립이라는 민족 공동의 목표가 작용한 사상 초유의 대규모 민족운동이었다. 그러나 여기에는 여러 가지 복합적 요인이 작용하였다.

외부적 요인을 보면 제1차 세계대전 발발과 종전에 따른 윌슨 대통령의 평화안 14개조를 들 수 있다.[58] 따라서 식민지 국가의 입장에서는 민족자결주의의 원칙과 국제연맹 결성이라는 문제에 주목하게 되었고 이 때를 민족운동의 최적기로 보아 이에 능동적으로 대처하게 되었다. 우리 민족이 독립운동에 대하여 현실적 자신감을 갖기 시작한 것은 제1차 세계대전 발발과 일본이 이에 참전한 때부터이다.[59] 독일 승리에 대한 예견이 빗나갔으나 곧 이어 민족자결권에 자극을 받고 3 · 1운동을 전개한 것이 이를 말해 준다. 당시 우리 민족은 국내의 항일투쟁과 더불어 해외망명지 인사들에 의하여 외교적 활동이 활발히 전개되고 있었다. 상해에서는 1917년 8월 스톡홀름의 만국사회당대회에 조선사회당 이름으로 신규식(申奎植) 등을 파견하여 독립을 요청하였고, 미주에서는 그 해 9월에 뉴욕의 25개 약소국

---

58)『의암 손병희선생 전기』, 1967, pp.310~311 참조. 이미 대전이 끝나기 전 1918년 1월에 미 대통령 윌슨은 전후 처리의 기본 태도를 교서 형식으로 발표하여 전후의 항구적 평화와 질서 유지를 14개 조항을 들어 구체적으로 제시하였다. 이를 요약해 보면, 1. 모든 외교조약의 공개 2. 전시나 평화시의 해양 항행의 자유 3. 경제적 장애 철폐와 자유무역 4. 군비축소 5. 식민지 요구의 조절 6. 러시아에 대한 철병과 원조 7. 벨기에의 주권 존중 8. 알사스 · 로렌의 프랑스의 반환 9. 민족자결주의의 勵行 10. 오스트리아, 헝가리, 민족문제 11. 발칸 반도 문제의 해결 12. 터키 문제의 처리 13. 폴란드의 독립 14. 국제연맹의 창설로서 국제연맹 창설, 민족자결권 보장, 해양의 자유, 공명정대한 외교, 군비 제한을 골자로 하는 이념적인 것이었다.

59) 張龍鶴, 「3 · 1운동의 발단 경위에 대한 고찰」, 『3 · 1운동 50주년 기념논집』, 동아일보사, 1969, p.203 참조.

회의에 박용만을 파견하였으며, 노령(露領)에서도 그 해 12월에 전로한족
중앙총회(全露韓族中央總會)를 창립하고 간도의 교포와 연락하여 러시아
의 볼세비키와 제휴한 후 항일투쟁을 전개할 것을 결정하였다. 종전 후 파
리 강화회의에 대처하여 처음으로 행동을 취한 곳은 미주 지역이었다.
1918년 12월 1일 이승만·정한경·민겸호를 파리 강화회의에 파견하도록
주선했으나 뜻을 이루지 못하였고, 상해에서 1919년 1월 신한청년당의 여
운형 등이 평화회의와 미국 대통령에게 독립청원서를 제출하기 위하여 김
규식을 대표로 선정하였으나 이 또한 실행하지 못했다. 그러나 3·1운동
을 가장 먼저 준비하여 국내와 연결을 맺게 한 공로가 크다. 요컨대 3·1
독립운동의 진원지는 상해의 신한청년당이라 하겠다.60)

　　국내 활동 중에서 가장 중요한 것은 종교단체를 중심으로 민족대연합전
선이 결성된 것이다. 물론 천도교와 기독교계의 지도층이 조직 단계에서
공헌한 것은 사실이나 다음 단계의 거족적 대중시위운동으로 전개될 수 있
었던 것은 민족의 독립의지가 성숙되어 있었기 때문이다. 당시 한국사회는
독립 요구가 전체에 충만해 있었다. 1900년대의 애국계몽운동과 의병운동
으로 민지(民智)가 어느 정도 계발되어 국권회복 의식이 고취되어 있었기
때문이다. 그러나 일제는 1910년대에 무단적 식민통치를 자행하였다. 105
인 사건을 시발로 하여 민족운동 지도자들을 대량으로 구금·탄압한 데
이어서 고종 독살까지 감행하는 상황에 이르러 민족의 반일감정이 정면으
로 노출되었던 것이다.

　　한편 이러한 상황에서 천도교의 사회적 역할은 절대적이었다. 천도교에
서는 이미 언급한 바와 같이 이종일·장효근(張孝根) 중심으로 1910년 9

---

60) 신용하, 「3·1독립운동 발발의 경위」, 앞의 책, p.48 참조. 파리 강화회의에
　　김규식을 한국 대표로 파견할 것을 결정하는 한편, 국내에는 선우혁·김철
　　등을 1차로, 서병호·白南圭 등을 2차로 파견하여 독립운동 지원자금을 독
　　려하였고, 일본에는 趙鏞殷·張德秀를 파견하여 유학생의 독립운동을 종용
　　하였다. 또 해외의 간도와 노령 연해주에는 여운형을 파견하여 독립운동 계
　　획을 그 곳 동지들에게 알리고 동의를 구하였다.

월부터 독립운동 계획을 진행하고 있었다. 1914년 4월 제1차 세계대전이 발발하자 천도구국단을 조직하고 세계정세 분석을 본격화하고, 1918년에 시국선언문을 준비하는 한편 9월 9일을 거사일로 정하여 무오독립시위운동을 계획하기까지 하였다. 독일의 패배로 일본 등 연합국의 승리가 확정됨에 따라 일단 계획을 중단하기는 하였으나 천도교 내부의 대중운동 분위기는 일층 고조되고 있었다.

당시 국제정세의 추이에 깊은 관심을 가지고 있었던 국내 인사들의 대부분이 천도교·기독교·학계의 인사들이었다. 특히 손병희는 일찍부터 국제간의 전황과 중국의 혁명 과정을 주시하고 있었다. 그는 1904년 러일전쟁이 일어났을 때 그 귀추에 주목하여 진보회를 설립하고 일본의 편에서 전승국의 유리한 입장이 되기 위하여 민회 운동을 추진하였다. 결국 일진회와의 합류로 실패한 후 교정 분리를 선언하였지만 내면적으로는 여전히 외세를 역이용하는 국권회복운동의 준비를 지속하였다.61) 그는 항상『매일신보』,『경성일보(京城日報)』외에 일본에서 간행하는『오사카아사히신문(大阪朝日新聞)』과『오사카마이니치 신문(大阪每日新聞)』을 구독하였으며 교회 지도층과 국제정세의 동향에 관하여 토론을 하고 대책을 논의하였다.62)

손병희는 1918년 8월 설법에서 시국에 관하여 언급하는 중에 당시 시대적 상황이 개벽할 기회라는 것을 강조하였으며, 그 해 12월에는 최린·오세창·권동진 등과 더불어 교회·학교·시국에 관한 문제를 논의하는 중에 주권 회복과 독립 달성의 의사를 세계 여론에 호소할 것에 의견의 일치를 보았다. 몇 가지 방안을 강구하였는데 무력봉기, 대중시위, 외교활동, 국민대회 소집, 독립청원서 제출, 독립선언문 발표 및 발송, 철시(撤市) 단행, 기도회와 강연회의 개최, 일인 배척과 일화 배격(日貨排擊)의 무언행동

---

61) 신용하,「3·1운동의 주체성과 민족자결주의」,『한국사상총서』Ⅶ, 한국사상연구회, 1977, pp.52~53 참조.
62)『의암 손병희선생 전기』, p.323 참조.

(無言行動) 등이 제기되었다.[63] 실행이 가능하면서 큰 효과를 거두고 희생을 적게 낼 수 있는 방안을 어느 한 가지로 선정하기보다 대중시위운동과 독립선언문의 선포를 병행하는 방법을 택하였다.

이와 같이 1918년 11, 12월 천도교측에서는 중앙총부의 최린·권동진·오세창이 주축이 되어 대중시위운동 계획을 처음으로 구체화하였던 것이다. 손병희의 재가를 얻은 것은 그 후 여러 차례의 논의를 거친 다음인 1919년 1월에 이었다. 당시 그는 이들 3인의 제의에 대하여 국제정세 변화를 최대한 이용할 것을 다음과 같이 당부하였다.

> 장차 우리 面前에 전개될 시국은 참으로 중대하다. 우리들의 千載一遇의 好機를 無爲無能하게 간과할 수 없는 일이다. 내 이미 定한 바 있으니 諸君은 十分 분발하여 大事를 그르침이 없게 하라.[64]

이로써 비폭력·대중화·일원화의 3대 운동원칙을 재확인하고[65] 민족의 독립을 도의적으로 세계에 호소하는 평화적 독립운동 방법을 계획하였다. 이것은 밖으로 인도주의의 후원을 얻고 안으로는 일본 정부와 협의하여 자치를 얻는다는 이른바 독립청원의 형식을 취한 것이다. 그러나 이러한 태도는 천도교 지도층의 사상이 예속자본계층의 전형적 사상과 흡사하다고 하는 비판을 면하기 어렵다.[66]

이 무렵 천도교 지도층의 시국관을 보면 윌슨 미국 대통령의 민족자결주의에 회의적이었다.[67] 민족자결주의 적용 대상이나 원칙을 정확히 파악

---

63) 위의 책, pp.322~325 참조.

64) 위의 책, p.325.

65) 최린, 「(여암의 3·1운동수기) 3·1운동의 전모」, 『신인간』 468, 1989, p.15 참조.

66) 안병직, 「3·1운동에 참가한 사회계층과 그 사상」, 『역사학보』 41, 1969, pp.49~50 참조.

67) 이현희, 「3·1운동 재판기록을 통해서 본 천도교 대표들의 태도 분석」, 『한

하고 있었기 때문에 당시의 대중시위운동이 독립을 가져올 것이라는 기대
는 하지 않았다. 다만 평화안 14개조나 파리 강화회의 개최를 독립운동의
가장 좋은 기회로 포착하여 민족의 독립정신을 고양하고 독립의지를 표방
하려 했던 것이다. 손병희가 1919년 2월 22일 49일 기도를 마친 후 천도교
간부들에게 당부한 말을 보면 당시를 민족운동의 적기로 여겨 최대한 활용
하려 한 의지가 드러난다.[68] 민족자결주의가 직접 우리 민족에 적용되지
않을지라도 외교적으로 독립의지를 선양하고 민족에 독립정신을 고취하는
의미에서 종전 직후의 국제정세를 호기로 이용해야 한다고 하였다. 그가
당시를 기회로 본 것은 독립전쟁론에서 말하는 최적기로서 한말의 애국계
몽운동가들과 당시 민족운동지도자들의 독립전술과 같은 입장에서 생각할
수 있다.

독립전쟁의 기회를 능동적으로 포착하려면 민족 실력양성이 우선이어야
한다는 주장은 『대한매일신보』에서 다음과 같이 게재될 만큼 당시 민족운
동의 일반적 경향이었다.

> 吾人의 기회가 無하야 성공을 못하는가 실력이 無하야 성공을 못하는
> 가 曰 기회가 無하야도 성공키 難할지며, 실력이 無하야도 성공키 難할
> 지나, 然이나 오즉 실력이 爲先이니라. 何故로 然한가. 기회가 아모리 有
> 하야도 실력이 無하면 성공치 못할지며 又或 우연히 성공이 되더라도 此
> 는 진정한 성공이 아닌 所以니라.……실력이 有하면 기회는 자연 도래하
> 는 者니, 人의 言에 曰 滿世間이 皆 機會라 함이 此를 위함이라. 故로
> 실력만 有하면 기회의 無는 憂하기 부족하되 此와 반대로 기회를 當하
> 야 아모리 실력을 求코자 하야도 不可得이니. 고로 실력이 無하면 기회
> 가 來하야도 喜하기 부족하니라.……[69]

국사상총서』IV, 1982, p.375 참조.

68) 『의암 손병희선생 전기』, p.343. "우리가 만세를 부른다고 당장 독립이 되는
건 아니오. 그러나 겨레의 가슴에 독립정신을 일깨워 주어야 하기 때문에 이
번 기회에 꼭 만세를 불러야 하겠오."

민족의 실력과 독립전쟁의 기회를 밀접한 관계로 보고 국제정세 포착에 예의 주시할 것을 기사화할 정도로 독립전쟁론은 보편화되었던 것이다. 제1차 세계대전이 진행중인 1917년 이종일이 무장세력을 양성할 것과 농어민·노동자·상인·학생 등의 대대적 파업을 통한 범국민적 봉기를 계획한 것이나,[70] 독일의 승리를 전제로 하여 김시학이 발의한 독립운동,[71] 1918년 이종일 등이 계획한 무오독립시위운동이 그 좋은 예이다. 이러한 계획은 중단되어 실현을 보지 못했으나 국제정세 변화를 능동적으로 포착했다는 면에서 의의가 크다.

민족자결주의에 대한 천도교 지도층의 인식은 한결같이 민족자결 원칙이 조선의 독립과 직결되지 않는다는 입장이었다. 이러한 인식은 오세창이 뒤에 경성지방법원 심문에서 답변한 다음과 같은 내용에 잘 나타난다.

> 대통령이 제창하고 있는 민족자결로써만은 청원서에 따라 조선을 독립시켜 주리라고는 생각하지 않는다.[72]
> 그것은 전란에 관계된 나라에 있어서는 실행되고 그 밖의 나라에 있어서는 곤란한 것이라고 생각하고 있었다.[73]

---

69) 『대한매일신보』, 1910년 1월 13일자.

70) 「默菴備忘錄」, 앞의 책, 1917년 4월 10일자.
　　吾等之民衆運動方法　則煽起農漁民勞動者商學生層　以罷業爲汎民衆運動
　　妥吾等及着手罷業勸勉矣

71) 韓國同志援護會 編, 『한국독립운동사』, 1956, p.95 참조. 金時學의 독립운동안은 천도교, 기독교, 유림의 3종단을 연합하고 사회 인사들 중에서 이상재, 송진우, 윤치호, 윤용구, 한규설, 박영효, 김윤식 등과 제휴하여 1만 명이 서명한 독립청원서를 독일 수뇌에 제출하자는 것인데, 1918년 11월에 독일이 패함에 따라 도중에 포기하였다.

72) 金正明 편, 『朝鮮獨立運動』 IV 3·1運動編 2, 1919년 4월 9일, 京城地方法院 永島雄藏 판사, 1967, p.518 참조.

73) 위의 책.

　여기서 그는 민족자결주의의 효력과 적용 범위에 대한 견해를 밝히고 있다. 권동진도 다음과 같이 민족자결론 적용 범위를 오세창과 같은 입장에서 생각하고 있었다.

　　작년 12월경이라고 생각되는데 목하 파리 강화회의에서 토의중에 제창한 윌슨 미 대통령의 14개조 선언 중에 민족자결이란 조항이 있는 것을 신문에서 보고 우리 조선도 민족자결에 의하여 독립을 하는 것이 可하다는 생각이 있어 이것을 동지인 오세창, 최린과 상의하고 3인은 동지를 규합하여 독립운동을 하려고 하였다.74)

　여기서 그는 이 문제의 구체적 대처 방안을 제시하고 있다. 윌슨 대통령의 14개 조항 중 민족자결론 원칙은 조선의 경우에도 적용되어야 한다는 당위론을 주장하였다. 뿐만 아니라 그렇게 하기 위하여 그들이 취할 구체적 방법도 다음과 같이 제시하였다.

　　선언서를 배부하고 총독부 및 일본 貴·衆 兩院에 청원서를 제출하며 또 파리의 강화회의에도 진정서를 제출하면 그것이 국제연맹 회의에서 문제가 되어 곧 강화회의에도 문제가 상정될 것이고……75)

　외교적 노선을 통하여 민족자결 원칙이 수정될 것을 기대하였던 것이다. 최린도 다음과 같이 조선에 대한 국제 여론의 환기를 3·1독립시위운동의 직접 목적으로 들었다.

　　방금 세계대전이 종전에 이르러 강화회의에서 세계평화를 제창함에 있어서 이 때 조선 민족에 대한 동정을 일으킬 생각을 가지고 있었다.76)

---

74) 위의 책, 1919년 3월 10일, 검사 河村靜水, p.516 참조.
75) 위의 책, 1919년 8월 20일, 豫審答辯內容 요약, p.517 참조.
76) 위의 책, 1919년 3월 5일, 檢事訊問 問答內容 요약, p.511, 514 참조.

평화 분위기가 성숙되어 가고 있는 세계적 조류에 따라 평화적으로 자주구국운동을 전개하여 독립을 성취하려 하였음을 알 수 있다. 이와 같이 천도교 지도층은 국제정세를 비교적 상세히 파악하고 있었기 때문에 전통적으로 성숙되어온 내재적 독립의지를 바탕으로 민족자결주의가 거론되는 정국을 독립운동의 호기로 십분 이용하였다.

천도교의 이러한 시국관은 독립관으로 이어졌다. 손병희는 3·1독립시위운동의 근본 취지에 대하여 경찰심문조서 답변 중에 다음과 같이 진의를 밝히고 있다.

그 목적은 선언서에 있는 바와 같이 국권을 회복하여 조선 독립을 계획한 것이다.[77]

나는 조선도 민족자결 취지로서 독립이 될 희망을 가지고 곧 일본 정부에 대하여 그 취지를 건의하고 일변 大事를 선언하려고 생각하고 있었고, 밖으로 기독교측에서도 그런 계획이 있어 쌍방의 의사가 합치되어 독립선언할 것을 결정하였다.[78]

여기서 대중시위운동에 의하여 민족자결주의를 전승국의 식민지에도 적용케 함으로써 조선 독립을 관철하려 한 의지가 엿보인다. 최린도 그의 자서전에서 독립운동이 민족적 숙원사업임을 강조하는 한편, 운동의 일원화에 대하여 그 중요성을 설파하였다.[79] 이러한 시국관이나 독립관은 천도교 지도층에 국한된 것이 아니라 민족운동 지도자 전반에 걸쳐 일반화되었던

---

77) 金正明 편,『朝鮮獨立運動』I 民族主義運動篇, 1919년 3월 1일, 警察訊問調書, 原書房, 1967, p.783 참조.

78) 위의 책, 1919년 3월 7일, 검사 河村靜水, p.788 참조.

79) 최린,「(3·1운동수기) 3·1운동 전모」,『신인간』468, 1989, p.20. "도대체 일국의 독립운동은 민족 전체에 관한 대사업입니다. 이와 같은 민족적 과업에 있어서 종교의 異同이거나 당파의 구별이 있을 수 없고 또는 독립운동이 만일 분산적으로 된다면 그것은 독립운동에 대한 민족적 불통일을 의미하는 것이니 절대로 통합해야만 한다."

것이 당시의 상황이다.

그럼에도 불구하고 천도교 지도층이 독립운동의 초기 조직 단계에서 계획을 주도하는 위치에 있을 수 있었던 이유는 무엇일까? 기존의 전국적 조직체나 사회단체로서 그 때까지 국내에 남아 있던 것은 오직 종교단체나 학교뿐이었다. 따라서 거족적 독립운동은 새로운 단체를 조직하지 않는 한 종교단체나 학교가 주도할 수밖에 없었다. 3·1독립운동 직전 준비단계에서 민족대연합전선의 결성 문제가 논의되었던 것도 바로 이러한 이유 때문이었다. 당시 유수한 종교단체로서는 불교·유교·기독교·천주교·천도교 등이 있었으나 큰 세력을 형성하고 있었던 것은 천도교와 기독교였다.

기독교가 번성했던 지역은 장로교파의 평안도 지방과 감리교파의 서울로서, 서구 선교사들과의 관계로 인하여 타종교에 비하여 비교적 탄압을 적게 받았으며, 결사단체와 학생들 중심으로 전파되어 있었다. 기독교측에서도 일찍이 상해의 신한청년당과 국내의 신민회, YMCA를 기반으로 독립전쟁론에 입각한 독립운동을 준비해 왔다. 그러나 천도교나 천주교와 같이 통일된 구심점이 없었으므로 지휘 체계나 독립운동 자금 조성에 있어서 천도교를 따르지 못하였다. 따라서 교주의 권위로 보나 조직과 자금 조성의 면에서 조건이 우세했던 천도교가 독립운동을 주도할 수 있었다.

종교적 입장에서 손병희의 권위는 절대적이었다. 그가 일반 교도에 대한 교화뿐만 아니라 독립운동 전개에 관한 합리적 방안으로 강구한 수단은 기도회였다.[80] 특히 49일 기도식을 통하여 보국안민의 실현을 기원하게 함으로써 이신환성(以身換性)의 정신을 교도들에게 환기시켰다. 49일 기도식은 4월 5일의 천일기념일(天日紀念日), 8월 14일의 지일기념일(地日紀念日), 12월 24일의 인일기념일(人日紀念日)의 3대 행사 때 서울과 각 지방 교구의 간부들을 소집하여 시일식(侍日式)을 마친 다음 각자 소속 교구에서 행하는 기도회인데 그는 독립운동을 추진하는 첫 사업으로 기도회

---

80) 박현서, 「3·1운동과 천도교계」, 『3·1운동 50주년 기념논집』, 1969, p.227 참조.

개최를 이용하였다.

그리하여 그는 1918년 12월 24일 인일기념일에 지방교구장 이하 다수의 지방 간부 및 중앙의 천도교 간부들이 모인 기회에 이러한 뜻을 강조하고 각 교구에 돌아가 1919년 1월 5일부터 49일 기도회를 개최하도록 명하였다. 그리고 서울·해주·의주·길주·원주·경주·서산·전주·평강에 기도장소를 마련하여 각기 이곳에 4명의 대표를 파견하여 기도식을 지도하게 함으로써 3·1독립운동에 대비하여 각 지방의 교회 조직을 점검하였던 것이다.[81]

천도교의 조직은 중앙총부 산하 각 지방에 교구를 두었다. 교구의 수를 보면 1914년 7월 37개의 대교구였던 것이 1934년에는 국내외에 모두 104개 교구로 증가하였다.[82] 1906년 3월 16일자 『황성신문』에 의하면 당시 교구의 수가 72개이며 각 교구마다 교인이 10만 명이 된다고 하였다. 그러나 1910년 7월 7일자 『황성신문』에는 3·1운동 당시 교적(敎籍)에 오른 자가 300만이고, 교도의 의무를 다하는 자가 백 수십만 명에 이르렀다고 한 것으로 보아 교인의 수가 백만 명 이상은 되었을 것으로 추정된다.

교도의 대부분은 농민과 상공인들이었기 때문에 천도교 조직망은 이들을 기반으로 주로 농촌 각지에 분포되어 있었다. 매시일(每侍日)의 예비·기도 외에 3대 기념시일(紀念侍日)과 교조탄생일의 연회에 1,000명 이상의 지방 교도를 상경케 하여 상호간에 친목을 도모함으로써 동지의식을 고취하였고 교주와 교도, 교도 상호간의 유대를 강화하였다.[83] 그러므로 천도교도 간에 교조로서의 손병희의 권위는 절대적이었다.

교회의 재정면을 보면 그 원천은 1907년부터 실시해 온 성미제에 있었다고 할 수 있다. 교도마다 매 식전에 성미 한 숟가락[一匙]씩을 비축했다

---

81) 『의암 손병희선생 전기』, pp.324~325 참조.
82) 「천도교청년당소사」, 『동학사상자료집』 3, 아세아문화사, 1979, pp.102~125 참조.
83) 『의암 손병희선생 전기』, pp.271~272 참조.

가 교회당에 헌납하고 각 교회당은 매월 말에 성미의 반을 중앙총부에 보냈다. 한때 폐지되었다가 1914년 3월부터 무기명 성미제가 실시되면서 교도 수의 증가와 더불어 교회 재정이 비축되었다. 3·1운동 발발 전에는 성미액(誠米額)이 매년 10만 원 정도에 이르렀고 그 반액이 중앙총부에 납부될 정도였다.[84]

1918년에는 27만 원 예정으로 중앙교당(中央敎堂)을 건립하기로 하였었고, 3·1운동 발발 당시 자금이 가장 어려웠던 때도 한성은행(漢城銀行)에 3만 원, 상업은행에 3만 원, 한일은행(韓一銀行)에 6,600원이 예치되어 있었다.[85] 또 기독교측에 독립운동 자금 5,000원을 교부할 당시만 해도 별도로 해외에 독립운동 자금을 송금하였다. 1919년 1월에 신한청년당에서 한송계(韓松溪)·선우혁·장덕수·김철(金澈) 등을 국내와 일본에 파송할 때 선우혁은 국내의 기독교측과 접촉하였고, 김철은 천도교측과 접촉하여 활약하였는데 이 때 천도교측에서 3만 원을 교부하여 김규식의 파리행을 도왔다. 이와는 별도로 또 2월 중순에는 6만 원을 2회에 걸쳐 만주에 보냈다. 이 밖에 독립운동을 위하여 천도교 자체 내에서 사용한 금액도 막대하였다.[86]

이와 같이 거대한 조직과 자금을 구비하고 있으면서도 3·1운동의 초기 조직 단계에서 대중시위운동의 단계로 넘어갈 때 시위 군중을 조직적·효율적으로 동원하지 못한 것이라든지, 독립운동 전개 후에 뒤따라야 할 정치적 목표나 뚜렷한 행동지침이 마련되어 있지 못했다는 것, 또한 민족대

---

84) 박현서, 「3·1운동과 천도교계」, 앞의 책, p.233 참조.

85) 표영삼, 「3·1운동과 천도교」, 『신인간』 468, 1989, p.6 참조 ; 『의암 손병희 선생 전기』, p.339 참조. 11월부터 모금운동을 시작하였다. 이 때 약 50만 원 가까이 모금되었는데 대교회당 건축과 중앙총부 사무실 건축에 필요한 27만 원을 제외한 나머지 금액은 독립운동 자금으로 쓰기로 하였었다. 일제의 탄압으로 자금 일부가 은행에 동결되었으나, 나머지 금액을 비밀리에 보관하여 3·1독립운동 준비 단계에서 각종 비용에 충당할 수 있었다.

86) 『의암 손병희선생 전기』, p.341 참조.

연합 결성 단계에서 구한말의 고관대작을 민족의 대표로 추대하려 했던 것은 비판의 여지가 있다. 그러나 천도교 지도층의 역사관을 최제우의 '시천주', 최시형의 '사인여천', 손병희의 '인내천'으로 발전한 천도교 이념의 관점에서 볼 때 이러한 의문은 쉽게 풀릴 것으로 본다.

천도교측에서 3·1운동을 주도한 목적은 단순히 일제에 항거하여 민족의 독립을 쟁취하는 것만이 아니었다. 그 목적은 두 가지 입장에서 생각할 수 있다. 첫째로 낡은 문화는 물러가고 새 문화가 다시 개벽된다는 종교적 후천개벽의 입장이다. 인간의 존엄성을 도외시한 상황에서 인본주의적 질서로 향상시키는 새 문화의 창조를 위하여 3·1독립운동을 추진하였다고 볼 수 있다.[87] 둘째는 민족자결주의 원칙과 국제사회의 모순을 선도하여 약소민족과 일반 대중의 이익을 대변하려 한 교정일치의 입장이다. 사회구조의 개혁은 인간의 의식 즉 사상 체계가 수립되어야 가능하다는 것이 동학 창도 이래 천도교 지도층의 지론이다. 그러므로 천도교는 인간의 존엄성을 보장하는 이념집단으로서 자유·평등·민주·번영을 실현하기 위하여 항구적 개벽운동의 일환으로 3·1운동을 주도했다고 할 수 있다.

천도교의 이러한 역사의식은 민족연합전선을 구성하기 위하여 민족대표급 인물을 선정하는 대상으로 구관료를 포섭하는 과정에서 실패한 후, 최남선·송진우가 독립운동 계획을 중도에 포기하려 했을 때 이들을 격려한 최린의 다음과 같은 말에서 잘 나타난다.

> 그 사람들은 이미 老朽한 인물들이다. 독립운동은 민족적 제전이다. 신성한 祭需에는 늙은 소보다 어린 羊이 좋다. 차라리 깨끗한 우리가 제물이 되면 어떠냐[88]

---

87) 『개벽』 1, 「창간사」, 1926 참조. 새 시대·새 문화·새 사람의 인내천 생활을 강조함으로써 천도교의 기본 자세를 주지시켰다. 제5장에서 상술하기로 한다.

88) 최린, 「(3·1운동 수기) 3·1운동 전모」, 앞의 책, 468, 1989, p.18 참조.

　여기서 낡은 것을 버리고 새 것으로 바꾸자는 1920년대 신문화운동의 본질을 엿볼 수 있다. 3·1운동을 일시적인 민족운동으로 하려는 것이 아니라 인본주의에 근거한 인내천 운동의 일환에서 시도하고 있었던 것이다.

　3·1독립운동에 있어서 천도교 지도층의 역할은 독립운동 전개의 3대 기본원칙 확정, 일원화에 따른 기독교·불교측과의 제휴, 선언문의 기초·인쇄·배포, 대중화를 위한 구관료 포섭 시도와 교도의 동원, 운동자금의 조달, 해외에 독립운동기금의 송금, 독자적 학생운동을 규합하는 일 등 실로 3·1운동 모의에서부터 선언문 낭독에 이르기까지 거의 모든 준비 업무를 주도하였다. 3·1운동의 과정을 초기 조직 단계와 후기 시위운동 단계로 구분해 볼 때 천도교 지도층의 이와 같은 역할은 전자에 속하며, 후자의 경우는 지방교도의 역할에 해당된다.[89]

　3·1운동의 대중시위운동은 1890년대의 교조신원운동이나 갑오동학운동에서와 같이 천도교의 기치를 표방하고 시위에 참여한 것이 아니기 때문에 천도교계의 참가 규모나 활약상에 대한 분석·검토가 불명확하다. 천도교도는 각계각층의 일반 대중과 서로 유기적 관계를 유지하고 있어서 아직까지는 3·1운동 참가자 전체를 지역·직업·시기별로 통계하는 정도이며 천도교측 입장에서 연구된 것은 제암리와 화수리 사건의 경우를 제외하고는 거의 없다.[90]

　따라서 초기 조직 단계에서 공헌한 천도교 지도층의 역할을 단계적으로 분석함으로써 3·1운동과 천도교의 관계를 부분적으로 규명해 보기로 하겠다.

---

89) 박현서, 「3·2운동과 천도교계」, 앞의 책, p.223 참조.

90) 성주현, 「3·1운동과 화수리」, 『신인간』 474, 1989, pp.31~39 참조. 경기도 화성군 화수리의 만세시위는 이 지역의 천도교 책임자 백낙렬의 지시에 따라 4월 3일에 본격적으로 전개되었는데 참가한 주민 2천여 명 중 대부분이 천도교도이며 이 때 일본군 수비대는 마을의 전 가옥에 방화하고 천도교측 주동자를 참살하였다. 또한 제암리 사건도 교회 안에서 참살당한 주민 24명 중 15명은 천도교 신자이며 그 이름도 기록으로 전해오고 있다.

손병희는 1918년 8월 시국의 추세에 관한 토론회에서 개벽의 기회가 도래했음을 주지시키고 민족의 각성을 고양시키는 한편 교단 자체적으로 연성기도회(練性祈禱會)를 개최하여 거사를 위한 일련의 조치를 취하였다.[91] 이후 같은 해 11월 5일 49일 기도회를 주선하여 교단조직의 점검과 지휘 계통을 확인하였으니 실로 3·1운동의 구체적 계획은 이 때 거의 이루어졌던 것이다.

천도교측의 독립운동 전개 과정을 편의상 3시기로 구분해 보면, 제1기는 보성사팀의 이종일 등이 무오독립시위운동을 계획한 때부터 1월 5일 기도회가 시작되기까지이다. 개별적이나마 독립운동을 위하여 탐색하던 때라고 할 수 있다. 제2기는 1월 5일부터 49일 간의 기도회 개최 시기로 독립운동 계획의 대부분이 이 때 이루어졌다. 천도교 중앙총부의 최린·오세창·권동진이 중앙학교의 현상윤·송진우와 뜻을 모아 민족연합전선 결성을 위한 접촉을 광범위하게 시도하는 한편, 해외의 독립운동과 제휴하고 독립선언문을 작성한 때이다. 제3기는 대중화·일원화·비폭력의 3대 원칙을 관철하기 위하여 운동 계획의 확인과 책임부서 확정이 이루어진 시기이다.[92] 이 때 기독교측·학생측과의 완전 합류가 결정되고 민족연합전선 형성이 일단락되었다.

3·1운동을 최초로 발상한 사람이 누구라고 단언하기는 어렵다. 이미 언급했듯이 상당 기간 국내외의 여러 단체가 독립운동을 추진하는 과정에서 상호 유기적 관계를 유지하며 윌슨의 민족자결주의 표방을 독립운동 기회로 이용하였기 대문이다. 그러나 천도교측 입장에서 본다면 독립운동은 1910년 9월부터 이종일을 중심으로 보성사팀이 처음으로 계획하였다고 할 수 있다.[93] 이후 계속하여 천도교측의 독립운동 분위기가 점차 고조되어

---

91) 『의암 손병희선생 전기』, pp.325~326 참조.

92) 박현서, 「3·1운동과 천도교계」, 앞의 책, p.227 참조.

93) 이현희, 「3·1독립운동에 관한 연구」, 『성신여대논문집』 12, 1979, p.120 참조.

1918년 11월부터 12월 사이에 중앙총부의 최린 · 오세창 · 권동진과 수차에 걸친 면담에서 비로소 3 · 1운동 계획이 논의되었다.[94] 그리하여 1919년 1월 20일 경 3 · 1운동의 행동지침이 3대 원칙으로 재확인되었다. 당시 국제정세가 평화적 분위기로 흐르고 있음을 감안할 때 당당하게 독립운동을 전개하려면 대중화 · 일원화 · 비폭력의 민중운동이 가장 적절하였기 때문이다.

이들은 민족연합전선의 결성을 위하여 1차적 사업계획으로 책임부서를 결정하였다. 오세창 · 권동진은 천도교측에 관한 것을, 최린은 대외적 포섭을 맡도록 하였다.[95] 최린은 최남선 · 현상윤 · 송진우 등과 회합하고 첫번째 포섭 대상으로 민족의 신망을 받는 사회의 중진급 인사로 정하였다. 운동의 대중화를 위해서는 이들을 민족대표로 추대함으로써 독립운동 주체를 형성해야 한다는 판단에서 이루어진 일이라 하겠다. 그리하여 2월 상순 경 박영효 · 한규설 · 윤용구 · 윤치호 4인을 지목하여 포섭을 시작하였다.

이 때 박영효를 맡은 사람은 송진우였다. 한규설은 을사보호조약 때의 총리대신으로 조약에 반대한 유일한 각료로서 최린이 맡았고, 윤용구는 구한국의 대신으로 일제의 작위를 끝까지 고사한 인물로서 최남선이 맡았다. 그리고 윤치호는 광무년간(光武年間)에 독립협회의 회장을 역임한 인물로 미국의 신임을 받고 있던 개화파 인사였는데 최남선이 교섭하기로 하였다. 그러나 한규설만이 일의 중대성을 들어 신중히 고려해 보자는 정도의 응락을 하였을 뿐이다. 이와 같이 이들의 소극적 태도로 인하여 독립운동의 주체를 인물 중심으로 형성한다는 계획은 실패하고 말았다. 그리하여 적극적 태도를 보이는 종교계 인사를 규합하는 것으로 계획을 바꿨다. 종교단체와의 교섭은 주로 최린이 담당하였고 그에게 기독교와의 제휴를 건의한 사람은 최남선이다.[96]

---

94) 박현서, 「3 · 1운동과 천도교계」, 앞의 책, p.225 참조.
95) 신용하, 「3 · 1운동 발발 경위」, 『한국근대사론』II, p.68 참조.
96) 최린, 「(여암의 3 · 1운동 수기) 3 · 1운동의 전모」, 앞의 책, p.18 참조.

기독교측은 일찍이 개화파 인사들과 연계되어 신민회 활동에서 독립운동 의지를 보였으며 제1차 세계대전 종전 후에는 독자적으로 독립운동을 계획하고 있었다. 기독교계의 포섭 대상으로 이승훈(李昇薰)을 거론한 것도 그가 신민회 회원이었고 오산학교(五山學校) 교장으로서 종교계나 학계에 잘 알려진 인물이었기 때문이다. 또한 그는 평안도 지역의 예수장로교파 기독교인으로서 애국계몽운동의 경험 외에 지면이 넓었던 관계로 서울의 감리교파와의 합류에 영향력이 있을 것으로 사료되었던 것이다.97) 이승훈과의 첫번째 회합은 2월 12일에 있었다. 송진우가 천도교측의 독립운동 계획을 보고하고 기독교측에서도 동지를 모아 이에 합류할 것을 요청하였다. 이승훈은 즉석에서 이를 쾌히 승락하였다. 그는 이미 105인 사건으로 옥고를 치르기도 했고, 종전 후에 선우혁으로부터 파리 강화회의에 대표를 파견키로 했다는 사실을 들어서 알고 있었다. 또한 평안도에서만이라도 기독교측 독자적으로 독립운동을 일으킬 것을 준비할 정도로 그의 민족의식은 투철하였던 것이다.

그는 우선 평안도 지역의 양전백·유여대·길선주·신홍식 목사 등 대표급 기독교계 인사들과 협의하여 천도교측과의 합류에 동의를 얻었다. 그리고 서울에 상경하여 이를 구체화하려 하였으나 천도교측의 미온적 태도에 접하여 2월 20일 서울 YMCA 간사인 박희도(朴熙道)와 함께 기독교계 단독으로 독립운동을 전개하는 일에 합의하였다. 이와 같이 처음에 순조롭게 시작된 천도교계와 기독교계의 연합전선 결성은 처음에는 천도교측의 애매한 태도로 한때 결렬될 위기에 처하게 되었던 것이다.

이 무렵 천도교측은 구관료 교섭에 실패한 이후 실의에 빠져 있었다. 그러나 최린의 독려로 천도교측은 21일 다시 기독교측과의 연합을 적극 시도하였다. 이를 성사시키는 데는 당시 이종일의 역할이 컸다고 하겠다. 그는 과거 신민회 회원으로 있었기 때문에 이승훈과 친숙한 사이였다.『묵암비망록(默庵備忘錄)』에 의하면 천도교 중앙총부에서 기독교와의 연합을

---

97) 위의 책, p.18 참조.

착안할 무렵 그도 개별적으로 이승훈과 만나 천도교측 독립운동 계획에 참여할 것을 논의한 일이 있다.[98]

이승훈은 처음부터 민족연합전선 결성에 찬성했으므로 재차 합의하는 데 별 이의가 없었으나 독자적 독립운동을 결의한 기독교계의 두 계파 인사들의 의사를 숙지해야 하므로 그들과 다시 협의한 후 최종 승락을 통지하기로 하였다. 당시 기독교계는 독립운동자금 문제로 고통을 받고 있었기에 그는 그 자리에서 5천 원의 보조를 요청했던 것이다. 2월 22일 손병희가 이 문제를 해결해줌으로써 두 종교단체의 연합은 쉽게 이루어질 수 있었다.

천도교계와 기독교계의 연합전선 결성에 가장 어려웠던 문제는 독립운동 전개 방식에 관한 전술면에서의 견해 차이였다. 천도교측에서도 처음에 독립청원 방식과 독립선언 방식의 양론이 있었으나 1월 하순경에는 이 두 가지 방법을 병행하기로 합의하였다. 천도교측은 자체 내에서 중앙총부의 온건파와 보성사팀의 과격파 간에 방법상 이견이 있었다. 기독교측도 평안도 장로교파의 과격파, 서울 감리교파의 온건파로 나눠져 있었다.[99] 당시 박희도를 중심으로 하는 서울의 감리교파는 독립청원의 방식으로 단일화하려 하였으나 결국 양 종교단체가 무조건 합류함에 따라 독립선언 방식으로 낙착을 보았다. 처음에 이종일이 선언서를 작성하려 하였으나 『천도교월보』를 간행할 때 그의 논조가 과격했다고 해서 천도교 중앙총부는 독립선언서의 기초 임무를 최남선에게로 돌렸던 것 같다.[100]

---

98) 「默菴備忘錄」, 앞의 책, 1919년 2월 12일자.
　　今日李昇薰上京　乃來訪普成社　相面民衆運動關係詳論　多數基督敎人士
　　參席快諾云
99) 박현서, 「3·1운동과 천도교계」, 앞의 책, p.229 참조.
100) 「默菴備忘錄」, 앞의 책, 1919년 2월 8일자.
　　當初之宣言書作成　則余自願而權吳崔同反對　何則余之文章過激警筆云
　　故辭退　受自執筆六堂　六堂本文章家　或以聞自願筆宣言書　而不顯民衆運
　　動面云　義菴意中之隨　以自制激筆

최남선이 2월 11일 독립선언서의 기초를 완료한 후 16일경 중앙총부에서 이를 검토하고 나서 이를 기독교측에 전하였다. 또한 일본 정부, 귀·중양의원(貴衆兩議院), 조선총독부에 보낼 통고서와 윌슨과 파리 강화회의에 보낼 청원서도 작성하여 독립선언서와 함께 보성사 사장으로 있던 이종일에게 인쇄를 맡겼다. 그리하여 2월 20일부터 이종일의 지휘 하에 장효근(張孝根)·김홍규(金弘奎)·신영구(申永求)가 맡아 인쇄에 들어갔던 것이다.101)

천도교와 기독교측 대표 간에 완전 합류를 확인한 때는 49일 기도회가 종료된 지 이틀 후인 2월 24일이었다. 거사일까지 1주일 동안 천도교측에서는 국장배관(國葬拜觀)과 교조기일(敎祖忌日)을 위하여 상경한 각 지방교도와 간부들에게 독립운동의 거사 의사를 밝히고 천도교측 민족대표를 선정하는 동시에 독립선언문의 인쇄·배포 업무를 수행하였다.

민족연합전선 출범은 기독교측에서 박희도가 학생대표 김원벽에게 민족운동 통합의 필요성을 역설하여 23일 찬성을 얻어내고, 천도교의 최린이 이미 1월 하순부터 한용운과 의지를 투합해 오다가 24일 완전 합류하게 됨에 따라 이루어졌다. 독립선언문은 1차로 25일 25,000매를 인쇄하여 26일부터 배포에 들어갔으며, 2차로 27일 10,000매를 추가로 인쇄하여 28일까지 배포를 완료하였다. 거사 일자는 2월 28일에서 3월 1일로, 만세시위 장소는 파고다 공원에서 태화관으로 변경하고, 최종적으로 선언서에 서명한 민족대표 33인을 기독교에서 16인, 천도교에서 15인, 불교에서 2인을 선정한 후, 28일 서명 날인을 완료하였다.

3월 1일 태화관에서의 선언문 낭독은 이종일이 하였는데 그는 중앙총부의 온건파가 3·1운동을 추진하는 것과는 별도로 거사 당일 『독립신문』 창간호를 15,000부 가량 보성사에서 간행하였다.102) 그가 구금된 후에도

---

101) 위의 책, 1919년 2월 21일자.
   昨日印刷始獨立宣言書及請願書 通告書 此主爲普成社總務張孝根次務金弘奎及申永求之

『독립신문』은 『조선독립신문』으로 개칭되어 간행자가 계속 바뀌면서 1919년 4월 10일까지 26호가 발행되었다. 3월 3일자『조선독립신문』을 보면 3월 1일의 시위운동을 다음과 같이 적나라하게 보도하고 있다.

震天動地의 萬歲聲, 太華館 萬歲聲이 나자 동시에 塔洞公園에 會在하얏던 수만의 학생이 조선독립만세를 제창하면서 手舞足踏하면서 風蕩潮勇의 勢로 長安을 貫中하니 枯木灰死가 아닌 우리 민족 釜魯籠鳥가 아닌 우리 민족으로 誰가 感泣치 아니하리오 一刻一刻 증가하난 萬歲聲이 鍾路四街에 至하야는 천지가 진동하얏더라.[103]

3·1운동 전개 과정에서 대중에게 독립사상을 고취하려 노력한 흔적이 보인다. 3·1운동을 점화한 것이 33인의 민족대표들이라고 하면, 이종일 등 일반 지식층에서는『독립신문』과 같은 각종 신문·선전문·격문·경고문·전단을 만들어 배포함으로써 거족적 만세시위운동으로 확산시켰다. 천도교 지도층에서 독립선언서를 발표한 이후의 행동지침이나 민족운동 방향의 제시가 미흡했던 점을 이들이 보완했던 것이다.

3·1운동의 정신은 1919년 1월 손병희가 천도교 중앙총부의 간부들과 함께한 자리에서 재확인한 시위운동의 행동지침 '3대원칙'과 '3·1독립선언서' 및 임술년(壬戌年)의 '제2독립선언서'에 잘 나타난다. 한마디로 3·1운동은 비폭력적 대중시위운동이었다. 이렇게 독립운동의 방법을 비폭력으로 결정하게 된 데에는 1919년이라는 시대적 조건과 민족의 주체적 운동 역량이 크게 작용하였다고 할 수 있다. 대외적으로는 제1차 세계대전의 전후 처리와 세계평화를 위한 구상으로서 선언된 윌슨의 평화안 14개조에서 지금까지 이념으로서만 표명되어 왔던 민족자결주의가 구체적으로 제시되었고, 대내적으로는 개항 이후의 항일운동 과정에서의 체험과 향상된

---

102) 위의 책, 1919년 3월 1일자 참조.
103)『조선독립신문』제2호, 1919년 3월 3일자 : 尹炳奭,『한국근대사료론』, 일조각, 1979, pp.233~234 참조.

민족의식으로 현실에 대한 상황 판단이 신중했기 때문이다.

천도교 지도층이 3·1운동을 비폭력적 대중운동으로 지도하게 된 직접적 이유로는 창도 이래 계속되어 온 제폭구민(除暴救民)의 이념과 후천개벽운동을 들 수 있다. 1894년의 갑오동학운동과 1904년의 갑진혁신운동이 일제의 적극적 무력 개입으로 분산 와해되었는가 하면, 갑진혁신운동은 전술적으로 친일적 태도를 취하였으나 일제의 정략을 오판했던 까닭에 오히려 국권 상실에 일조하는 결과를 초래하고 말았다. 결국 갑오·갑진년의 양대 민족운동은 모두 실패하였다. 그리하여 1919년 3월 1일의 거사에서 천도교는 가장 적은 희생으로 가장 큰 효과를 얻기 위하여 전 국민이 참여하는 비폭력 독립운동을 구상하였던 것이다.[104] 더구나 당시 조선에는 일제의 2개 사단 병력이 주둔하고 있는 상태로서 헌병경찰통치 하의 공포분위기였으므로 세계를 향하여 민족의 독립을 도의적으로 호소하는 평화적 민족운동을 택할 수밖에 없었다. 이러한 방침은 손병희가 천도교 간부들에게 운동 조직에 대하여 지시한 다음과 같은 내용에서도 엿볼 수 있다.

> 태극기를 그려서 거리로 뛰어나가 만세를 부르기만 하면 되니, 굳이 학식 높은 지도자나 인격자를 고를 필요는 없소. 오히려 만세대장은 무식한 사람이 좋다. 일할 만한 청년이나 인격자는 뒤에 남아 만세운동을 이끌고 재정을 조달하고 하는 더 큰 일을 맡게 하고 만세에 앞장설 행동대는 좀 무식해도 용기 있고 씩씩한 사람을 내세우도록 합시다.[105]

일반 대중의 동원을 강조하고 있다. 독립시위운동의 성공과 동학 이념을 계승·실현하는 방법으로 비폭력적 대중시위를 제시하였다. 갑오동학운동과 갑진혁신운동을 실제로 겪은 그로서는 천도교의 입지를 지키면서 독립운동을 추진하려면 현실적 여건 분석을 소홀히 할 수 없었을 것이다. 그러

---

104) 천관우, 「민족운동으로 본 3·1운동」, 『한국근대사론』II, pp.110~119 참조.
105) 『의암 손병희선생 전기』, p.344.

나 기독교측에서 유일한 방안으로 제시한 독립청원 방식에 대하여 독립선
언 방식을 강력히 주장하여 관철시킴으로써 비폭력적 전술이 안고 있는 동
학 이념 추구의 현실적 한계를 어느 정도 보완했다고 할 수 있다.

천도교에서 3·1운동을 평화적 시위운동으로 하려 한 의도는 거사 당일
서울 시내 일원에 배포된『조선독립신문』에「대표 제씨(代表諸氏)의 부
탁」이라는 제목하에 쓰여진 다음과 같은 기사 내용에서도 나타난다.

> 조선 민족대표 제씨는 최후의 한 마디라 하여 동지에 대하여 고하기를
> 우리는 조선을 위하여 목숨을 바치는 바이다. 우리의 신성한 형제는 우리
> 의 素志를 관철하여 끝까지 우리 이천만 민족 최후의 한 사람까지 절대
> 로 난폭한 행동 또는 파괴적 행동으로 나아가지 말 것이다. 만일 한 사람
> 이라도 난폭적 또는 파괴적 행동을 하면 千古에 구할 수 없는 조선을 만
> 들 것이므로 千萬 주의 자중하지 않으면 안된다.[106]

3·1운동을 주도한 민족대표 33인의 입장도 만세운동으로 끝나기를 희
망했음을 짐작케 한다.[107]

한편 비폭력운동의 효과적 수행을 위하여 운동의 대중화도 함께 추진하
였다. 평화적 시위로 무력봉기나 무장투쟁 못지않은 위력을 과시하기 위해
서는 전 민족이 참여하는 시위운동이어야만 했기 때문이다. 그리하여 전
민족이 참여한다는 명분을 위한 민족대표 선정이 필요하였다. 구한말 관료
급들과 접촉하게 된 이유도 여기에 있었다. 이 때 손병희는 민족대표의 한
사람으로 이완용을 천거하였다. 이를 측근에서 꺼리자 그는 운동의 대중화
를 들어 이들을 다음과 같이 설득하였다.

> 賣國賊까지 독립을 원한다면 2천만이 다 독립을 원하는 것이 되지 않

---

106)『조선독립신문』, 1919년 3월 1일자 :『한국근대사료론』, p.231 참조.
107) 김영모, 「3·1운동의 사회계층 분석」, 『아세아연구』 12, 1969, pp.61~64 참
     조.

소. 그가 일본 사람에게 고발하리라는 염려는 하지 마오. 그가 매국적은
되었을지언정 그럴 사람은 아니오. 그를 알기로는 여러분들보다 내가 조
금이라도 나을 것이니 염려를 마시오.108)

매국적까지 참여할 정도로 전 민족이 자발적으로 일어나는 독립운동임
을 보일 때 평화적 시위운동이라 해도 국제무대에서 당당히 설득력을 갖게
된다는 것이다. 3·1운동을 일원화하는 데 있어서는 기독교측 노력도 컸
지만 결정적 역할은 천도교가 하였다.
기독교측과의 연합을 시도하는 과정에서 기독교 독자적 시위운동 계획
이 있다는 것을 알게 된 최린이 이승훈을 설득한 다음과 같은 말에서도 천
도교측 의지를 엿볼 수 있다.

도대체 일국의 독립운동은 민족 전체에 관한 대사입니다. 이와 같은
민족적 과업에 있어서 종교의 異同이나 당파의 別이 있을 수 있겠습니
까. 독립운동이 만일 분산적으로 전개된다면 그것은 독립에 대한 민족적
불통일을 의미하는 것밖에는 안 되니 절대로 통합해야만 됩니다.109)

통일전선의 결성을 거족적 독립운동의 필수 조건으로 보았다. 운동의 주
도체가 있어서 민족운동을 체계적·조직적으로 이끌어 나가야 한다는 뜻
이다. 그는 천도교와 기독교측의 합류도 그 일환으로 보았다. 일원화 노선
은 각기 개별적 운동을 연합하는 것만 아니라 전 국민적 민족운동의 성격
을 부여하는 대중화 노선까지 포함하는 것이다. 이와 같이 3종교 중심으로
결성된 민족연합전선의 지휘하에 평화적 시위운동으로 시작된 3·1운동은
초기 조직 단계에서 볼 때 분명히 소극적 무저항주의 민족운동의 성격을
띠고 있다고 할 수 있다. '3·1독립선언서'를 분석해 보면 최남선이 작성했
다고는 하나 천도교 지도층이 주도한 것이기 때문에 천도교측의 이러한 독

---

108) 『의암 손병희선생 전기』, p.329.
109) 위의 책, p.338.

립정신이 다분히 내포되어 있다.

'3·1독립선언서'는 밖으로는 윌슨의 민족자결주의에 편승하여 인도주의적 응원을 청하고, 안으로는 일제와 타협하는 형식을 취하였다.110) 서두에 조선이 자주독립국이라는 것과 인류의 평등, 민족의 자유를 수호하기 위하여 2천만 전 민족이 궐기한다는 것을 천명하고 있으나 문맥으로 볼 때 투항주의로 지목받을 소지가 있다.111) 강화도조약 이후 제 조약에 대한 상습적 조약 파기 행위와 무단적 식민지 정책에 대하여 문책하기보다는 지난 과오를 시정하고 진정한 이해와 동정으로 한일 간에 우호적 관계의 유지를 제의한 대목이 바로 그것이다. 따라서 외형적으로 독립선언서일 뿐 실제 내용은 독립청원서나 다름없다.

그러나 세계개조의 기운이 일고 있다고 한 것이나 신천지가 전개되고

---

110) 동아일보사 편, 『近代韓國名論說集』, 1979, pp.99~100.
　　　吾等은 玆에 我 朝鮮의 獨立國임과 朝鮮人의 自主民임을 선언하노라. 此로써 世界 萬邦에 告하야 人類 平等의 大義를 克明하며 此로써 子孫萬代에 誥하야 民族自存의 正權을 永有케 하노라.……自由 發展을 爲하야 此를 主張함이며, 人類的 良心의 發露에 基因한 世界改造의 大機運에 順應幷進하기 爲하야 此를 提起함이니, 是이 天의 明命이며, 時代의 大勢이며, 全人類 共存同生權의 正當한 發動이라.……我의 永久한 社會基礎와 卓犖한 民族心理를 無視한다 하야 日本의 少義함을 責하려 안이하노라. 自己를 策勵하기에 急한 吾人은 他의 怨尤를 暇치 못하노라.……今日 吾人의 所任은 다만 自己의 建設이 有할 뿐이오, 결코 他의 破壞에 在치 안이하도다. ……勇明果敢으로써 舊誤를 廓正하고 眞正한 理解와 同情에 基本한 友好的 新局面을 打開함이 彼此間 遠禍召福하는 捷徑임을 明知할 것 안인가. ……今日 吾人의 朝鮮獨立은 朝鮮人으로 하여금 正當한 生榮을 遂케 하는 同時에, 日本으로 하야금 邪路로서 出하야 東洋 支持者인 重責을 全케 하는 것이며,……世界平和, 人類幸福에 必要한 階段이 되게 하는 것이라. ……新天地가 眼前에 展開되도다. 威力의 時代가 去하고 道義의 時代가 來하도다. 過去 全世紀에 鍊磨長養된 人道的 精神이 바야흐로 新文明의 曙光을 人類의 歷史에 投射하기 始하도다.……
111) 안병직, 「3·1운동에 참가한 계층과 그 사상」, 앞의 책, pp.47~48 참조.

있다고 한 것은 분명히 동학의 개벽사상에 근거한 세계관이며, 조선 독립이 곧 동양평화·세계평화·인류평화로 이어진다고 하여 대국적 견지를 보인 것은 3·1운동을 일시적 독립운동으로서가 아니라 제폭구민의 지상천국 건설이라는 원대한 목적을 위하여 전개하는 지속적 민족운동의 일환에서 추진한 것이라 하겠다. 이와 같이 3·1운동에 임하는 천도교 지도층의 독립정신은 궁극적으로 평화적 세계 조류에 부응하여 인류의 자유·평등·정의를 구현한다는 데 있었던 것이다.

이러한 경향은 1922년의 '자주독립선언문'에서도 확인할 수 있다. 이 선언문은 1922년 1월 6일 미국 워싱턴에서 개최중에 있던 군비축소회의인 태평양회의가 한국 문제를 취급하지 않고 폐막되었을 때 발표한 것으로 일명 '제2독립선언서'라고도 한다.112) 당시 워싱턴 회의는 강대국의 이해 문제만 토의하고 2월 6일 폐막되었다.

이에 이종일 등은 천도교 독자적으로 3월 1일을 기하여 다시 거사할 것을 계획하고 '자주독립선언문'을 작성, 인쇄에 들어갔던 것이다. 결국 시위는 불발로 그쳤으나 3·1독립선언을 다시 확인했다는 점에서 의의가 크다고 하겠다. 이 때의 독립선언서 일부분을 소개하면 다음과 같다.

> 自主獨立宣言文
> 爲尊奉天道敎人及民衆僉君子!　再宣我大韓則以爲堂堂自主獨立國
> 平和愛護之世界首等國民矣　去己未年之獨立萬歲運動乃擧世傳統民之
> 獨立意志闡明　爲國際情勢之並進順應　以自由正義眞理之喊聲……我
> 等之爲獨立鬪爭　則重爲傚始　合意同志　以重結合　爲再顯己未年之感激
> 吾普成社社員一同　欲再次蜂起　以賭身命　鬪爭于至終局　決意又宣言耳
> ……一朝顧察國際情勢　非急圖獨立示威運動　則決不能自存永生非銳
> 意抗拒逐日本　則決銘不能深厚發展也……我等最主張　專有獨立　嵌銘
> 胸裡　蹶起逐日本于其本土我民族之進路　惟有自主獨立耳　以拂拭社會

---

112) 이현희, 「제2 독립선언서의 사적 의미」, 『동국사학』 15·16합집, 1981,
　　　p.131 참조.

主義風潮　爲邁進民衆國家建設　決以爲淸算日本甘言利說之姸愚謀…
…去般雖歸水泡美京太平洋會議獨立遠大期待　我等獨立意志　決不變
矣……113)

　여기서도 서두에 대한이 당당한 자주독립국임을 선언하고, 기미년의 만
세시위운동은 우리 민족의 전통적 독립의지를 만방에 천명한 것이고, 세계
대세의 순리에 따라 자유·정의·진리를 구현하려 한 것이었음을 재차 확
인하고 있다. 그리고 보성사 사원 일동이 재봉기한 것은 3·1정신을 계승
하기 위한 것이며 독립을 완성하는 그 날까지 투쟁할 것을 다짐하고 있다.
선언서 내용 중에는 3·1운동 당시 민족지도자들이 제시하지 못한 근대적
민족국가의 건설을 표방하고 있어서 독립 후의 정치적 대책까지 계획하고
있음을 알 수 있다.

　이와 같이 천도교측의 독립운동은 3·1운동 초기 단계에서는 소극적이
었으나 이종일 등 보성사팀이 주축이 되면서 점차 항일투쟁을 적극적으로
추진해나갔다. '제2독립선언문'은 대체로 '3·1독립선언문'을 확인하는 것
외에 만주·노령 일대의 중광단(重光團)이 발표한 '무오독립선언서'와 재
일 유학생의 '2·8독립선언문'에서 영향을 받았다고 하겠다. '무오독립선언
서'는 독립에의 신념과 민족문화의 우수성과 자립성을 정당하게 주장하는
내용으로 되어 있다.114) 그 중에서 특히 주목할 것은 대한의 자주·자립을
선포하고, 일제의 만행을 폭로함과 아울러 공도(公道)로서 세계평화를 구
현하기 위하여 끝까지 독립투쟁을 하겠다는 것이다. '2·8독립선언문'에는
독립정신이 '무오독립선언'보다 일보 성숙한 면이 있다. 1910년 한일합방
을 승인한 미국과 영국에 대하여 책임을 추궁하는 입장에서 이들 연합국측
에 세계 개조의 의무를 촉구하는 한편, 우리 민족은 당연히 독립을 주장할
권리가 있다는 것을 천명함으로써 최후의 한 사람까지 영원한 혈전을 감행

---

113) 위의 책, pp.128~129.
114) 주 36) 참조. 이 독립선언서에 서명한 사람은 대종교의 金敎獻 외 39명이다.

할 의지를 보였다.115) 이종일 등은 이러한 항일정신을 '제2독립선언문'에 수용함으로써 천도교계의 민족운동을 1920년대부터 항일운동과 신문화운동의 이원적 방향으로 전개해 나갔다.

3·1운동이 거족적 대중시위로 확대됨과 동시에 이에 병행하여 추진된 것은 국내외의 제 결사단체에서 추진한 임시정부 수립이었다. 노령의 대한국민의회정부(1919. 3. 17), 상해의 대한민국임시정부(1919. 4. 13), 서울의 한성정부(漢城政府 : 1919. 4. 23), 평안도의 신한민국정부(新韓民國政府 : 1919. 4. 17)가 그것이다. 이 무렵 천도교에서도 두 개의 임시정부 수립을 계획하였다.116) 이종일이 기호 지방에 수립하려 한 대한민간정부는 1919년 4월 1일 결의한 것으로 손병희를 대통령으로 하고 삼권 분립을 취하는 민주정부 형태였다. 인적 구성에 있어서도 특정한 소속 단체나 파벌에 치우치지 않고 전 민족적 지도계층을 망라하였다. 또한 4월 9일 '조선민족임시정부 포고문'의 선포로 시작된 조선민족임시정부도 평안도 출신 천도교인 허익환(許益換) 등의 발의로 구성되었다고는 하나 실제로 배후에서 이를 지도한 인물은 이종일로서 여기서도 손병희를 정도령(正都領)으로 추대할 계획을 하였다. 이것은 민족대표 33인을 민주정부의 존재 형태로 인정하여 계승하려는 의도이며, 3·1독립정신에 근거한 민주정부 수립

---

115) 『근대 한국 명논설집』, pp.97~98에서 참조.

朝鮮靑年獨立團은 我 이천만 민족을 대표하야 정의와 자유의 승리를 得한 세계만국의 前에 독립을 期成하기를 선언하노라.……吾族은 일본의 군국주의적 야심의 사기 폭력하에 吾族의 의사에 반하는 운명을 당하얏스니 정의로 세계를 개조하는 此時에 당연히 匡正을 세계에 요구할 권리가 有하며 또 세계 개조의 주인되는 美와 英은 보호와 합병을 솔선 승인한 이유로 此時에 또한 舊惡을 贖할 의무가 有하다.……吾族은 생존의 권리를 위하야 모든 자유행동을 취하여 최후의 일인까지 熱血을 흘리고자 하는 바이다. 이것이 어찌 동양평화의 화근이 아니 될 것이냐. 吾族은 一兵이 無하니 吾族은 병력으로써 일본에 저항할 실력이 無하도다. 일본이 만일 吾族의 정당한 요구에 불응할진대 오족은 일본에 대하야 영원히 血戰을 宣하리라.……

116) 이현희, 「천도교와 임시정부」, 『신인간』 401, 1982, pp.17~19 참조.

을 궁극의 목표로 한 것이다.[117]

'3·1독립선언서'나 운동의 3대 원칙에 나타난 그대로 3·1운동 초기 단계에서의 독립정신은 독립청원의 소극적 성격을 탈피하지 못한 점이 있으나 그 후에 전개된 일련의 변화로 보아 3·1운동의 성격을 다음과 같이 세 가지로 요약해 볼 수 있다. 첫째, 실학 이후 꾸준히 성장해온 개화의식의 결실이다. 실학의 근대적 개화사상과 개혁의식 및 민족적 저항의식은 시대적 감각과 인맥을 통하여 동학사상에서는 개벽사상으로, 개화사상에서는 민권의식으로 위정척사사상에서는 의병의 항일투쟁의식으로 발전하였다. 이종일은 천도교에 입교하기 이전 1898년 대한제국민력회를 조직하고『제국신문』을 간행할 당시부터 실학·개화사상·동학사상을 같은 맥락에서 이해하고 이에 관심을 보였다. 개화의 개념을 성리학적 범주에서 탈피하여 사회 전반의 진취적 개혁을 의도하는 신사상 즉 역사적 단계와 구조의 발전적 해명에 따라 의식 발달을 선도하는 사상으로 여겼다.[118] 따라서 이러한 흐름에서 동학의 정치성도 인정하였다.[119] 동학의 대중적이고 개혁적인 민족 자립 의지를 객관적으로 평가하여 실학과 개화사상의 연장선에서 동학을 이해하였던 것이다. 그리하여 실학의 재현을 주장하기에 이르렀다. 당시의 독립협회나 대한제국민력회의 민권운동 같은 대중운동을 실학사상의 시현(示現)으로 보았다.[120] 실제로 1905년에 정식으로 천도교에 입교한 이후에 그는 실학에서 개화·동학으로 이어지는 민족독립사상

---

117) 위의 책, pp.22~23 참조.
118)「默菴備忘錄」,『한국사상』16, 1898년 11월 11일자.
　　　管考開化之意　開也人間之知慧　次隨展解發達　以其思想及風俗又意識件
　　　此申段階及構造焉
119) 위의 책, 1898년 3월 31일자.
　　　東學之前途　益利于民衆生活　意識構造改轉　故東學則民權民衆革命性溫
　　　存矣
120) 위의 책, 1898년 1월 9일자.
　　　以朝鮮末期之實學思想　爲今日再顯　則民權復興莫如前日也　而擧忘實學
　　　思想之人士　實惜爲乎

을 애국계몽운동, 3·1운동으로 발전시켰고 1920년대에는 제2의 3·1운동과 신문화운동으로 실학사상을 이어갔던 것이다.

둘째로, 운동 초기의 모의·계획 과정부터 민족연합전선의 결성에 이르기까지 일체가 천도교에 의하여 주도되었다는 것이다. 이 운동은 갑오·갑진년의 동학운동 정신이 전통적으로 발전해온 자주·자립 사상의 내재적 성장과 더불어 조화를 이룬 항일운동이다. 거기에다 시기적으로 고종(高宗)의 독살과 일제의 헌병경찰통치의 극렬화로 인한 전 민족의 항일의식 고조 및 재일 유학생들의 '2·8독립선언'이 복합적으로 가세됨으로써 대중시위로 이어질 수 있었다.

셋째로, 제1차 세계대전 이후 윌슨의 민족자결주의에 의하여 조성된 세계평화의 분위기를 능동적으로 포착하여 전개한 독립운동으로 독립에의 의지와 함께 동양평화·세계평화·인류평화를 운동의 명분으로 제창하였다는 것이다.

제5장 천도교의 개벽사상과 신문화운동

1. 이돈화의 인내천 논증

동학사상의 철학적 체계화 작업은 1906년 손병희가 일본에서 귀국하여 근대적 교회 조직에 착수하면서 본격화되었다. 이후 1910년대까지 교리 연구에 크게 활약한 사람으로 양한묵이 있다. 그는 이미 일본사상계에 널리 소개되었던 근대서구사상의 영향을 받아 철학에 깊은 관심을 가지게 되어 '인내천'을 천도교의 종지로 규정하기에 이르렀다. 이로써 최제우의 시천주(侍天主) 사상은 최시형에 이르러 사인여천(事人如天) 사상으로 발전하였고, 손병희의 시기에 인내천사상으로 정리되었다. 이 무렵의 '인내천' 논증은 심성론(心性論) 위주의 성리학적 입장에 있었다. 인간성은 '한울'과 마찬가지로 이(理)에 해당되는 것이며, 심(心)을 이(理)의 부분적인 것으로 보아 전체적인 천(天)과 부분적인 인간의 심성(心性)은 본질적으로 일치한다고 하는 것이 당시 천도교측의 주장이었다. 현실적 인간은 '한울'과 합일할 수 없지만 인간성의 본질인 인간격(人間格)은 이(理)에서 유래하였기 때문에 순수한 '한울' 즉 천인합일(天人合一)이라는 것이다.[1] 그러나 성리학적 차원에서 인내천을 합리적으로 증명하는 것은 완벽한 방법이

---

1) 이돈화, 「인내천」, 『천도교월보』 12, 1911, p.11 참조.

되지 못하였다. 무신론적으로 흐르기 쉬운 취약점이 있기 때문이다. 그리하여 이에 대한 보완으로 1920년대에는 이돈화가 중심이 되어 서구의 근대철학을 주체적으로 수용함으로써 진화론에 근거한 인내천 논증이 시작되었다. 그의 인내천 논증은 대략 7가지로 요약해 볼 수 있다.[2]

첫째, 현실 신비주의(神秘主義) 입장에서 인내천을 합리화하였다. 현대 사조가 신시대·신사회로 개척하려는 추세이기 때문에 인간성에서 신의 무궁한 조화를 추구하고 동경하며 영생을 기대하는 인내천이야말로 현실에 적합한 사상이라는 것이다.

둘째, 인내천을 실재론적(實在論的) 관점에서 해석하였다. 만유(萬有)의 존재 근원을 실재로 보았다. 물질도 정신도 아닌 그러면서도 정신과 물질을 모두 포함하고 시공적으로 무궁 무한한 실재를 생명의 근원으로 보았다. '한울'은 우주공간에 존재하는 무궁한 실재체(實在體)이며 시간적으로 영원하다는 것이다. 인간을 비롯하여 만유는 실재인 '한울'의 자체 발현이기에 인간성의 무궁함도 '한울'의 무궁함과 일치한다고 보았다.

셋째, 인내천의 원리를 범신론(汎神論)으로 이끌었다.[3] 우주 만유가 '한울'의 자체 발현이라는 점에서 인내천의 범신론적 성격을, 인간성이 '한울'의 범신성(汎神性)을 내면에 포용한다는 점에서 인내천의 일신론적(一神論的) 성격을 강조하였다. 이렇게 함으로써 과학이나 철학 특히 성리학과의 마찰을 피하고 종교적 욕구도 충족시킬 수 있었다.[4]

넷째, 인내천을 생명의 본질 및 근원과 관련하여 논증하였다. 그는 생명

---

2) 이돈화, 「人乃天要義」, 『동학사상자료집』 3, 아세아문화사, 1979, pp.257~376 참조.

3) 위의 책, pp.278~279. "……汎神敎는 萬有를 한 가지로 神의 表顯으로 보는 故로 세계와 一切萬有를 永久的 實在로 보게 되는 것이로다.……사람은 사람性 無窮에 依하야 사람으로써 한울이 되며 세계로써 天國이 되게 하엿나니 이는 汎神觀의 汎神主義로써 人乃天의 원리를 삼게 하고……汎神敎는 다만 萬有를 靈的 實在로 보는 점에서 힘잇는 진리가 잇다."

4) 유병덕, 「의암의 생애와 사상」, 『동학·천도교』, 시인사, 1987, p.348 참조.

력의 특성으로 운동·목적·통일작용·자각을 들었다. 모든 개체 생명은 반복되는 운동과 진화 작용을 부단히 지속함으로써 생명력을 유지하고, 부분적 생명을 조직적으로 통일하는 힘을 발휘하며, 자각 능력 즉 자기 관조 능력으로 목적한 바를 향하여 발전하는데 이것은 모두 '한울'과 자체 진화 법칙에 따른 것이라고 하였다. 요컨대 우주의 생명력은 만물의 생명력이 되고 마침내는 인간성의 생명이 되어 종교성을 형성하는 데까지 이르렀다는 것이다.

다섯째, 의식의 소재를 규명함으로써 인내천을 전 우주와 개체, '한울'과 인간의 관계로 규정하였다. 기성 종교가 의식을 인간의 전유물로 생각했던 것에 반하여 천도교는 의식의 모든 근원을 우주의 본원인 '한울'에서 찾았다. 그는 의식의 근본 출처와 그 표현의 차이를 다음과 같이 진화론적으로 설명하였다.

> 일반동물은 본래 엇든 시대에 돌연히 出來한 것이 안이오 無機的 세계로부터 진화한 것이라 하면 필경 의식의 總 근본을 우주의 본원에 들어가 찾지 안이치 못할 것이라.……이 이치를 연장하야 他動物과 他動物간 혹은 他動物 중 미생물과 고등식물을 비교하야 본다 하면 다 갓치 조직의 差違로부터 生하는 의식표현 정도의 差違에 불과한 것이라.……의식론의 究極의 思考는 자연으로 無機物에까지 이르게 되나니 無機物인 彼金石과 如한 것은 아모 활동도 업스며 성장도 업는 거기에 何等 의식의 작용을 발견키 難한 것은 사실이라.[5]

만물이 모두 의식을 소유하고 있으되 '한울'의 창조적 진화 과정 단계에 따라서 그 표현 정도가 다르게 나타날 뿐이라는 뜻이다. 대우주의 무한한 의식계는 물질을 구성하는 최소의 원자로부터 시작하여 생물의 세포로, 세포의 의식으로 나아가 모든 생물의 의식계로 진화되었으며 필경은 인간의 의식으로 표현되었다고 하여 인간성의 무궁함을 '한울'의 의식계와 일치시

---

5) 「인내천요의」, 앞의 책, pp.292~295

켰다.

　여섯째, 영혼의 존재를 확인함으로써 인내천의 진리를 강조하였다. 영혼의 존재에 대한 의문을 생명과 의식에 연계하여 풀어나갔다. 물질 즉 개체로 현상화하기 이전의 우주적 생명을 대우주의 활정(活精)이라 하였고, 인간성의 무궁한 의식으로 이러한 우주적 대활정(大活精)을 느끼고 믿을 때 영혼이라 한다는 것이다. 영혼의 존재를 확인하였다. 대우주의 활정이 인간의 생명과 의식으로 표현되는 것이므로 영혼을 사람성(性)의 무궁 곧 '한울'의 무궁한 조화로 여겼다.6)

　일곱째, 우주 발생의 원인을 진화론적으로 분석함으로써 인내천을 다음과 같이 합리화하였다.

　　　대개 우주의 진화하는 과정은 간단으로부터 복잡에 나가가며 불완전으로부터 完全에 나아가게 되는 것이니 우주가 간단으로부터 복잡에 나아가는 其 과정을 말하면 支那哲學에 이른 말과 가티 無極이 生太極 太極이 生兩儀 兩儀가 生四象 四象이 生八卦라는 논법으로 보면 우주의 태초는 단일한 계단이엿는 것이 이계단으로 진화하였고 이계단이 更히 사계단으로 진화하야 점차 복잡에 복잡을 加하야 드듸여 금일 萬有現象이 잇게 된 것이로다.7)

　우주의 진화는 간단에서 복잡으로, 불완전에서 완전으로 여러 단계를 거쳐 만유 현상으로 표현된다는 것이다. 그 최후의 단계에서 발현된 것이 인간이기에 인간성의 최종 목표 역시 '한울'의 무궁성에 귀의하는 것이며, 인간성 또한 무궁토록 진화를 계속할 수 있다는 점에서 인내천을 천인합일의 논리로 이끌었다.8) 이것은 '한울'을 지기(至氣)의 힘으로 파악하고 이 힘은 생명력으로서 부단히 진화한다는 최제우의 진화관을 핵심으로 하되, 무

---

6) 위의 책, p.306 참조.

7) 위의 책, pp.313~314.

8) 이돈화, 「진화의 측면으로 본 인내천」, 『천도교월보』 138, 1922, p.12 참조.

위이화(無爲而化)의 설명에서 무신론으로 흐르기 쉬운 난점을 극복하기 위하여 베르그송의 사상을 수용한 것으로 볼 수 있다.[9] 여기서 그의 인내천 논리는 1910년대의 그것보다 발전하고 있다.

인내천의 의미를 정리해 보면 인간은 자기성무궁(自己性無窮)에 '한울'의 뜻과 합치할 만한 소질, 즉 무한한 가능성을 가지고 있다는 것이다. 그렇다면 인내천의 이상과 목적은 무엇일까? 이미 언급한 바와 같이 포덕천하·광제창생을 목적으로 하며 지상천국 건설을 최고의 이상으로 하였다. 다시 말하면 인내천은 내적으로 정신적 도덕의 확립을, 외적으로 물질적 평등과 자유를 포용하는 교훈으로서 개인·국가·사회 및 인류 전체를 동귀일체(同歸一體)의 이상향으로 인도하는 신앙인 동시에 사회사상이라고 할 수 있다. 환언하면 후천개벽의 전제조건이 곧 인내천인 것이다. '한울'을 추상적 의미의 신적(神的) 존재로서만 생각할 것이 아니라 민족·사회·우주의 '한울'로 구체화할 것을 강조하였다.[10] 이것은 민족과 사회 즉 전 인류의 생활 개선을 위하여 노력하고 우주 자연계와 더불어 공존함으로써 '한울'과 동화할 수 있도록 포덕천하하라는 뜻이다.

다음은 사람을 바르게 알고 바르게 섬길 것을 강조하였다. 이것은 '한울'과 인간이 결코 이원적 대상이 아닌 천인합일임을 알고 사인여천의 도로 인간성의 평등과 자유를 실현하라는 뜻이다. 그는 다음과 같이 사인여천의 인내천 신앙을 자유·평등·인애·자비로 구체화하였다.

> 요컨대 人乃天의 종교는 사람으로써 한울되게 하는 신앙이니 過去 사람들이 平等·自由·仁愛·慈悲와 미덕은 오즉 한울님의 專有物로 하야 그를 但히 理想的 희망뿐으로 살아오든 그것을 人乃天의 신앙에서는 그를 但히 理想體뿐으로 두지 안이하고 사실로 사람 자기네가 실행하기

---

9) 黃文秀, 「夜雷에 있어서의 인내천사상의 전개」, 『한국사상총서』IV, 한국사상연구회, 1982, p.413 참조.

10) 이돈화, 「한울을 위한다 함은 엇던 뜻인가」, 『신인간』 14, 1927, pp.4~5 참조.

로 配定한 도덕이니라.11)

이와 같이 이돈화는 인내천사상을 진화론적으로 증명하여 교리의 현대 사상화를 꾀하는 한편 현실 신비주의적 종교성을 강조함으로써 청년 지식인들을 천도교에 흡수할 수 있었으며 신문화운동을 전국적으로 전개할 수 있었다. 그의 근대사상적 측면을 신관·인간관의 항목으로 나누어 좀더 상세히 규명해 보기로 하겠다.

1) 신관

이돈화는 '한울'의 개념을 우주론에 입각하여 다음과 같이 어원적으로 해석하였다.

> '無窮한 이 울'이라 함은 곧 '한울'을 가리켜 하는 말이니 無窮은 '한'을 의미한 말이며 '한'은 크다는 뜻이다.……'울'이라는 뜻은 量的 의미에서는 범위를 表象으로 하는 것으로 해석할 수 있는데 空間上으로 본 無窮의 범위와 時間上으로 본 通三界의 범위를 총합한 우주 전체를 가리켜 '울'이라 말한 것이니, 이 의미에서 '울'이라는 것은 우주의 全體 全量을 가리켜 하는 말이며 質的 의미에서의 '울'이라 함은 '우리'라는 뜻이니 ……12)

'한울'을 부분에 대한 전체, 소아(小我)에 대한 대아(大我)라고 한 것은 종교적 범신론의 입장에서 본 것이다. 그러나 여기서 뜻하는 대아(大我)와 소아(小我)의 구별은 베르그송의 표층적(表層的) 자기, 근원적(根源的) 자기와 같으나 '한울'이 지기(至氣)의 생명력으로 무궁히 진화한다는 무위

---

11) 「인내천요의」, 앞의 책, p.244.
12) 이돈화, 『新人哲學』, 천도교중앙총부, 1982, p.9.

이화설은 서구의 범신론과는 다르다.13) '한울'의 개념은 어떤 부분이나 개체에 대한 한정적인 말이 아니며 개체아(個體我)가 우주 전체를 상대적으로 부를 때 '한울'이라고 한다는 것이다. 따라서 인내천의 신(神)은 전체적 표현이기 때문에 유일하고 범신(汎神)이며, 자존(自存), 자율의 무궁한 실재라고 하였다. '한울'은 존재의 근거가 자체 본성에 있으므로 필연적 실재이며 시공을 초월하여 자존하는 신(神)임은 물론 자율적으로 진화하는 지기(至氣)의 생명력이 있다는 것이다.14) 인내천의 신(神)을 '한울'의 자존적 본체와 자율적 조화의 두 가지 속성으로 구분해서 생각해 보기로 하겠다.

① 한울의 자존적 본체

이돈화는 우주의 근원을 규명함으로써 '한울'의 자존적(自存的) 본체를 정의하였다. 근대의 과학자나 철학자들이 유물론이나 유심론으로 이 문제를 해결하려 했던 것에 반하여 그는 오히려 유물도 유심도 아닌 정신과 물질의 모든 현상을 일관하는 실재론(實在論)에 의거하여 지기일원론적(至氣一元論的) 관점에서 '한울' 본체를 인식하였다.15) '한울'을 대우주의 실

---

13) 황문수, 「야뢰에 있어서의 인내천사상의 전개」, 앞의 책, p.238 참조.

14) 『신인철학』, p.10 참조.

15) 「인내천요의」, 앞의 책, pp.266~274 참조. 이돈화는 '로크'의 유물론과 '칸트'의 唯一心論을 비교 설명함으로써 각기 그 한계성을 지적하였다. 유물론적 인식론에 의하면 인식의 근원을 경험 즉 知覺經驗으로 본다. 모든 지식은 관념으로부터 얻어진다는 것이다. 그러나 유심론적 인식론에서는 일체의 인식을 인식의 주체인 心과 객체인 외계와의 결합에 의한 산물로 보았다. 이에 대하여 이돈화는 유물론적으로 인식된 세계는 사실 그대로 물질적 세계일 뿐이며, 유심론적 세계는 다만 정신적 현상으로서의 세계에 불과한 것으로 이 두 가지는 모두 한울 본체라고 할 수 없다고 하였다. 그리하여 물질과 정신 두 현상을 제3의 원리에 의하여 통일코자 하는 實在論을 제기함으로써 일체의 현상을 일관하는 至氣를 우주의 근원으로 설명하였다. 한울의 본체를 이 唯一의 實在로 보았으며 현실적 실재와 圓融的 실재의 두 가지로 구분하여 논증하였다.

재 즉 지기(至氣)로 보았다. 실재가 정신과 물질의 양면을 일관하는 진리라고 하면, 지기 역시 비물질적 우주적 실재체(實在體)의 대생명력이 되는 것은 자명한 사실이다. 따라서 지기인 '한울'의 본체는 독립 자존(自存)의 자기 표현과 자율적 창조의 속성을 지닌 실재로써 진화 과정을 무궁히 지속한다고 하였다. '한울'을 만유의 내재적 원인인 동시에 자율적 창조의 자연 즉 자존적 본체로 규정하였고, '한울' 본체의 표현을 만유 현상계로 보았다.16) 그는 '한울'과 현상계의 관계를 다음과 같이 선과 점의 관계로 비유하였다.

> ……線은 또한 결코 개개의 점을 떠나서는 있지 못함과 같이 만물과 本源의 관계도 또한 그러한 것이다. 만물은 개개의 個體 狀態에서는 바로 至氣 本體 즉 '한울'이라 할 수 없다. 그러나 만물은 만물 전체로 본다면 만물과 '한울'(至氣) 양자가 相卽하여 不離不反케 되는 것이다. 唯一無限이라는 면에서 보면 모든 것은 唯一無限한 圓滿의 本體 즉 '한울'에 불과하며 有限差別의 방면에서 보면 하나도 常住不變하는 것이 없고 만물은 오직 그 본체 속을 넘나드는 물결일 뿐이니 이것이 곧 現象界이다.17)

지기(至氣)의 본체가 유일무궁한 생명력일 때는 '한울'이라고 하지만 현상적 실재일 때는 만유의 현상계로 표현된다는 뜻이다. 이 때의 현상계를 의식 현상과 생명 현상으로 구분하여 전자를 질적(質的) 의미의 '한울'로, 후자를 양적(量的) 의미의 '한울'로 보았다. 특히 의식 현상을 지기(至氣) 생명력의 진화 작용으로 간주하고 있음을 알 수 있다.

---

16) 황문수, 「야뢰에 있어서의 인내천사상의 전개」, 앞의 책, p.233 참조. '한울'의 개념을 양적·질적으로 구분하여 전자의 경우를 자존적 본체로서의 '한울' 즉 범신론적 一神論으로 본 '한울'이라 하였고, 후자의 경우를 자율적 조화로서의 '한울' 즉 至氣의 힘으로 본 '한울'이라 하였다.

17) 『신인철학』, pp.30~31.

최제우가 우주론적 관점에서 생성 원리인 '한울님'을 지기로 해석하여 도덕적·철학적 신관(神觀)을 정립했던 것에 비하면 의식 현상을 지기의 진화 작용으로 본 이돈화의 신관(神觀)은 철학과 과학적 요구를 수용하는 입장으로 볼 수 있다. 지기의 생명력이 발전적으로 진화할 때는 정신 의식으로, 퇴보할 때는 물질로 나타난다고 하여 지기 생명력의 진화 결과를 만유의 의식 현상으로 본 것이 바로 이를 뜻한다.[18]

또 '한울'의 무궁성이 진화하여 의식 현상으로 발현할 때 가장 이상적으로 표현된 것이 사람성(性)이라고 하여 만유의 의식 현상을 진화론적으로 설명함으로써 '한울' 본체에 대한 실재론적 인식을 촉구하였다.[19] '지기(至氣)'의 생명력을 지식으로 인식한다는 것은 불가능하며 오직 의식 작용에 의해서만 가능하다는 것을 강조하여 주문(呪文) 21자 중 만사지(萬事知)의 '지(知)'를 인식의 방법으로 제시하였다.[20] '지(知)'를 직각(直覺)의 뜻으로 해석한 것이다. 따라서 '한울'은 인간성의 지기적(至氣的) 생명을 자기 관조하는 것으로서 결국 인간 자신의 모방에 불과하다고 보았다.

그는 '한울'과 현상계의 관계를 일치시켜 인내천임을 증명하였다. '한울' 본체의 발전 현상인 의식이 사람성(性) 본래의 지각과 근본적으로 동일하다는 것을 주장하는 한편,[21] 이러한 자신의 신관(神觀)이 베르그송의 생명철학에서 영향받았다는 것을 다음과 같이 '한울' 본체를 규명하는 중에 언급하였다.

베륵송은 전 우주의 본원적 생명의 衝動力이 분류 분류로 발달하여 나아가는 중에는 진화의 途程에서 떠러져 정지 상태로 있는 자도 있을 것이오 정지하여 아주 멸망한 자도 있을 것이나 우주 전체로서의 생명의

---

18) 위의 책, p.32 참조.
19) 이돈화, 「實在論으로 觀한 인내천주의」, 『천도교월보』 125, 1920, pp.529~535 참조.
20) 위의 책, p.90 참조.
21) 『신인철학』, p.46 참조.

충동은 전적으로 발달 不止하는 것이라 하였다. 과연 그렇다.[22]

우리는 우주를 一大至氣的 생명체로 본다. 이 생명체가 계통 있는 有機的 발전을 하는 법칙을 水雲은 無爲而化라 命名한 것이다.[23]

'베륵송'의 생명철학에 의하야 우리는 생명의 본원과 인간의 지위가 어떠한 것을 추측할 수 잇으며 그리하야 생명철학이 水雲主義의 至氣一元論과 符合되는 점이 잇음을 알 수가 잇다. 우주의 본원은 생명력의 一元으로 되엇으며 그리하야 現象界의 萬有는 이 생명의 진화인 것을 알 수 잇다.[24]

그런가 하면 범신론적 관점에서 만유를 모두 신의 표현으로 보았다. 실재의 생명 현상을 양적(量的) 의미의 '한울'이라고 하여 만유신격을 다음과 같이 인정하기도 한다.

……汎神觀은 物卽神, 神卽物, 靈卽肉, 肉卽魂 卽物心共通 靈肉一致主義에 입각한 것이라 物心을 統一하고 靈肉을 一致케 하는 萬殊一理의 實在가 즉 汎神觀의 神이엇다. 이상과 如히 만약 萬像을 직접 神의 表顯이라 하면 人自己 또한 神의 表顯이라 云치 아니치 못할지니 이곳 汎神觀의 목표라 하겠다. 그러한데 一神敎의 神과 汎神敎의 神이 다 가티 우주의 間에 一神이 有하다 함은 동일하나 그러하나 그 소위 一神이란 것을 개념함에 至하야는 양자 一各其不同하니 彼는 그를 人格的으로 思하고 此는 그를 萬有神格으로 思함이라.[25]

---

22) 위의 책, p.37.

23) 위의 책, p.38.

24) 이돈화, 「생명의 진화와 인간의 지위」, 『농민』 8월호, 朝鮮農民社(三文社 影印本), 1933, p.25.

25) 이돈화, 「疑問者에게 답함」, 『개벽』 8, 1921, pp.55~56.

여기서 만유일체와 세계를 영구적 실재 즉 신(神)으로 보고 있다. 그러나 만유를 평등일여(平等一如)의 영적 실재로 보는 것은 범신론과 다를 바 없으나 범신론에서 만유의 내재적 활동을 신(神)이라고 한 것에서 진일보하여 만유의 자체 성장을 '한울'이라고 한 것은 수운의 진화론을 일보 발전시킨 것이다. 이로써 그의 범신론적 신관은 성리학적 실재론이나 서구적 범신론의 한계를 극복한 것으로 볼 수 있다.[26]

최제우는 초기에 '지기(至氣)'를 절대적·인격적 존재로 개념화하였으나 포교를 본격화하면서 점차 성리학의 주기론(主氣論)에 의거하여 자족(自足)·자능(自能)·자율적 생성 능력으로 논리를 전개해 나갔다. 따라서 당시의 '지기'는 시천(侍天)의 대상이라고 하기보다 인간의 인식이 지배하는 방향으로 세속화되었고, 기독교와 같이 일신교적 범신론이 실재를 인격적 신으로 객체화되는 모순을 낳았다. 이에 이돈화는 지기일원론적(至氣一元論的) 범신론으로 생성과 진화 과정을 통하여 자율적으로 발현하는 진화적 실재로 신관(神觀)을 정립하기에 이르렀다. 그의 신관을 요약하면 '한울'이 생명 현상화하는 과정에서 가장 이상적으로 진화한 것이 사람인 까닭에 인간만이 자기 관조가 가능하며 '한울'과 의지적으로 공존한다는 것이다.

② 한울의 자율적 조화

이어서 그는 무위이화(無爲而化)의 논리로 '한울'의 자율적 조화를 증명하였다. 지기(至氣)의 생명체인 우주가 무위이화의 법칙에 의하여 기화(氣化) 작용을 하는데 바로 이것이 '한울'의 조화라는 것이다. 무위이화는 '한울'에 의한 법칙인 까닭에 이것은 인간의 지식만으로서는 감지할 수 없으며 단지 직각(直覺)으로만 그 위력을 느낄 수 있다고 하였다. '한울'의 무궁한 조화와 유한한 만유 현상의 관계를 그는 다음과 같이 통합작용과 분화작용으로 설명하였다.

---

26) 金敬宰, 「최수운의 신개념」, 『한국사상총서』Ⅳ, 1982, pp.52~54 참조.

……비유하여 말하면 大海에서 一片의 물결이 생겼다 하면 一片의 물결의 운동이 곧 大海 전체의 운동에서 生한 것이 아니오 물결이라 하는 有限한 物과 風이라 하는 有限物의 관계에서 生하는 것과 같이 有限者의 변화는 모든 他有限者의 변화적 관계를 가지고 설명하지 않으면 안 된다.[27]

'한울'의 조화는 통합작용에 의하여 만유의 인과(因果)가 되며 만능의 위력을 지니는 동시에, 분화작용에 의하여 차별상(差別相)의 만물이 각기 특성에 따라서 상호 작용케 되는 무위이화의 진화법칙을 지닌다고 하였다. 다시 말하면 '한울'은 무위이화의 법칙으로 인하여 현상계로 발현하며, 계통적·유기적으로 진화를 무궁히 지속한다는 뜻이다. 이러한 견해는 무위이화의 목적론으로 볼 수 있다.[28]

그는 이것을 기존의 종교적·철학적 목적론이나 과학적 인과론과 구별하여 선 지향(善指向)의 무궁한 이상적 진화로 다음과 같이 설명하였다.

無爲而化는 恒久的 向上性을 가지고 있다. '化'라 함은 곧 향상을 의미한 것이며 진화를 의미한 것이며 善을 의미한 것이므로 무위이화는 어떤 국한된 목적을 가진 것이 아니오 그 자체가 스스로 목적이 되어 恒久히 진화하는 것으로 결코 旣存된 목적을 가지고 있지 아니하며……[29]

여기서 무위이화에 의한 '한울'의 전체적 기화작용을 이질적 기화와 동질적 기화로 나누어 최시형의 '이천식천(以天食天)' 논리로 설명하고 있다. 이질적 기화 작용이란 자연계에서 행해지는 생존경쟁을 말한 것인데, 이를테면 모든 생물이 생존을 위하여 약육강식하는 즉 생물이 흙이나 물을, 동물이 식물이나 타동물을, 인간이 동식물은 물론 무기물까지 섭취하

---

27) 『신인철학』, p.39.
28) 황문수, 「야뢰에 있어서의 인내천사상의 전개」, 앞의 책, p.237 참조.
29) 『신인철학』, p.39.

는 물리적 생존경쟁에서 인간사회의 일상사에 관계되는 정신적 생존경쟁까지를 총망라한 것이다. 부분적으로 볼 때 이것은 일종의 생존경쟁이지만 '한울'의 기화 작용으로 본다면 '한울'의 진화 수단일 뿐이라는 뜻이다.

동질적 기화 작용도 자연계의 동종간(同種間)에 흔히 찾아 볼 수 있는 현상이다. 대개 종족 번식과 생명 보호는 상호경쟁보다 상호부조(相互扶助)를 택하게 되는데 이 또한 '한울'의 기화 작용이라고 하였다. 최시형이 이천식천을 양천주(養天主)의 '한울'의 조화로 논리를 전개한 것에 비하면 이것은 방법상의 구체화인 것이다.

또한 그는 자연계의 생존경쟁과 상호부조를 다음과 같이 '한울'을 키우기 위한 교호적(交互的) 기화 작용으로 보았다.

> '以天食天'은 조직이 저급한 '한울'의 한 부분이 조직이 비교적 고급인 한 부분에 흡수되어 '한울' 자체를 키운다는 뜻이다.……'한울'을 잘 키우는 방법은 생존경쟁 즉 異質的 氣化를 無理로 하는 데 있는 것이 아니오 상호부조 즉 동질적 기화를 합리적으로 하는 데 있다. 그리하여 '한울'이 일층 고등조직을 가진 사람으로 개성화하게 되면 '한울'의 의식을 구체화한 인간 전체는 이질적 기화를 의식적으로 하게 되는 점에서 氣化의 방법을 과학적으로 연구하게 되는 것이다.[30]

여기서 의도한 것은 최시형의 이천식천을 최제우의 무위이화에 의거하여 '한울'의 기화 작용으로 발전시키는 것이다. 따라서 이러한 논리를 인간사회에까지 확대 적용하여 삼대(三大) 개벽론의 논리적 근거로 하였다. 특히 주목할 것은 그가 자유경쟁이나 상호부조의 기화 작용을 사회진화 과정의 부분적 현상으로 보면서 사회개혁의 실현 조건 중에서 동질적 기화 작용을 더 강조하여 도덕성을 중요시한 점이다. 인간계에서 볼 때, '이천식천'은 인간이 자연을 이용하는 것이 되므로 과학에 의한 물질적 발달이 중요

---

30) 위의 책, pp.179~180.

한 만큼 이에 비례하여 도덕적 정신개혁이 우선해야 한다는 것을 강조하고 있음을 알 수 있다.

2) 인간관

이돈화는 사람성(性) 무궁과 사람성 자연의 실현이라는 면에서 인내천을 인간격 중심주의(人間格中心主義)로 규정하였다.[31] 우주격(宇宙格)이 인간에 의하여 가장 완전하게 발현된 것이 인간격이며 인내천이라는 것이다. 그가 현실 개혁의 일환으로 주장한 인간개조의 궁극적 목적도 실은 인간격 중심의 생활 즉 전 우주적 생활이라 하겠다.

인간격의 '격(格)'이라고 하는 것은 명확히 정의하기 어려우나 그의 다음과 같은 주장에 의하면 우주 진화의 한 단계로 볼 수 있다.

> 원래 우주는 절대유일의 格으로 볼 수 있으나 그 유일의 格은 우주자체의 無爲而化의 법칙에 의하여 천차만별의 格을 이루어 놓았다 할 수 있다.……宇宙格은 이와 같이 진화 향상하면서 최종으로 人間格이라는 格을 이루어 놓은 것이다.[32]

요컨대 '격'은 우주의 자체 발현 단계로서 진화 과정에서 각개의 사물과 '한울'의 관계를 표현한 용어로 생각된다.[33] 우주는 곧 '한울'로서 진화 과정에서 최종적으로 인간을 통하여 이상적으로 발현되며 이 단계에서 인간성은 동물성을 초월하게 되는데 이 상태를 일컬어 인간격이라 한다는 것이다.[34] 인내천을 인간격 중심주의라고 하는 근거가 바로 여기에 있다. 그는

---

31) 위의 책, p.51 참조.
32) 위의 책, p.51.
33) 황문수, 「야뢰에 있어서의 인내천사상의 전개」, 앞의 책, p.241 참조.
34) 이돈화, 「조선인과 사회성의 여하」, 『천도교월보』 146, 1922, p.667 참조.

인간격과 인격의 차이를 다음과 같이 규명하였다.

> 人間格이란 말은 보통 사용하는 인격을 이름이 아니다. 인격은 개인에 대한 격을 이르는 말이오 인간격은 전 宇宙格이 인간에 의하여 표현되었으므로 이를 인간격이라 하는 것이다. 우주격 즉 한울격은 인간에 의하여 비교적 완전한 형태로 나타났으므로 한울격은 인간격에서 볼 수 있다는 말이다.……인격이란 말은 두 가지 개념으로 갈라 볼 수 있으니 하나는 생물학상 인격이고 다른 하나는 윤리학상 인격이다. 생물학상 人格이란 것은 他動物과 인류를 상대화시키는 격이니……이 격 중에는 인류와 인류간에 절대차별이 없고 그저 인류이면 다 같이 인격을 가졌다는 말이 된다.35)

인격을 생물학상의 인격과 윤리학상의 인격으로 구분하여 인간격과의 상관 관계를 구체적으로 설명하고 있다. 전자의 경우는 동물계와 인간계를 대비하여 인류 전체를 격상시켜 동일시한 것이고, 후자의 경우는 인류 상호간을 대비하여 개인적 인품의 고하를 분류한 것으로 이 양자는 모두 인간격에 표준을 둔 것이다. 인격은 현재적이지만, 인간격은 미래적 이상이라는 뜻이다. 환언하면 인간격은 '한울'의 진화에서 이상적 단계로서 비완결적인 것이며 무한한 가능성을 내포한 것으로 볼 수 있다.36)

따라서 그는 의지적 노력으로 인간격 생활에 참여할 때 후천개벽의 지상천국이 도래한다고 하여 인간격 파악 운동을 전개하였다.37) 이 운동의 선행 조건으로 정신개벽을 제의한 것도 이러한 맥락에서 생각할 수 있다. 특히 인간격 중심주의의 생활을 실천하는 방법으로 사인여천의 도(道)를

---

35) 『신인철학』, p.51.

36) 황문수, 앞의 글, pp.416~417 참조. 이 논문에서 저자는 인간격을 실존철학적 관점에서 보았다. 즉 인간격＝실재＝실존, 우주＝한울＝神＝생명으로 파악한 이돈화의 신관이나 진리관은 모두 실존철학과 관계가 있다고 하였다.

37) 『신인철학』, p.53 참조.

중요시하여 신인(神人)이 일원적(一元的) 관계라는 것과 인간의 신성(神性)을 강조하였다.38) 그는 천인합일의 관계를 생물진화론을 이용하여 다음과 같이 설명하였다.

> 사람은 돌이혀 하등동물로부터 진화하엿다는 점에서 일층 만물의 영장되는 자격이 나타나고 천지의 주인공되는 이력이 증명되는 것을 알어야 하리라. 이 말은 실로 사람의 위대한 점을 모독함이 안이오 寧히 사람의 神聖을 보증하는 것이라 하고인 進化論은 사람으로써 가장 宇宙의 최상계급에 나아가게 하엿슴으로써이라.39)

인간에게는 근본적으로 천(天)·지(地)·인(人)의 덕을 합치하는 인간격 중심 생활의 능력이 있다는 것이다. 환언하면 인간성은 무한한 가능성을 가졌을 뿐만 아니라 본질적으로 자유와 평등의 권리가 있기 때문에 사인여천의 의무가 있다고 하였다.

따라서 그는 개인이나 민족·전 인류를 인간격에 참여시킬 수 있는 올바른 인생관을 확립하기 위하여 생사 문제를 달관하는 자세가 필요하다고 하였다. 왜냐하면 현실사회의 병폐가 누적되어 비리가 없어지지 않는 것은 생에 대한 물질적 욕망의 애착 때문이며, 생에 대한 집착은 사(死)에 대한 공포감 때문이라는 것이다. 그러므로 죽음의 공포를 제거할 때 비로소 현실생활의 개조가 가능하다고 보아 의식과 생명의 관점에서 사생관(死生觀)을 인내천의 논리로 설명하였다.

그는 자연현상이나 생존경쟁 및 인간사 모든 것을 '부동(不動)의 비애(悲哀)'라는 말로 표현하였다.40) 이러한 모든 현상은 우주의 실재체(實在體)가 자연 그 자체를 키우려 하는 양천주(養天主)의 진리일 뿐인데 다만

---

38)「인내천요의」, 앞의 책, p.241 참조.

39) 위의 책, pp.237~238.

40) 이돈화,「不動의 悲哀」,『신인간』27, 1928, p.5 ; 이돈화,「吾人의 新死生觀」,『개벽』20, 1922, pp.20~29 참조.

인간이 이것을 비애로 느낀다는 것이다. '부동의 비애'는 인간의 의식 작용에서 연유한 것이라는 뜻이다. 우주의 모든 객관적 현상은 인간의 주관적 자아 의식이므로 사생(死生) 관념 역시 의식의 표현에 불과하다고 하였다. 그는 의식의 소재와 본원을 다음과 같이 규명하였다.

> '네께리 - '의 연구에 의하면 모든 물질은 다 가티 감정을 가젓다 하나니 즉 意識을 가젓다 하엿다. 그는 일럿스되 대개 物質에는 어느 것이던지 拒力引力이 잇나니 拒力引力을 또한 일종의 감정으로 볼 수 잇는 것이라.……물질의 拒力引力은 사람의 愛憎과 如한 일종의 감정이라 하면 의식은 但히 有機物에뿐 존재한 것이 아니오. 비상히 희박한 상태에서 無機物에도 그가 존재할 것이라.[41]

의식의 근원이 우주 본체에 있다는 것을 네케리의 학설을 인용하여 증명하고 있다. 의식은 태초부터 모든 유기물과 무기물에 존재하는 중에 진화 과정의 최종적 단계에서 인간의 의식으로 표현되었다는 것이다. 우주적 의식을 그대로 부여받은 것 인간의 의식이라는 주장이다. 의식계(意識界)가 우주의 정신적 실재라고 한다면 생사는 의식의 표현과 불표현의 차이일 뿐이라는 뜻이다. 우주적 의식이 개체로 표현될 때 자아가 성립되는 것이므로 자아 의식은 그 자체에서 영원 무궁성을 지니고 있으며 따라서 생사를 구별한다는 것은 아무 의미가 없다고 보았다. 의식의 본원이 우주적 실재라는 점에서 생사 문제는 인간의 의식에서 관념하는 것일 뿐 결국은 인내천에로 귀결된다는 것을 확언하였다.

흔히 생사 문제는 생명의 멸(滅)·불멸(不滅)로 생사를 결정하기 때문에 반드시 생명의 본원을 인식함으로써만 해결의 실마리를 찾을 수 있다. 그리하여 그는 생명의 근원을 다음과 같이 대우주의 활력 즉 생명력에서 찾았다.

---

41) 앞의 책, pp.120~124. 이돈화, 「오인의 신사생관」, 앞의 책, pp.20~21 ; 이돈화, 「인내천요의」, 앞의 책, pp.120~124 참조.

> ……大宇宙의 活力이 업다 하면 우리는 무슨 活力에 의하야 그 생명
> 의 活動을 어들 수 잇게 되리오. 그리고 현재 우리들의 生命 發展하는
> 재료는 거의 다 外界로부터 外界의 物을 흡수하야써 그를 유지하야 가
> 는 것도 또한 宇宙의 活力을 수입하야 살아가는 것에 불과한 것이다. 그
> 럼으로 우리의 생명은 大宇宙의 大生命 그 者가 그대로 표현한 것으로
> 보아도 또한 실수의 말은 아닐 것이다.42)

인간의 생명은 우주적 활력의 표현인 까닭에 생명의 본체는 독립적 실
체가 아니고 다만 생명의 활동만이 독립적인 것이라 하여 생사 문제를 연
쇄적·계속적 의미로 파악하였다. 생은 우주의 활력이 개체로 표현된 때를
뜻하는 것이고, 사(死)는 개체의 활력이 수단·방법과 형체를 달리하여 계
속 활동하는 것이라 하였다. 이러한 관점에서 그는 선조와 후손의 영적(靈
的) 관계를 다음과 같이 설명하였다.

> 吾人의 先祖는 비록 그 형체는 변하엿다 할지라도 어떤 의미에서 吾
> 人의 體內에 그의 생명이 존속하여 오는 것이며 又 吾人의 생명 또한
> 미래의 자손에 의하야 그의 활동이 존속하야 가는 것이라.43)

> ……"무릇 先代의 만흔 사람의 정신은 후대 吾人의 精靈과 융합하엿
> 는지라 祖先이 前에 在하고 先師 玆에 在하나 나의 靈이 곳 부모의 靈
> 이오 先師의 靈이라 그럼으로 向我設位는 곳 天人合一의 義니라" 하시
> 니 이 말슴은 사람의 死後精靈은 영구히 人類的 社會精神과 融合一致
> 됨을 가르치신 배니라.44)

여기서 생사의 구별은 개인의 입장에서 볼 때는 가능하지만 종족이나
인류의 입장에서 보면 결코 절대적 생사는 없다는 뜻이다. 오히려 생사는

---

42) 이돈화, 「오인의 신사생관」, 『개벽』 20, 1922, pp.26~27.
43) 위의 책, p.27.
44) 「인내천요의」, 앞의 책, p.248.

우주의 생생무궁(生生無窮)이라고 하는 변화와 창조의 법칙에 따른 생명력의 무궁한 유전 과정이라는 것이다. 다시 말하면 개인으로서는 죽는다 해도 종족이나 인류로서는 죽지 않으며, 변하는 우주 현상의 입장에서 보면 만유가 모두 일순간에 지나지 않으나, 변치 않는 우주 순환법칙에 의하면 만유현상은 무궁하다는 뜻이다.45) 생과 사는 일종의 변화에 불과하다는 논리다.

그는 우주의 변화법칙을 단계적 변화, 변증법적 변화, 돌연적 변화로 구분하여 사생관(死生觀)을 정의하였다.46) 인생이 유년에서 소년으로, 소년에서 청년으로, 청년에서 노년으로 일정한 순서에 따라 변화하는 것을 단계적 변화라 한다면, 인체에서 나타나는 생과 사라고 하는 모순·반대의 법칙을 변증법적 변화로 보았다. 특히 생사는 모순적 법칙인 동시에 돌연적 변화로서 변화 속도가 급격하여 본래와는 판이한 형태로 돌변하는 까닭에 생과 사를 별개로 생각하게 된다는 것이다. 생은 세상에 처음 탄생되는 순간만 돌연한 것일 뿐 성장의 변화 과정은 점진적인 것임에 비하여 사(死)는 죽는 순간과 더불어 완전히 다른 형태로 돌변하기 때문에 소멸로 여기게 되어 공포를 느끼며 생에 대한 애착이 더욱 강해진다고 하였다. 그러나 생보다 사가 일층 더 대아적(大我的) 우주 생활에 합치되는 자연에의 해탈 즉 영생(永生)에의 길이라고 보았다. 다시 말하면 사는 지기(至氣)인 우주적 생명에로 부활하는 것이므로 결코 생명의 소멸이란 있을 수 없다고 하였다. 그리하여 죽음에 대한 문제를 감각적으로 두려워할 것이 아니라 의지로서 무한의 희열로 받아들여 죽음에서 초월할 것을 다음과 같이 설득력 있게 시사하였다.

　　……死는 우리의 一生精力이 외적으로 초월하는 것이 아니오 내적으로 우리 인간 속으로 초월하는 것이다. 곧 性靈으로 世間에 나타나는 것

---

45) 이돈화, 「眞理의 體驗」, 『개벽』 27, 1922, p.40 참조.
46) 『신인철학』, p.87 참조.

이다. 우리의 일생에 힘써 놓은 모든 정력이 인간의 내용에서 초월 영생한다는 것이다.[47]

그는 죽음에 대한 공포를 제거하는 방법으로 다음의 세 가지를 들었다.[48] 첫째는 성신쌍전(性身雙全)의 생활이다. 이것은 물질과 정신 중에서 어느 편에도 치우치지 않는, 그러면서 인간격 중심으로 물심 양면을 통일하는 생활을 뜻한다. 인간의 최고 이상인 인간격에의 참여와 현대인의 경제적 욕구를 아울러 만족시킬 수 있을 때 비로소 빈곤과 죄악에서 벗어날 수 있으며 현실생활에의 기초를 확고히 할 수 있다는 것이다.

둘째는 인간격의 자유를 가능케 하는 것이다. 인간은 자연의 노예가 아니며, 지식에만 의존할 수도 없고, 기계적 도구일 수도 없으며 오직 사람성(性)의 자유를 위하여 존재한다고 하였다. 그리하여 자유롭게 인간격 중심의 생활에 참여할 수 있는 환경과 여건 조성이 필요하다는 것을 역설하여 현실사회의 개혁을 제창하였다.

셋째는 도덕적 생활이다. 이것은 동물적 충동 본능에서 벗어나 인간격에 도달하려는 의식적 노력이 전제되어야 한다는 뜻이다. 그렇게 될 때 결과적으로 개인의 정신개벽은 물론 민족개벽, 사회개벽으로 연결된다고 하여 신문화운동의 필연성을 강조하였다.

이와 같이 인내천사상의 논증은 양한묵을 거쳐 이돈화에 이르는 동안 서양의 근대사상을 수용하여 신관·인간관을 철학적 차원에서 정립함으로써 후천개벽의 사회개혁운동을 천도교에서 정신적으로 지원할 수 있는 사상적 여건을 이룩한 반면 인본주의적 사상의 고착화로 인하여 종교성의 손실을 감수하지 않을 수 없게 되었다.

---

47) 위의 책, p.85.
48) 위의 책, pp.82~84 참조.

2. 천도교의 공론화

1) 정신개벽

역사적으로 볼 때 인류는 자연을 개척하는 일에 많은 노력을 기울였으며, 그 결과 자연의 정복과 이용에는 개가를 올렸지만 인간 자신의 내면적 의식 문제는 해결을 보지 못한 경우가 허다하다. 이돈화도 인류는 문화가 발달된 만큼 오히려 자신을 억압하는 자가 당착에 빠져 왔다는 것을 다음과 같이 인정하였다.

> ……만리장성을 築한 秦始皇은 비록 異族되는 匈奴의 患은 除却하엿스나 然이나 自家蕭墻의 禍는 아지 못하였다.……즉 他物의 압박은 除却하엿스나 自家의 압제는 不知하엿섯다.
> ……人智가 발달치 못한 野昧時代에는 압박도 또한 치세의 一威力이 되엇섯다. 부락시대에는 腕力의 압박이 잇섯스며 추장시대에는 추장의 압박이 잇섯다. 그리하야 그것이 점차 정복자의 압박, 승려의 압박, 귀족의 압박, 武人의 압박, 관료의 압박, 금권의 압박으로 변하야 왓다.[49]

교육의 보급과 과학의 발달로 경제생활이 윤택해진 반면에 제도적으로 인권을 유린하고 다른 민족을 억압하는 사례가 사회 전반에 산재해 있다고 보았다. 현실 또한 제도적 모순의 해결이라는 문제가 항상 제기되었고 그 방법으로 개혁이 요구되었다. 조선사회도 당시 일제 강점하에 있으면서도 왕조적 사회관념이 잔존한 채 도덕적 윤리관의 부재는 여전하였다. 이에 이돈화는 정신개벽을 후천개벽의 첫 단계로 제시하여 도덕과 제도적 부조리에 저항하는 반항도덕(反抗道德)과 현실상황을 분석·비판하는 사람 자연성(自然性)에 대한 역사적 고찰에 주목하게 되었다.[50]

---

49) 이돈화, 「新時代와 新人物」, 『개벽』 3, 1920, p.16.
50) 『신인철학』, p.150 참조.

반항도덕은 정신개벽에서 대단히 큰 비중을 차지하는 부분이다. 그의 지론에 의하면 인간성 가운데에는 근본적으로 반항의지가 있기 때문에 지식이 발달되고 궁극적으로 의식개혁까지 이루어질 수 있다는 것이다. 원시시대의 인류역사는 곧 인간 대 자연의 경쟁사로서 이후 반항적 성격이 인간 상호간에도 그대로 적용되어 사회운동으로까지 진전되었고, 그 과정에서 축적된 경험과 지식은 오히려 사회 발전에 없어서는 안 될 원동력이 되었다고 보았다. 서양의 경우 교회에 대한 사상적 반항의식이 문예부흥운동으로, 교황권에 대한 교리적 반항의식이 종교개혁운동으로, 절대왕정에 대한 정치적 반항의식이 프랑스혁명 같은 근대시민혁명으로 발전하였음을 증거로 들었다.[51] 다시 말하면 현대의 신지식을 인간성의 회복과 자연 개척이라는 반항도덕의 값진 결실로 보았던 것이다.

'사람성(性) 자연(自然)'에 대한 역사적 고찰은 이지(理智)로 사리를 비판하여 사회개혁의 순서를 정하는 것으로서 미래지향적 의미를 내포한다. 역사 발전에 따라서 사회적으로 영웅주의·자본주의·제국주의 등 여러 형태로 소수 권력층에 의한 압제가 계속되어 온 것이 사실이다. 그러나 인류의 의식 또한 이에 비례하여 발달함으로써 환경 변화에 적응하기 위하여 개혁과 반항을 지속해 왔다. 따라서 그는 당시의 국제적 상황 변화에 대처하기 위하여 대중의 힘에 절대 비중을 두는 평민주의·평민시대의 도래를 절대시하였다. 개조된 신시대 신인간의 출현을 예고하였다. 이러한 견지에서 이돈화는 평민시대의 자주독립 의지를 지닌 지식인 양성을 위하여 정신개벽을 제창하였는데, 그 이론적 근거로 사람성 자연주의(自然主義)와 사람성 무궁주의(無窮主義)를 들었다.[52] 천도교에서는 '사람성 자연에의 해방'이라는 말을 자주 사용하는데 이것은 인간개조의 궁극적 목표를 뜻한다.[53] 사람성 자연이라고 하는 것은 순수한 인간격의 상태를 표준한 것으

---

51) 위의 책, pp.150~153 참조.
52) 이돈화, 「新時代와 新人物」, 『개벽』 3, 1920, p.21 ; 이돈화, 「사람性의 해방
    과 사람性의 自然主義」, 『개벽』 10, 1921, pp.15~19.

로 흔히 말하는 자연과는 근본적으로 그 의미가 다르다. 이돈화는 자연을 무의미의 자연, 천연계(天然界)의 자연, 허위에 대한 자연, 제도에 대한 자연, 사람성의 자연으로 구분하여 개념을 정의하였으며, 특히 사람성 자연을 인내천의 논리로 설명하였다.54)

무의미의 자연은 우연을 뜻하며, 운명에 대한 자연은 불가사의한 것, 즉 신의 의지에 의하여 만사가 좌우되는 것이며, 천연계의 자연은 우주의 현상적 아름다움과 모든 생태계를 포함한 것으로 사람성 자연과는 전혀 무관하게 보인다. 허위에 대한 자연과 제도에 대한 자연은 사람성 자연과 관계되는 문제로 취급하였다. 전자의 경우는 허위에 대하여 인간 본연의 천성(天性)을 발휘하는 것이므로 사람성 자연과 같은 의미로 볼 수 있으며, 후자의 경우 역시 정치·사회·윤리에 관한 제도적 모순과 부자연이 허위의 생활 태도에서 기인하는 것이므로 사람성 자연의 문제와 불가분의 관계가 있다는 것이다. 따라서 사람성 자연주의는 인류의 공동생활을 성공적으로 영위하기 위하여 인간 개개인의 정신적 부조리와 부자연을 야기하는 일체의 편견이나 인습·허위에서 탈피함으로써 인간성 본래의 천진함을 회복하는 주의라고 하였다.

그의 사람성 자연주의는 연원을 최제우의 무위이화에서 찾을 수 있다. 그는 사람성 자연을 인간격의 극치점으로 다음과 같이 설명하였다.

---

53) 『신인철학』, p.39. 황문수, 「야뢰에 있어서의 인내천사상의 전개」, 앞의 책, p.241 참조. 이돈화는 우주격이 개인에 의하여 가장 완벽한 상태로 표현된 것이 인간격이며 인내천이라 하였다. 格은 우주의 자체 표현 단계로서 만유가 현상화·진화하는 과정에서 '한울'과 모든 사물의 관계를 이른 말로 우주격을 최종 단계로 보았다. 특히 우주격이 인간을 통하여 표현되는 단계를 인간격이라고 하였다. 즉 사람성 자연(인간성의 본능)과 사람성 무궁(인간의 잠재 능력)은 인내천이라 하여 우주와 인간의 품격이나 능력을 일치시켜서 본 것이다.

54) 「인내천요의」, 앞의 책, pp.403~407 참조.

……원래 사람성 자연이란 말은 水雲이 恒言하던 無爲自然이라는 교훈에서 생긴 말인데 水雲은 그 교훈 중에서 번번히 無爲而化를 말하고 자연을 말하였다.……그러므로 水雲의 이른바 자연은 세상에서 이르는 자연이 아니오. 인간격 지상으로부터 순화되고 靈化된 자연을 이름이다. 인간격이 自格을 갖추어 있는 眞善美를 융화하여 그가 인간사회에 조화될 때의 극치를 人間性自然이라 하는 것이다.……역사적으로 보면 사람성 자연은 원시시대로부터 금일에까지 흘러온 것이다. 사람성 자연은 그 시대 시대마다 조화와 균형을 얻으면서 무궁히 발전 향상하여 人間極致點을 얻고저 하는 것이다.55)

무위이화를 '한울'의 자존·자율적 발현의 원리로 보고 이러한 이치에 부응하기 위해서는 수양이 필요하다고 하였다. 이러한 인식하에 일찍이 최제우는 수심정기를, 최시형은 대인접물(待人接物)의 태도인 삼경(三敬)을 중시하였고, 손병희도 성심신삼단(性心身三端)을 주장하였다. 여기서 일보 발전하여 이돈화는 인간성 회복의 구체적 방법으로 사람성 자연에의 해방을 제창했던 것이다. 결국 모든 인류는 사람성 자연에 귀의하여 신인간으로 개조되어야 한다는 뜻이다. 평등주의와 평등시대도 이러한 관점에서 고려되어야 할 것이다. 평등에 관한 그의 논거는 다음과 같다.

……소위 평등은 사람을 엄정한 평가하에 두고 虛飾이 업고 假扮이 업는 평등을 與하는 것이다. 즉 優者는 優者의 天賦를 가지고 劣者는 劣者의 天賦를 가진 하에서 동일한 人性的 평등 待遇를 受케 함이엇다. ……然한데 평등은 사람성의 자연주의의 上에 置한다 함은 일반 인류로써 다 가티 그 시대에 在한 가장 고도의 문화의 上에 引上케 하야 그에서 수평선의 표준을 구하는 방법을 取치 아니함이 불가하겟다. 此와 如한 평등에서야 처음으로 민중의 儀表되는 천재의 존재를 認케 될 것이며 문화가 자유로 발전하야 사람성의 자연주의에 接着함을 可得할지며……56)

---

55) 『신인철학』, pp.108~109.

정의 인도·평등 자유·박애 자비를 체득하고 실현하는 것을 사람성 자연주의의 골격으로 보았다. 다시 말하면 사람성 자연주의는 인류의 평등을 상향적(上向的)으로 이룩함으로써 인간성을 회복케 하고, 어떠한 학설이나 종교에 구애됨이 없이 활동과 사고의 자유를 보장하는 것이라 하였다. 그러나 현실은 사람성 자연주의가 무시되는 경향이 다분히 있다. 지배와 피지배·주종(主從)·남녀·빈부·귀천 등 인격적 불평등의 한계는 물론 각종 권위와 위선이 사회적으로 만연되어 왔다.

그리하여 이돈화는 다음과 같이 역사상 문화적 혁명의 사례를 들어 사람성 자연에의 회복을 전제로 한 사회개혁을 제창하였다.

> ……근래에 이른바 民衆의 覺醒과 혹은 자유 평등의 선전, 曰 階級打破의 운동, 曰 社會改造의 부루지즘과 가튼 것은 다 가티 금일의 人이 근대 문명의 '깍지'를 또한 벗어버리고 새로 이마만치 進化되엇다는 새 광채를 드러내려 하는 운동에 지내지 아니하겠다.57)

여기서 '깍지를 벗는다'는 말은 신문화운동에 의한 인간개조를 의미한다. 또한 그는 인간개조의 구체적 실천 방안으로 인내천의 수양과 성신쌍전(性身雙全)의 생활 태도를 중시하였다. 성신쌍전의 생활이란 이를테면 부적(符籍)·주문(呪文)·심고(心告)를 통하여 인내천을 실현하는 행위나 인간성의 무궁한 능력 계발에 힘써 자기의 발전과 지상천국 건설에 공헌하는 행위와 같은 것이다.58) 특히 그는 시대가 요구하는 문화적 개혁을 다음과 같이 성신쌍전의 원리로 설명하였다.

> ……性身雙全이라 함은 唯物 唯心 어느 편에도 치우치지 말며 또는 物과 心을 병행케 하는 二元的 진리를 말함도 아니오 物과 心을 人間格

---

56) 이돈화, 「사람성의 해방과 사람성의 자연주의」, 『개벽』 10, 1921, pp.20~21.
57) 위의 책, p.15.
58) 「인내천요의」, 앞의 책, pp.363~381 참조.

중심에 歸納케 하여 人間格의 최고 발휘에서 物心 二作用을 전적으로 演繹하여 통일케 하는 것이니 요컨대 人間格은 그의 주체가 되고 物과 心은 그의 작용이 되는 것을 이름이다.[59]

물심 양면의 욕구를 상호 조화시켜 현실생활의 토대를 견고히 다지는 것을 신문화운동으로 보았다. 이와 같이 그는 인간개조의 형태를 정신적·경제적 동귀일체(同歸一體)로 보는 한편 인간개조의 절대 가능성에 대해서도 사람성 무궁주의에 근거하여 논리적으로 증명하였다.

사람성 무궁주의(無窮主義)는 우주(天)의 자존·자율적 창조 작용과 무위이화의 법칙으로서 서구의 근대 생물학적 진화론을 원용한 것이다. 인간과 우주는 결코 이원적 대상이 아니며 불가사의한 일원적 존재로서 태초부터 자기 창조 능력에 의하여 점차 현재의 형체와 정신을 가지는 단계에 이르게 되었다는 논리다. 다시 말하면 우주는 오랜 세월 동안 진화하는 과정에서 천지·만물로 현상화하고 드디어는 인류의 형상으로 발전하였기 때문에 사람성 역시 우주의 무궁한 진화의 위력을 가지게 되었다는 것을 이돈화는 다음과 같이 설득력 있게 주장하였다.

> ……사람性 無窮은 自己 過程에서 無極을 지냇스며 天地及太陽界를 지냇스며 기타 無機有機的 萬有의 변화를 지나 금일 이마마한 成積을 보게 됨은 실로 사람性의 위대가 얼마나 굉장한 것을 可히 형용치 못할 것이다. 즉 한울님의 法性이 만유를 통하야 사람性에까지 표현하야 온 과정은 도저히 言과 文으로써 그 深遠한 妙法을 형용키 어렵도다.[60]

> ……근대 '따윈'의 種源論이 起함에……'따윈'의 所設에 影響을 밧지 아니한 者 업섯다. 人類는 下等動物로부터 점점 發達 進化한 것인데 簡單으로부터 複雜에 진하는 것이라 하엿다.……사람性이 如斯히 進化의

---

59) 『신인철학』, p.83.
60) 「인내천요의」, 앞의 책, pp.239~240.

偉力이 잇슴으로써 사람性의 無窮을 證明할 것이며……61)

　……훼이엘빠하는 일럿스되……우리는 자기 一個人으로 안저 자기를 有限한 者라고 感知하나……그 種屬의 無限無窮을 感情思惟의 對象(對象이라 함은 客觀的 認識)으로 認知키 위하야 자기를 有限이라 意識하엿슴에 불과하다. 그럼으로 사람은……有限이 아니오 無限이니 즉 無窮性의 神을 자기 중에 가지고 잇슴이라.62)

그러나 인간은 자신의 능력을 유한한 것으로 알아 무궁·무한의 객관적 존재를 상대적으로 설정하고, 이를 신격화해 왔다. 그는 이것이야말로 인간성의 무한 잠재 능력을 확인할 수 있는 증거라 하여 역설적으로 사람성 무궁주의를 합리화하였다. 절대신을 이상 사유하는 인간의 본능과 행위를 통하여 무궁성을 강조함으로써 인간의 활동 역시 진보·향상을 지속해야 한다는 당위론으로 귀결지었다. 이렇게 볼 때 본래 우주 자체의 진화 과정에서 최후로 발현한 것이 인간이므로 인간성은 당연히 대우주와의 총화를 위하여 신문화운동이라는 진화 작용을 계속해야 한다는 논리가 성립된다.

그는 기성 종교인들이 현세를 말세로 표현하는 것에 대하여 우주 진화 법칙을 모독하는 행위라고 하여 단호하게 비판하였다. 현실사회의 부정적 현상은 인간의 무한한 잠재능력이 정체하거나 퇴화할 때 나타나는 것일 뿐 결코 단절이나 절망을 뜻하는 것이 아니라는 것이다. 오히려 이러한 경우에 진화를 촉진케 하는 반동성(反動性)이 역으로 발동한다고 하여 사람성 무궁주의를 역사의 순환 발전 원리에 입각하여 설명하였다. 인간성은 불완전에서 완전으로, 단절에서 지속으로 향상·진보하려는 본능이 있기 때문에 신시대·신문화·신사회로의 개혁을 주장하게 되며, 또 완성할 수 있다는 것이 그의 지론이다. 럿셀의 말대로 그는 이러한 인간성의 본능을 다음과 같이 창조적 충동으로 표현하였다.

---

61) 이돈화, 「시대정신에 合一된 사람성 무궁주의」, 『개벽』 17, 1921, p.5.
62) 위의 책, p.5.

現代哲人 '럿셀'은 恒常 衝動의 本能을 二條에 分하야 所有의 衝動
으로써 人類 腐敗의 원인이라 하고 創造의 衝動으로써 人類 進化의 원
동이라 하야 힘 잇게 創造的 衝動의 가치를 절규하엿나니 이에 이른바
創造衝動이라 함은 이 곳 사람性의 無窮을 확정하고 사람은 무궁히 창
조의 본능이 잇다 明言함이라.63)

인간성의 창조욕으로 인하여 인류는 항상 과거의 불완전으로부터 탈피
하여 미래의 완전을 향하여 계속 발전한다는 뜻이다. 따라서 그는 사람성
의 무궁한 해방 즉 정신개벽은 이러한 창조 의욕을 강화할 때 비로소 가능
하다고 보아 정신적·창조적 활동을 중요시하였으며, 사람성 자연주의와
사람성 무궁주의를 인류 최후의 이상으로 표방하였던 것이다.

2) 민족개벽

민족개벽은 민족의 생활 정도와 문화를 향상 발전시키는 것이 목적이지
만 궁극적으로는 지상천국 건설, 즉 세계일가주의(世界一家主義)를 지향
하는 것으로 세계평화를 이루는 준비 단계로서의 성격을 내포하고 있다.
이돈화는 이러한 노력이 이미 오래 전부터 지속되어 왔으며 그 추세가 점
차 세계적으로 보급·발전되고 있다는 것을 다음과 같이 언급하였다.

……인류의 王國은 실로 三千年의 역사를 가지고 왓나니 釋迦의 慈
悲로 表顯된 平等主義이며 基督의 愛로 주장한 四海同胞主義도 그것
이며……老莊의 大自然主義도 또한 그것이엇다. 또 최근으로는 朝鮮의
聖者 崔水雲의 人乃天主義이며……64)

---

63) 위의 책, p.7.
64) 이돈화, 「인류 상대주의와 조선인」, 『개벽』 25, 1921, p.7

민족개벽의 시기가 임박하였음을 경고한 내용이다. 여기서 '인류왕국'이라고 하는 것은 전 인류를 상대로 정의 인도를 실현하는 지상천국을 의미한다. 역사적으로 민족적 차원에서 천리(天理)에 맞게 인도주의가 거론되어 왔고 그 때마다 실현 가능성을 보였던 것도 사실이다. 실제로 1차 세계대전 이후에 파리 강화회의에서 인도(人道) 문제가, 워싱턴 회의에서 군비축소 문제가 거론되었다. 그리하여 현대인은 상대주의적(相對主義的) 가치관을 지니게 되었고, 세계일가주의의 세계평화 실현을 요구하는 단계에까지 이르렀다는 것이다.

이를 위하여 그가 제시한 실천방법은 대략 3가지로 요약해 볼 수 있다.65) 첫째는 세계평화를 민족 단위로 추구하는 것이다. 각 민족은 서로 정치·경제·사회·문화에서 윤리·도덕이나 관습에 현저한 차이가 있으므로 강자가 약자를 침탈하는 일이 빈번하다. 그러므로 민족 상호간에 세력 균형을 이루어 가는 방향으로 세계평화를 추진해야 한다고 하였다. 둘째는 인류 평등을 추구하는 데 있어서 약소민족에 특별한 관심을 두는 것이다. 근대 이전에는 민족주의가 국가 중심이어서 다른 민족에 대한 차별이나 배타의식을 내포하고 있었으나 현재는 민족적 평등을 우선하는 방향으로 나가야 한다고 하였다. 셋째는 이상의 조건을 갖춘 다음 민족의 지위를 향상시키는 것이다. 영국의 경우를 예로 들어 국가보다는 민족에 기준을 두고 세계평화를 추구하는 것이 가장 이상적이라는 것을 그는 다음과 같이 피력하였다.

　　……英國이라는 단순한 이름으로 그를 통제하기도 곤란하려니와 더욱이 國際上 會合 같은 것으로 말하면……대표를 선정하는 것은 各 民族의 利害上 所見이 不一致할 뿐 아니라 또한 理致에 맞지 않고 平衡을 잃음으로서 여기서 各 民族을 대표하는 대표를 각기 선출하게까지 되었다.66)

---

65) 위의 책, p.9 참조.

민족은 국가보다 언어와 역사 및 경제적 이해·습관·도덕적인 면에서 통일성을 갖추고 있기 때문에 세계일가주의 실현을 위한 표준 단위로 적합하다는 것이다. 다시 말하면 인도적 공평을 기하는 데는 국가보다 민족을 기준으로 하는 것이 용이하다는 뜻이다. 그리하여 조선사회가 현실적으로 직면하고 있던 문제점을 지적하여 민족개조론을 거론하는 데까지 이르렀다.

그는 1920년대의 조선사회가 안고 있던 현실적 문제점으로 크게 두 가지를 지적함으로써 민족개벽의 필요성을 강조하였다. 그 하나는 민족성에서 기인한 사회적 폐단이다. 당시 조선사회는 개인이나 단체 및 세대 간의 갈등과 투쟁 심리가 민족상쟁의 방향으로 치닫고 있었다.

신문화운동이라는 명분하에 저마다 각종 단체를 조직하여 사리사욕을 꾀하는가 하면, 한편으로 민족주의·사회주의·무정부주의 등 여러 이념을 표방하여 각 파당의 주장에 집착하는 것이 현실이었다. 그는 그렇게 된 연유를 구시대적 악습과 현대사회의 부정적 신현상에서 찾았다. 이를테면 상투·독산(禿山)·모옥(茅屋)·유의유식(遊衣遊食)·미신사설(迷信邪說)·시간 관념 부족·자녀교육에 대한 무관심 같은 것이다. 뿐만 아니라 잡지 경영의 열기 고조·신흥종교의 난립·부랑자의 증가·해외동포의 비행·악필법(惡筆法) 같은 부정적 신현상이 사회 전체에 만연되고 있었다. 실제로 잡지의 경우를 보면 수개 월 이내에 무려 10여 종이 발행되는 등 경영 의욕이 상승기조를 이루는 것과는 반대로 그 수명은 길어야 겨우 6~7호를 발간하는 정도에 불과했으며, 종교단체도 1년에 10여 개의 신흥종교가 발생하였고 그나마 대부분이 대중의 미신 선호 풍조를 이용한 것으로 사욕을 채우려는 무뢰배 집단이었다.[67] 문학의 경우 창작 활동을 보면

---

66) 『신인철학』, p.155.

67) 이돈화, 「최근 조선에서 起하는 각종의 新現象」, 『개벽』 1, 1920, pp.15~16 ; 坪江汕二 『改訂增補朝鮮民族獨立運動秘史』, 高麗書林, 1986, pp.71~79 ; 이돈화, 「민족적 체면을 유지하라」, 『개벽』 8, 1921, pp.7~8 ; 국사편찬위원회 편, 『한국독립운동사』 4, 1968, pp.386~391 참조. 3·1독립운동 이

대개는 중국의 역대 왕조와 황제 이름을 거론할 정도로 내용이나 문체에 있어서 자주성이 결여된 구시대적 악필법을 탈피하지 못하였던 것이 당시의 현실상이었다.

다음은 대외적 문제, 즉 세계사조에 대한 관심과 인식 부족에서 오는 민족의 정신적 방황이다. 그는 3·1운동 실패 이후 독립운동의 의욕을 상실하고 실의에 빠져 있던 당시를 다음과 같이 개탄하였다.

> ……그러나 此有名한 世界的 會合도 필경은 强者와 강자의 互相 權利 擁護의 약속뿐이오 小弱者에 대한 직접의 복리는 업섯슴으로 천하의 民衆은 다시 時運을 회의하고 시대를 저주하야 문득하면 失望落膽의 境에 들게 되엿나니……68)

이러한 현상은 국제정세의 변화 추이를 정확하게 관찰하거나 이해하지 못한 데서 오는 결과였다. 우리 민족은 오랫동안 봉건적 사회체제하에서 폐쇄된 상태에 있었기 때문에 세계에 대한 인식의 폭이 좁아 기껏해야 중국이나 일본에 관한 것이 고작이었다. 따라서 세계정세에 대한 판단이 너무 성급하고 소극적이었다. 그러나 이와 같이 이돈화가 지적한 것은 치자계급(治者階級)인 양반관료들의 편협한 세계관과 배타적 투쟁 심리를 뜻한 것이다.

이러한 시각은 일찍이 『만세보』에서도 찾아 볼 수 있다. 스스로 민족성을 거론하여 우매하고 소박하다는 표현으로 대중을 야만시함으로써 열등의식을 강조한 것은 다름아닌 치자의 변(辯)으로 대민(對民) 학정을 합리

후 발흥한 새로운 신앙은 靑林·濟世·敬天·三聖無極·統天·太乙·天人·人天·中心 등 많은 종파들이 있었고, 천도교는 신·구파로 분열되어 교권을 중심으로 서로 분쟁을 하고 있는가 하면, 侍天敎도 4개 파로 분열되어 난맥상을 보이는 등 어려운 형국이었다. 그 중에서도 수운 사상의 지류로서 門戶를 세우고 종교적 면모를 드러내며 암중 비약하는 자도 많았다.

68) 이돈화, 「인류 상대주의와 조선인」, 『개벽』 25, 1922, pp.4~5.

화하기 위한 것에 불과하다고 하였다.[69] 편협한 세계관이나 배타적 투쟁심리 같은 것은 당시의 위정자들인 군수(郡守), 경리(警吏), 세관(稅官), 왕법관(枉法官) 및 고관대작 등 탐관오리에게서 볼 수 있는 개조해야 할 고질적 타성의 표본이었다. 혹자는 1920년대 뜻있는 사람들이 제기한 민족개조론에 부정적 반응을 보이나 이것은 전체 민족을 대상으로 한 것이 아니라는 점을 감안해야 할 것이다.

역사적으로 우리 민족의 의식이나 관습은 불교와 유교의 영향을 많이 받았다. 불교로부터 퇴보적·현실도피적 출세간(出世間) 사상을, 유교로부터 숭문배무(崇文排武)·숭례계급적(崇禮階級的) 사상과 의타심을 단점으로 물려받았던 것이 사실이다. 그리하여 20세기에 이르러서도 자주·자강 의식이나 현실에 대한 능동적 참여 의욕이 부족하여 민족운동에서 심약한 태도를 보였던 것이다. 이돈화가 지적한 민족성의 단점과 개선 방안을 대략 4가지로 간추려 볼 수 있다. 첫째는 사회성의 부족이다. 그는 우리 민족의 사회성 결여를 영국인과 비교하여 다음과 같이 지적하였다.

조선의 공통적 결함은 朝鮮人된 개성의 잘못이 아니오 개성의 배후에 개성을 지배하는 사회적 위력이 박약한 故이엇다.……조선인의 注意的 能力, '例하면 根氣 勤儉 責任觀念 등'이 英國人에 비하야 다소의 差違가 生하는 것은 이 결코 朝鮮人된 개성이 英國人된 개성에 비하야 劣等됨에 有함이 아니오 그 각 개성의 배후에 잇는 朝鮮人된 社會性이 英國人된 社會性에 비하야 발달이 低劣한 故이니……[70]

개인적 재능에 있어서는 영국인에 비하여 하등의 손색이 없음에도 불구하고 조선사회가 낙후된 것은 바로 사회성의 결여 때문이라는 것이다. 사회성은 민족성과 직결되는 것이므로 민족성의 개조는 곧 사회성을 완전케

---

69) 『만세보』, 1907년 4월 20일, 21일자 논설, 「민족의 성질」.
70) 이돈화, 「空論의 人으로 超越하야 理想의 人, 主義의 人이 되라」, 『개벽』 23, 1922, pp.11~12.

하는 것이라는 생각을 하였던 것이다. 이광수도 이 점을 인정하여 민족개조의 우선 조건으로 사회성 계발을 제시하였다.71)

이돈화는 민족성 개조의 우선 조건으로 민족적 '공통생명철리(共通生命哲理)'에 유의할 것을 강조하였다.72) 민족적 공통생명철리는 일종의 민족적 초인주의(超人主義)로서 모든 제도와 관습을 통일하는 것은 민족의 공유하는 동일한 생명력 때문이며 그로 인하여 민족성을 미화·발전시킬 수 있다는 것이다. 민족은 생명의 뿌리를 같이하는 것이기에 민족성을 향상시키려면 항상 민족의 동일한 생명력에 관심을 가져야 한다는 뜻이다. 그는 민족 생명의 발전 원리를 다음과 같이 진화론적으로 증명하였다.

> 대개 우주의 원리는 다만 진화와 퇴화 그것뿐이니 진화치 못하면 퇴화, 퇴화치 아니하면 진화 此 兩途의 외에 별로 多端의 理法이 업는 것이다. 생명이 세계 인류의 靈識으로 나타나 無窮無限의 진행을 促하야 장차 超人的 境涯에 향하는 중임은 是 우주의 理法에 피치 못할 원리이나 그러나 그 생명의 발전은 가장 生의 의식이 善히 발전하는 방면을 향하야 진전하면서 그 반면으로는 점차 불완전한 자를 퇴화케 하야 인류와 인류의 간에 스스로 금수와 인류의 차별 정도를 보게 될 것이라.73)

여기서 우주 생명력의 진화 원리를 들어 민족성을 향상시키는 일에 의식적으로 노력할 의무가 있다는 것을 강조하고 있다. 우주 생명력의 특성인 운동목적, 통일 작용, 자각을 들어 민족 각자가 자기 관조에 의하여 의식의 진화를 꾀해야 한다는 뜻이다. 그가 이처럼 조선사회와 민족성 개조 방법으로 인내천에 의한 인간성 회복을 제창한 것은 이광수가 조선 민족성의 장점인 인(仁)·의(義)·예(禮)·용(勇)을 최대한 활용하여 사회적 낙

---

71) 이광수, 「민족개조론」,『개벽』 23, 1921, p.36 참조.
72) 이돈화, 「공론의 인으로 초월하야 이상의 인도주의의 인이 되라」, 앞의 책, p.12 참조.
73) 위의 책, p.14.

후성을 극복하자고 한 것74)과 그 방법에 있어서 근본적으로 차이가 있다.

둘째는 이상 추구에 대한 관심과 능력의 부족이다. 진정한 이상을 추구하기보다는 오히려 공론(空論)에 집착해온 사회현실을 그는 다음과 같이 지적하였다.

> 이와 가티 안일 명예 권세의 此 3대 욕구가 우리 조선인의 최고 이상이 되었는지라 於是乎 그 이상으로 發하는 모든 행위는 動軋無主義로 십 년을 계속한 者 幾人이나 되며 一定의 定見으로 일생을 繰返한 者 幾 개인이나 되나뇨. 다만 사리사욕의 利害衝動에 因하야 外로 大局을 무시하며 內로 양심을 기만하야 우리 민족 신문화의 만년대계를 그릇되게 하는 者 比比히 有치 아니한가.75)

우리 민족은 이상 추구보다 공론에 급급하여 왔다는 것을 지적하고 있다. 진정한 주의와 실천이 없으므로 결국 이상은 공론으로 끝날 수밖에 없다고 하였다. 따라서 그는 이상이란 본연의 인간성으로서 현실 이전의 것이기 때문에 이것을 제도화하고 민족의 공통적 이상을 실현할 수 있는 이념이 필요하다고 하여 인내천을 민족개조의 기본 이념화할 것을 주장하였다.

셋째는 경제 관념의 부족이다. 그는 우리 민족의 경제적 빈곤을 다음과 같이 안빈낙도(安貧樂道)에 가치를 두었던 조선 사대부의 잘못된 도덕관과 결부시켰다.

> 一言而蔽하면 安貧樂道는 조선 士者의 유일의 미덕됨과 동시에 조선인의 보편적 폐해라 할 수 있다.……조선인은 과거에 오즉 士者의 安貧樂道의 미덕뿐으로 천하의 미덕을 삼앗는지라. 그럼으로 商者는 有하나

---

74) 이광수, 「민족개조론」, 앞의 책, pp.38~45 참조.
75) 이돈화, 「공론의 인으로 초월하야 이상의 인, 주의의 인이 되라」, 앞의 책, p.9 참조.

商者의 미덕이 업스며 農工이 有하나 農工의 미덕은 업서왓다. 이 점에
서 조선인 전부 욕망은 일개 士者라 云하는 '安貧樂道'的 협소한 욕망에
被拘한 배 되어써 금일에 至하엿다.……吾人이 方在 조선인의 생활을
향상케 하고저 하면 반듯이 此 오류된 욕망을 개조케 하며 향상케 할 필
요가 有하나니……76)

한 마디로 우리 민족은 생존은 있었으되 생활이 없었다는 뜻이다. 의식
주의 향상은 물론 학문·예술·문학·사상 등을 고도로 누릴 수 있는 생
활을 갈망하는 것은 인간의 본능이다. 그러나 안빈낙도의 퇴굴주의(退屈
主義)로 일관해온 우리 민족은 생활은 물론 생존마저 위협을 느낄 정도로
경제적 곤경에 처했던 것이 당시의 상황이었다. 이에 그는 민족경제를 자
급자족하는 유일한 해결책으로 산업개발을 제시하였다.

그는 생활 향상의 진원을 생산으로 보아 노동을 중시하는 한편 노동과
민족성의 관계에 유의하여 노동 가치의 신성함을 주지시키는 한편, 노동자
가 갖추어야 할 필수 조건으로 정신개조를 주장하였다. 그리하여 구체적
조건으로 노동과 정력의 관계, 노동의 취미, 노동과 분업(分業), 저축의 미
풍(美風)을 문제로 제기하였다.77)

조선왕조에서는 저술이나 예술 활동 같은 정신적 노동에 전력하는 사람
들은 거의 없었으며, 육체노동의 경우도 그나마 권력의 강압에 의하여 부
득이 하는 수동적인 것이 대부분이었다. 그러므로 양반 사류들은 경제에
대한 관념이나 전문지식이 전무한 상태였다.

노동의 전문적 분업만이 소득분배와 노동력의 능률적 관리를 가능케 한
다고 할 때 생활 향상의 원동력이 되는 체력·부력(富力)·지력(知力)·
덕력(德力) 이전에 노동가치의 인식이 우선해야 한다는 것은 당연하다. 따
라서 그는 성신쌍전(性身雙全)의 논리를 이의 근거로 하였다. 이광수가 경

---

76) 이돈화, 「생활상으로 관한 경제 관념의 기초」, 『개벽』 11, 1921, p.13.
77) 이돈화, 「생활의 조건을 본위로 한 조선의 개조사업」, 『개벽』 16, 1921, p.22
　　참조.

제적 독립의 조건으로 근검 저축을 강조했던 것[78]에 비하면 이돈화의 노동가치관은 가히 선구적이라 하겠다.

넷째는 정서가 부족하다는 것이다. 그는 다음과 같이 예술을 생활 향상의 조건으로 제시하였다.

> 夫婦 관습으로써 그 애정을 유지할 뿐이요 예술적 妙趣로써 그의 결합을 인도치 못하며 家庭 親族이 義로써 그 親誼를 保할 뿐이오 예술적 情緖로써 그 내부의 결합을 도발치 못하엿스며 社會 民衆이 법률로써 그 평화를 유지할지언정 예술적 융화로써 그 통일을 保持치 못하엿나니 이 곳 우리 조선 근대에서 예술의 생활을 계속치 못한 결과이며 예술적 정서를 도발치 못한 까닭이엇다.[79]

정신적으로 성리학에 예속되어온 조선사회는 예술을 천기(賤技)로 여겼기 때문에 우리 민족은 예술에의 취미나 의욕이 결여될 수밖에 없었다. 예술은 과거와 현재에 걸쳐 시간을 초월하여 인간의 정서를 교류·접근시키고, 나아가 자연과 인생을 관통케 하는 것이므로 생활에 취미를 느끼게 하는 활력소라고 할 수 있다. 그리하여 그는 예술을 민족 정서의 함양 수단으로 생각하여 문학·미술·음악·연극의 진흥은 물론 심지어 노동과 교육의 예술화, 결혼의 해방까지 주장하였다. 문학에서는 민족정신을 근본적으로 혁신할 수 있는 대작가의 출현을 고대하였고, 시나 소설 등 여러 장르별로 국어·국문·사상을 정리하고 통일함으로써 대중을 감화시키려 하였다.

이와 같이 그는 민족성 개조의 필요성을 강조하는 한편 개조사업을 성공적으로 이끌기 위해서는 민족 계몽을 선도할 뚜렷한 구심점이 있어야 한다는 것을 조건으로 제시하였다. 이돈화가 기대한 민족의 구심점은 다름 아닌 천도교 청년층이었다. 그리하여 그는 천도교청년당이 주도할 민족개

---

78) 이광수, 앞의 글, p.55 참조.
79) 이돈화, 「생활의 조건을 본위로 한 조선의 개조사업」, 앞의 책, p.19 참조.

조사업의 구체적 실천과제를 5가지로 정리하였다. 첫째는 단결에 관한 것이다.[80] 사상적 단결은 정치·사회의 이상을 목표로 하는 것이므로 실천에 있어서 외부의 압력이 작용하기 쉽기 때문에 체면이나 모방 따위가 아닌 오직 본능적·충동적인 단결이어야 한다는 뜻이다. 이러한 단결을 그는 계층적 단결과 이념적 단결로 표현하였다. 특히 신분은 사회적 위치를 의미하는 것이기 때문에 단결력을 강화하는 데는 신분의식을 바탕으로 하는 것이 최선책이라 하여 농민·노동자의 경우를 그 예로 들었다. 이념 또한 생명을 대신할 정도로 강한 것이어서 사회의식의 발달과 보조를 같이한다고 보았다. 환언하면 그는 노동운동이나 청년운동이 궁극적으로는 물질문명에 귀착되나 이념에 근거해야 한다는 뜻이다.

둘째는 조직에 관한 것이다. 목적 동기가 빈약해도 조직이 완전하면 그 수명은 보존될 수 있다고 보았다. 따라서 단체는 중앙에 본부를 두고 이를 중심으로 조직력을 집중시켜 모든 문화행사와 사상 지도로 지방조직을 강화해야 한다고 하였다. 그러기 위한 절대 필요조건이 정신적 지도자라는 것이 그의 지론이다.

셋째는 활동무대에 관한 것이다. 인간사의 성패는 대개 사업에 대한 흥미 여하에 좌우된다고 하여 활동무대의 확대를 강조하였다.[81] 이것은 인간성의 본능과 관계되는 말이다. 대개의 경우 장기간에 걸쳐 단순한 활동을 일률적으로 반복하게 되면 신경이 마비되고 흥미를 잃어 의욕을 상실하는 경향이 있다. 이러한 과정에서 활기와 흥미를 진작케 하는 수단·방법으로 제기한 것이 활동무대의 확대이다. 그리하여 구체적으로 잡지의 발행·강연회와 야학·운동회·음악회·친목회의 개최 등 다양하게 활동무대를 소개하였다. 그는 이러한 여러 종류의 활동을 '신정력(新精力)의 주사(注射)'[82]라는 말로 표현하는 한편 사회 전체의 활동에 활력을 공급할 수 있

---

80) 이돈화, 「조선노동운동과 단결방법」, 『개벽』 46, 1924년, p.96 참조.
81) 이돈화, 「최근 조선에서 起하는 각종의 신현상」, 『개벽』 1, 1920, pp.19~20 참조.

는 가장 좋은 충격요법으로 이의 실시를 적극 권고하였다.

넷째는 대아적(大我的) 자세에 관한 것이다. 개화기 이후 근대화 과정에서 야기된 보수·개화의 사상적 대립은 독립운동의 현장에서도 계속되어 심각한 사회문제로 제기되었다. 특히 시급했던 문제는 신·구사상의 충돌을 해결하는 것이었다. 그리하여 그는 소아(小我)를 버리고 대아인 민족의 독립을 우선시할 것을 강조하였다. 청년들에게 신·구의식의 차이를 좁히고 이념과 사상의 상호접근을 위하여 솔선수범할 것을 권고한 내용을 보면 다음과 같다.

> 그리하야 그의 해결 방법은 청년된 자 솔선하야 제반의 사업에 착수하는 동시에 吾等의 父老로 먼저 이 시대는 청년의 시대라 자인하고 又 신뢰할 만한 신용을 어더야 할 것이다. 蓋 老年의 미덕은 勇斷에 잇나니 경험의 餘弊는 躊躇에 失하고 勇斷의 餘弊는 輕薄에 室하는 것이라……故로 청년된 자 이 점에서 自重自愼하야……83)

다섯째는 구습의 탈피에 관한 것이다. 단체 행동에서 절대 필요한 의무감이나 책임감이란 찾아보기 힘들었던 것이 당시 조선사회의 현실이었다. 따라서 소아(小我)에 집착하는 데서 야기되는 신·구사상의 충돌을 제거함으로써 구습의 탈피를 주장하는 한편 다음과 같이 천도교 신자들의 신앙태도를 그 모범적 사례로 들었다.

> 諸君은 약간의 納稅에 因하야 생활이 困難하다 云치 말라. 諸君은 勤儉貯蓄의 방식에 敏活하면 可히 써 막중한 납세에 遲滯치 아니하리라. 보라 天道教 信者는 每食一의 米를 取하야써 막대한 종교사업도 유지하야 가는 것이 아닌가. 諸君도 만일 天道教 信者와 같은 신념과 방식을

---

82) 이돈화, 「조선청년연합회의 성립에 就하야」, 『개벽』 7, 1921, pp.38~39 참조.

83) 이돈화, 「최근 조선에서 起하는 각종의 신현상」, 『개벽』 1, 1920, p.20.

가지면 무엇이 납세에 곤란하리요.[84]

　이상과 같이 이돈화는 민족개조의 기본 방향을 인내천에 의한 인간격(人間格) 중심 생활로 보고 사상적 단결, 단체의 조직력, 생활의 활력 공급, 대아적(大我的) 삶, 구습 탈피의 단계적 과정을 통한 민족개조의 방법을 제시하였다. 인내천의 생활화 운동은 당시 천도교계에서는 널리 보급된 것으로 당시의 『천도교월보』를 통하여 활발히 전개되었다.[85]

3) 사회개벽

　이돈화는 사회와 개인을 모자(母子) 관계에 비유하였다. 사회는 일종의 유기적 개체로서 단순히 기계적 집합체이기 이전에 개체로서 개인의 생명을 맡는 기능이 있기에 자모(慈母)의 역할을 하며, 또 개인은 사회를 구성하는 일원이기에 각자의 의식을 일치시킴으로써 사회적 기능을 긍정적으로 발휘할 의무가 있다는 것이다. 그는 사회와 개인의 관계에는 책임이 개재되어야 한다는 것을 다음과 같이 주장하였다.

　……개인과 사회의 관계를 더욱 밀접케 하지 않으면 안 된다. 사회는 개인에 대한 慈母의 자격을 가져야 한다. 개체의 慈母도 있으려니와 사

---

84) 이돈화, 「조선청년연합회의 성립에 취하야」, 『개벽』 7, 1921, p.38. 관서 지방 모 군의 한 세관이 지방민에게 납세 의무를 주지시킬 때 천도교 신자의 책임과 의무감을 그 모델로 제시한 내용이다.

85) 1920년대에 『천도교월보』에 게재된 인내천 생활에 관한 논문 몇 가지를 소개하면 다음과 같다. 朴達成, 「改造의 聲과 共히 세계는 어느듯 인내천세계」, 『천도교월보』 129, 1921. 5. pp.11~22 ; 오지영, 「한울님을 사람자체에서 구하라」, 『천도교월보』 131, 1921. 7. pp.27~29 ; 金起田, 「人乃天宗旨의 실제화를 주장함」, 『천도교월보』 132, 1921. 8. pp.13~18 ; 昊台煥, 「이상과 실행」, 『천도교월보』 138, 1922. 2, pp.51~53.

> 회라는 慈母도 있어야 한다.……사회가 그 한 개체의 생명을 맡을 만한
> 기능이 되어 있어야 한다.……사회가 개인의 생존적 책임을 맡는다 하면
> 개인과 사회의 상호관계에서 개인이 사회에 대한 책임은 무엇일까? 그는
> 사회봉사적 노동이다.[86]

사회는 활동이나 능률에 있어서 그 위력이 개인의 총화보다 월등히 크기 때문에 개인은 도덕적으로 사회에 책임을 다해야 한다는 뜻이다. 예로부터 이상사회를 지향하는 개인의 노력이 직접 또는 간접적으로, 의식 또는 무의식적으로 지속되어 왔던 것이 사실이다. 비록 의식주의 해결이라는 이기적 동기에서 비롯된 것이기는 하지만 결과적으로 보면 사회봉사로 이어졌다. 이를테면 동정심·애국심·희생이나 애정 같은 의식의 도덕적 표현이 바로 그것이다.

그러므로 사회는 개인의 생존 문제에 절대적 책임을 지고 교육·도덕의 향상, 교통·경제의 발달에 힘쓰고, 개인은 사회에 대하여 진심으로 봉사할 때 비로소 사회와 개인의 관계는 최상의 상태를 유지하게 된다고 보았다. 그러나 현사회는 개인에 대하여 책임을 다하기보다 오히려 역기능으로 작용하는 것이 상례이다. 그는 이러한 사회적 기현상은 사회가 권력으로 개인을 지배한 데서 야기된 상황이라는 것을 다음과 같이 논평하였다.

> 일하지 안는 것이 죄악이라 하면 일할 것이 업는 사회는 더욱 罪惡의
> 사회가 안이냐 금일의 사회는 결코 怠惰와 빈곤을 혼합하야 볼 사회가
> 안이다. 빈곤은 怠惰의 죄악이 안이오. 사람으로써 自作自擘한 사회의
> 암흑면이다.……民은 以食爲天이란 말은 만고의 絶對格言이라 할 수 잇
> 다.……民은 以食爲天이라 하면 民이 아닌 천자·公卿·재상·도덕가
> 기타 지식계급은 食 이외에 다른 무엇을 가진 것이 잇다 하는 말이다.…
> …民이 아닌 特殊階級에 잇서는 民으로부터 제공하는 空祿을 어더 먹고
> 풍부한 여유의 시간을 엇게 됨으로 그에서 도덕을 연구하고 예술을 즐기

---

86) 『신인철학』, p.182.

며 정치를 희롱하는 모든 즐거움을 獨存하고……87)

상식적 윤리·도덕이 통하지 않던 당시 조선사회를 겨냥한 말이다. 양반은 나태해도 부귀와 영화를 누리는 생활을 영위했던 데 비하여 일반 대중은 근면으로도 빈곤을 면할 수 없는 생존만이 있을 뿐이었다. 그는 이러한 현상을 도덕 부재에서 기인한 것으로 보아 사회 부조리와 불균형을 해결하는 유일한 방법으로 진정한 동귀일체(同歸一體)로의 사회개벽을 제창하게 되었던 것이다.

1차 세계대전 이후 세계는 자유와 평등을 지향하는 세계일가주의와 사해동포주의(四海同胞主義)가 팽배하여 사회발전에 지대한 관심을 보였다. 특히 사회주의자들은 유물론적 관점에서 경제문제를 민중의 계급투쟁으로 해결하려 하였다. 이에 대하여 그는 경제 문제도 중요하지만 그보다 더 우선적이어야 하는 것은 인간성에 관한 문제라고 하였다. 인간격 중심의 생활에서 볼 때 경제 문제는 국부적인 문제로 인간성 회복의 과정 중 한 단계라는 것이다. 유물론자들이 사회개혁의 이상 실현을 위하여 물질적 조건에만 집착하였던 것에 반하여 동학사상은 인간격 중심주의 입장에서 도덕적 사회진화를 최고 이상으로 하기 때문에 무엇보다 인간성 회복이 우선이어야 한다고 하였다.88) 지상천국 건설은 사회개벽을 통해서 이루어지며, 사회개벽은 개인의 의식개혁에 근거하는 것이므로 결국 도덕적 사회개혁이 선행되어야 지상천국 건설도 가능하다는 논리다. 따라서 개인의 의식과 같이 사회의 진화도 무한한 가능성이 있으므로 경제적 문제 해결은 인간격 중심 생활이 이루어질 때 기대할 수 있다는 것이다. 진화는 일종의 변화로서 모든 사물은 잠재 상태에서 점차 현재의 상태로 구체화하는 것으로서 사회진화의 경우를 인간의 집단적 공동체 생활에서 의식적·선택적으로 일어나는 변화로 보았다.

---

87) 이돈화, 「疑問」, 『개벽』 48, 1920, p.6.
88) 『신인철학』, pp.158~162 참조.

동학사상의 독창적 사회진화론은 19세기 서구사회에서 양대 주류를 형성하고 있던 다윈의 적자생존설과 크로포트킨의 상호부조설(相互扶助說)에서 영향을 받았다고 할 수 있다. 당시 천도교 청년층에 유행되고 있던 다윈의 자유경쟁과 약육강식의 사회원리를 소개하면 다음과 같다.

> 인류 사이의 투쟁은 동물계에 있어서보다도 그 정도가 더욱 심하나니, 이러한 쟁투에 성공할 수 잇는 첫째의 조건은 '따윈'의 말한 바와 같이 '현재 생활이 공급할 수 잇는 정도 이상 그 종족을 많이 산출케 하는 바루 그 능력'이라.[89]

여기서 볼 수 있듯이 이돈화도 사회 진화의 요소로 선택과 배격을, 진화의 조건으로 노력과 분투를 들어 적자생존론에 공감하였다. 그러나 그는 이러한 사회원리는 계급 간·국가 간에 각종 범죄를 유발하고 잔인성을 조장하기도 하여 사회적 부작용을 초래하는 요인이 될 수 있다고 보아 크로포트킨의 상호부조설을 아울러 수용하여 그 나름대로의 사회진화론을 제시하였다. 인류사회는 내면적으로 상호부조의 희생적 행동을 통하여 도덕적 진화가 진행되고 있지만 표면적으로는 상호 투쟁의 상대로 나타난다는 것이다. 그 근본적 이유를 적자생존 원리보다 권력집단의 폭력에서 찾았다. 1900년대 이후 노동조합과 각종 사회단체가 다수 결성되어 사회봉사에 적극적으로 참여하고 있었음에도 불구하고 사회불안과 부조리가 계속 팽배해지고 있는 현상을 그 예로 들었다.

그리하여 그는 사회의 도덕적 진화에는 상호 투쟁보다 상호부조의 원리가 크게 작용한다고 하여 크로포트킨의 학설에 더 큰 비중을 두었다.[90] 이러한 그의 견해는 당시 조선에 유행되고 있던 다음의 사회 발전 논리와 맥을 같이 한다.

---

89) 孔濯, 『自修大學講義·社會科』, 천도교중앙총부, 1936, pp.48~49.
90) 『신인철학』, p.107 참조.

> ……相互扶助에 뿌리한 윤리적 관념은 氏로 더불어 씨족에, 다시 씨족의 연합과 민족에로 퍼지며 나아가 理心的으로 본 전 인류사회에까지 퍼졌다.[91]

　　자유경쟁이나 상호부조는 사회진화의 한 과정인 동시에 부분적 현상일 뿐 결코 사회 진화의 조건이나 원칙은 될 수 없다는 것이다. 이로써 그는 이성과 근로를 사회 진화의 조건으로 제시하게 되었다. 사회 발전은 개인적 경쟁의식만으로는 불가능하며 이성과 근로정신으로 협동할 때 사회 전체가 최상의 상태를 이룩할 수 있고, 자유경쟁의 자세도 구비할 수 있게 된다고 하였다. 사회 진화는 개인의 선택이나 배격보다 사회적 능력과 정신·의지를 통일하여 상호 협조하고 이해할 수 있는 이성의 힘이 우선적일 때 가능하다는 것이 그의 주된 논조라고 하겠다.

　　이돈화는 사회개조를 사회사상의 진화로 보았다. 정신개벽의 경우에서와 마찬가지로 사람성 무궁주의에 근거하여 사회 이상의 진화도 끊임없이 지속된다고 하였다. 이러한 논조로 보면 지상천국 건설에 있어서 모범적 틀을 규정하거나 제시할 수는 없다. 역시 그는 시대적 요구에 부응하는 신사회(新社會) 즉 신세계로의 개조를 위한 노력을 중시하였다. 그 과정에서 반드시 유의할 것은 사회적 능력과 정신·의지를 사상적으로 통일하는 것인데, 그렇게 하려면 여론을 중시해야 한다는 것을 다음과 같이 언급하였다.

> ……교통기관의 발달, 경제의 融通, 교육 도덕상의 향상, 학술 문예의 실현, 사상 교화의 조류가 세계적으로 공통이 되며 융화가 되어가는 현상을 가르쳐 吾人은 이를 사회의 力, 정신, 의지의 발휘라 할 것이엇다. 사회가 如斯히 力, 정신, 의지의 독립적 발휘를 유기적으로 힘잇게 진전케 하는 방식과 기초는 무엇보다 사상을 통일함에 잇스며 그리하야 사상을 통일케 하는 眞個의 활동은 형식상 여론이라 하는 것을 표방하고 나서는

---

91) 공탁, 『자수대학강의·사회과』, p.52.

것이다.92)

그러나 여론은 사회를 구성하는 대중 개개인의 소리가 모아진 것이기 때문에 그 가치는 인간성과 밀접한 관계가 있다. 진정한 도덕성에서 나온 것이 아니면 여론의 가치는 결코 기대할 수 없기 때문이다. 이러한 차원에서 그는 개인과 사회 윤리에 표준이 될 수 있는 도덕률이 마련되어야 한다고 하였다.

도덕은 생장과 발전·공익을 표준하는 것 즉 윤리적·도덕적 행위를 중시하는 습성 같은 불변의 것과, 가치관이나 가치 판단 능력 같은 가변적인 것으로 대별할 수 있는데, 그 중에서 항상 문제로 제기되는 것이 후자의 경우이다. 그리하여 역사적으로 사회 발전에 적합한 가치관 정립이 필수과제로 대두되었고, 도덕적 판단능력의 양성이 중시되었다. 이에 이돈화도 가족관계부터 사회단체 간의 체제적 관계·자본과 노동의 경제적 관계에 이르기까지 상호 화합케 할 수 있는 도덕률의 정립을 주장하였던 것이다.

이렇게 볼 때 가장 조화가 필요한 관계는 아마도 개인과 사회의 관계라고 하겠다. 특히 인간성과 사회환경 관계가 그 좋은 예다. 그러나 이 관계는 어디까지나 가변적이어서 신사회 건설을 위한 사회개벽은 지속될 수밖에 없다. 이에 그는 천도교의 '인내천'을 불변의 도덕률 즉 시공(時空)에 관계없이 언제나 통용되는 도덕률로 제창하여 인간성 회복을 주장하는 한편 도덕적 수련 방법으로 최제우의 수심정기(守心正氣)와 최시형의 삼경(三敬)을 거듭 강조하였다. 수심정기의 개념을 물심(物心) 어느 한 편에 치우친 수양이 아닌 모든 것을 인간격 중심, 즉 인간성 본연의 자세에 귀의케 하는 수양 방법으로 정의하였다. 정신적·문화적 사회생활을 영위하기 위하여 인간성에 내재해 있는 동물적 본능을 제거하는 노력을 이른 말이다. 그는 수심정기의 수련을 성공적으로 이끌기 위한 요건으로 다음과 같이 이념과 사상을 들었다.

---

92) 이돈화, 「여론의 道」, 『개벽』 21, 1922, p.5.

守心이란 말은 주의를 지키라는 말이요 主義를 생명화하란 말이다. 주의와 생명을 일치케 하는 데서 모든 喜 怒 哀 樂 憂愁 思慮의 情緒를 가장 잘 조화하고 가장 잘 통일할 수 있다. 主義는 '종대(枠)'가 되고 정서는 兩輪이 되므로 모든 정서는 주의에 의하여 통일되고 조화를 얻을 수 있다.93)

여기서 시대정신에 부합하는 주의라고 한 것은 천도교의 인내천사상이다. 인간에게는 쾌락·명예·권리에 대한 세속적 욕망이 있어서 창조적이라기보다 오히려 모순과 고통을 야기하는 것이 상례인데 이를 극복하려면 인내천사상에 의거한 수심정기의 수련 과정이 절대로 필요하다는 것이다.

다음으로 그는 삼경설(三敬說 : 敬天·敬人·敬物)을 사회개조 이론으로 발전시켰다. 경천(敬天)을 두 가지 의미로 분석하였다. 첫째는 자신 즉 소아(小我)가 '한울'인 대아(大我)를 공경한다는 것이다. 인간성 본연의 도덕적 생활을 자연원리에 따라 이행한다는 뜻이다. 둘째는 진리에 대한 사랑이다. 개인의 입장에서 보면 진리는 도덕이 되고, 사회적으로는 인류를 동귀일체에 이르게 하는 관건이 된다고 하였다. 이러한 의미를 종합해 보면, 경천은 진리를 추구하는 '한울(天)'을 믿는다는 뜻이다. 따라서 경천을 실천하면 부분에서 전체를 추구하여 참된 자신을 발견하게 되고, 유한에서 무한의 큰 것을 알아서 삶의 희열을 맛보게 되며, 불완전에서 완전에 귀의하여 천인(天人)에 내재한 도덕성을 발휘할 수 있게 된다고 하였다.94) 이러한 경천의 의미는 최시형이 양천주(養天主)의 구체적 실천 방법으로 범신론적 입장에서 세속적 일상을 들어 대인접물(待人接物)의 최후 순서로 제시한 경천의 필연성을 더욱 철학적으로 증명한 것이라 하겠다.

경인(敬人)은 경천을 실천하는 방법이다. 그는 경인을 사인여천(事人如天)의 원리로 설명하였다. 사인여천에 함축되어 있는 의미를 3가지로 분석

---

93) 『신인철학』, p.192.
94) 위의 책, pp.197~198 참조.

해 볼 수 있는데 첫째, 경천과 경인, 곧 '한울(天)'과 인간을 분리시키지 않는 것이다. 경천이 도덕과 관련되는 관념적 행위라고 하면 경인은 관념적 행위를 표현하는 외적 행위라 하겠다. 진정한 경인의 실천이 있어야 경천자(敬天者)가 될 수 있다는 뜻이다. 둘째, 동귀일체의 지상천국 건설은 인간성 회복을 위한 노력의 결과라는 것을 깨닫는 것이다. 최제우가 말한 오심즉여심(吾心卽汝心)의 기쁨을 체험한다는 뜻이다. 셋째, '한울'을 현실적으로 활용하는 것이다. 이것은 사인여천이 본래 개인 대 개인, 개인 대 사회의 상대적 개념이기 때문에 천(天)의 대상이 변하는 데 따라서 인간은 자유롭게 천(天)을 응용할 수 있다는 뜻이다. 그의 이러한 논리는 다음과 같은 그의 '용시용천론(用侍用天論)'에서 잘 나타난다.

> 한 개인으로 가정에 있을 때에는 가정 전체는 '한울'이 되고 개인은 사람이 되는 것이오, 그 관념을 한 민족에게 옮겨 놓을 때에는 민족 전체는 '한울'이 되고 개인은 사람이 되는 것이며, 인류 전체에 옮겨 놓을 때에는 인류 전체는 '한울'이 되고 개인은 사람이 되는 것이며, 최종으로 우주 전체를 대할 때에는 우주 전체는 '한울'이 되고 개인은 사람이 된다는 것이다.[95]

천인(天人) 관계에서 '한울'이 가정이라고 하면 인간은 가족의 일원으로 가족을 위하여 노력하고, 민족이면 민족의 구성원으로 민족의 성장과 발전을 위하여 책임과 의무를 다하고, 사회 즉 세계일 때는 한 개인으로서 인류의 평등과 평화를 실현하기 위하여 봉사해야 한다는 것을 당부하고 있다. 여기서 그가 경인(敬人)의 원리로 제시한 사인여천은 인간성 회복인 정신적 동귀일체 이외에 제도나 환경의 개선 같은 육체적 동귀일체를 아울러 함축하고 있음을 알 수 있다.

이돈화가 제시한 경물(敬物)의 구체적 방법을 보면 첫째, 자연의 혜택을

---

95) 위의 책, p.201.

상기하는 것이다. 자연의 영역 중 일부분이 인간이라는 관점에서 볼 때 경물은 곧 인간성의 본원이므로 사람성 자연을 공경하라는 뜻이 된다. 그는 타고르의 말을 인용하여 모든 생명이 자연이라는 것을 다음과 같이 역설하였다.

> 타골은 "인간의 靈과 세계의 靈 즉 개체와 우주는 不離의 조화가 있다.……우리는 이 우주의 통일을 다만 理知만으로 생각할 것이 아니오 감정과 행위에서도 이를 실증하여야 한다.……육체적 내지 정신적 장벽으로서 자연의 무진장한 생명으로부터 우리가 격리될 때에 인간은 멸망한다. 사람은 대자연 속에서 자연을 실현하지 않으면 안 된다. 벌은 密房 중에서 꿀을 제조치 못함과 같이 인간도 그 장벽 중에서는 생명의 양식을 구하지 못한다. 나아가 대자연 중에서 이를 구하여야 한다."……96)

둘째, 동물 학대를 폐지하는 것이다. 이것은 자연애호사상에 근거한 경물로서 특히 동물을 대상으로 한 말이다. 그러나 근본 목적은 동물 애호라기보다 인간성의 미덕을 함양하고 사회를 인도적으로 교화하는 데 더 큰 비중을 두고 있다. 셋째, 경제 관념을 가지는 일이다. 자연을 이용하려면 필요한 것 이상으로 먼저 자연을 아끼고 보호·육성해야 한다는 것이다. 개인이나 사회가 경제적으로나 문화적으로 쇠퇴하게 되는 것은 바로 경물(敬物)의 태도가 없기 때문이라 하였다.

이상에서 살펴본 바와 같이 이돈화는 사회개조를 위한 근본 문제로 공정한 여론을 강조하고 그 전제조건으로 개인과 사회의 도덕성을 중시하였다. 따라서 개인적으로 인간격 완성에 필요한 수심정기의 수련을 요구하는 한편, 사회적으로 인간격 중심의 생활을 할 수 있는 환경 요건인 삼경(三敬)의 실천을 강조하였다. 특히 경천·경인의 원리로 자연애호사상을 역설한 점에서 이돈화는 가히 현대사상의 선구자라 하기에 족하다.

---

96) 위의 책, p.204.

3. 천도교의 신문화운동

1) 이돈화의 천도교론과 사상

1920년대 이후 신문화운동에서 천도교가 사상적으로 주도하는 위치에 있을 수 있었던 것은 이돈화의 종교론에서 연유한 것이라 하겠다. 그는 종교의 본질을 사람성 무궁주의와 결부시켜 규명하였다. 인간이 절대적 실재로서 신(神)을 설정해 놓고 이를 인정하는 것은 인간의 무궁한 가능성을 관념적으로 확인하려는 행위이며, 또한 현실 생활의 만족과 정신적 위안을 동시에 얻고자 하는 것이므로 종교의 가치는 생활 자체를 떠나서 존재할 수 없으며 인류 문화의 발전에 따라 변해야 한다는 것이 그의 지론이다.[97] 이것은 시대적 상황에 적응하지 못하는 종교는 이미 그 기능을 상실한 것이나 다름없다는 뜻이다. 시대적 요구에 따른 신종교의 출현이 불가피하다는 것을 그는 다음과 같이 역설하였다.

> 원시종교에서는 종교가 그 당시의 생활 전체였다. 종교개혁은 곧 생활 전체의 개혁이었다.……이미 종교가 그 자체에서 모든 문화를 出家시킨 후의 상태를 잇고 본즉 종교 생활은 금일의 현상과 같은 위안이라는 한 과목을 맡아가지고 昔日의 권위를 보존치 못하게 되었다.……오늘날 생활의 전체 혁신은 종교에 있는 것이 아니오 他文化 전반을 포용할 만한 今不聞古不聞의 大道가 아니면 안 된다는 것을 이미 전제해 둔다.[98]

신종교의 요건으로 여러 형태의 문화를 포용할 수 있는 통일성·세계성·실천성을 강조하는 동시에 천도교를 가장 이상형으로 들고 있다.

이 무렵 조선사회는 불교나 유교·기독교 같은 기성 종교가 이미 현대

---

97) 이돈화, 「생활의 조건을 본위로 한 조선의 개조사업」, 『개벽』 15, 1921, p.7 참조.

98) 이돈화, 『신인철학』, p.136.

적 문화운동을 감당하기에는 기능적으로 한계점에 이르렀다. 이돈화는 그 이유로 4가지를 지적하였다.[99] 첫째 이들 종교의 교리는 시대적 환경적으로 현대사상에 부합되지 않는다는 것이다. 유교의 삼강오륜은 과학이 발달한 현대의 생활조건이나 현실주의적 의식 변화에 맞지 않으며, 불교의 교리는 너무 심성수양(心性修養) 일변도여서 비현실적이고, 서구적 기독교 사상은 조선의 전통문화에 근본적으로 상치된다고 보았다. 둘째, 운용면에서 기성 종교의 대부분이 정치권력에 유착되어 왔다는 것이다. 특권층의 정권유지 방편에 종교가 항상 이용당한 것이 사실이다. 불교는 신라와 고려에서, 유교는 조선에서 정치이념으로 봉건적 왕조체제에 공헌하였고, 기독교 역시 18세기 이후 세도정치 와중에서 당쟁의 수단으로 이용당하는 등 현실 개혁에 역행하였던 것이다. 셋째, 종교의 목적이 비현실적이고 비합리적이라는 것이다. 특히 불교나 기독교의 경우는 극락이나 천당 같은 내세(來世)에서 정신적 위안을 찾으려 했기 때문에 환상에 집착하여 사회 발달에 적응하는 현실성이 결여되었다고 하였다. 넷째, 종교 상호간에 또는 자체 내에 편견이 있다는 것이다. 자체 교리에만 집착하여 타 종교에 대한 이해의 부족은 물론 비난을 일상사로 하였고 심지어는 동일 종교 내에서도 신·구파로 나뉘어 대립과 충돌이 비일비재하였다. 이를테면 조선의 성리학자들이 취한 억불정책과 당쟁이 그 좋은 예다. 조선 사대부들의 배타적·국수적 경향은 마침내 개화기에 위정척사파와 개화파의 대립 양상에서 여실히 드러났으며, 근대화를 지연시키는 원인이 되기도 하였다. 불교의 경우 또한 교종과 선종의 대립이 심각하였다. 본래 신앙의 목적과 방법상의 차이로 분파(分派)되었던 것과는 달리 오히려 정권 교체의 당위론적 이념으로 작용하여 전환기를 맞을 때마다 정치권력에 편승하는 부작용을 야기하였다. 또 기독교의 경우는 조선사회에 유입될 당시부터 신·구교 가릴 것 없이 한결같이 서구적 우월감으로 기존 종교와 전통문화를 무

---

99) 이돈화, 「생활의 조건을 본위로 한 조선의 개조사업」, 『개벽』 15, 1921, p.8 참조.

시하여 민족적 거부감을 유발했던 것이 사실이다.

그러므로 그는 종교·과학·철학 중 어느 것에도 의존하지 않는 동시에 이 3자를 모두 만족시킬 수 있는 일관 통일된 진리만이 현대사상으로 존속할 수 있다고 하였다.[100] 우주 본체를 규명하고 인생의 근본 문제를 해결하는 최선의 수단을 신종교의 현대사상적 위상으로 보았던 것이다.[101] 세계적으로 이 문제를 종교에 의해서 해결한다는 것은 19세기에는 이미 기대할 수 없을 정도로 종교적 기능이 한계에 도달했었다. 그가 천도교를 신종교로 제창하게 된 배경이 여기에 있었다.[102] 또한 천도교의 시원(始原)

---

100) 이돈화, 「개조와 종교」, 『천도교월보』 112, 1919, pp.4~5 참조.

101) 이돈화, 「인내천의 연구」, 『개벽』 2, 1920, pp.66~67. "얼마 동안 煩悶에 退屈한 人心은 거의 신앙의 가치를 渴望하야 왔다. 그러나 그들의 이른바 信仰은 腐臭陳陳한 구신앙을 다시 요구하는 것이 아니오. 오즉 新眞理로써 표현된 新信仰이었다. 다시 말하자면 여러 신앙의 中으로 오즉 불변의 진리를 摘取하야 그를 융화케 하고 又此에 과학적 사상을 調和하여 철학적 이상을 加添하여 圓滿無缺케 된 현대적 신앙이라 함은 종교에 問하야 철학에 적합한 신앙이겠다. 현대의 요구는 실로 이러한 신앙이겠다. 그리하야 그들은 신신앙으로써 종교의 통일을 圖코저 함은 확실히 현대사상이겠다."

102) 위의 책, pp.70~71. 이돈화는 일본인 浮田和民의 「종교론」을 인용하여 儒, 佛, 基의 삼교합일을 주장하였고, 高橋亨의 「삼교합일론」을 소개함으로써 천도교의 위상을 정립하고 있다. 浮田和民의 말을 보면 "……余는 장래의 종교는 대개가 이러한 조화 下에서 出來하리라 생각하노라. 먼저 불교라든지 유교라든지 기독교라든지 하는 현재의 종교가 상호 접근하고 又 융화하야 결국 통일 契合한 신종교가 자연히 出來하리라. 그리하야 此 신종교는 불교의 방면으로 見하면 불교의 진화한 자, 기독교의 방면으로 觀하면 기독교의 발달한 자, 유교의 방면으로 見하면 유교의 완성한 者라 云할 만한 것으로 결코 서로 충돌함이 업스며 又 一이 他를 倒하고 己獨히 천하를 獨專함이 업시 융화한 者 아니됨이 不可하다."(『개벽』 2, 1920, p.67.) 高橋亨의 말을 보면 "……삼교합일은 조선 종교 안이 동양 종교의 일대 간판이엇섯다. 천도교 시천교의 전신이 동양의 개조 수운 선생이 동학을 일으키자 그 표방이 이에 잇섯고 河相易이 대종교를 開立할새 또한 삼교 혼융상에 교리를 세윗더라……조선에 대한 삼교합일론은 사상 及 신앙의 最高處요 哲 學 及

인 최제우 사상의 개혁운동을 종교혁명에 비유하였다. 그리하여 인내천을 교리로, 후천개벽을 사회개조의 실천논리로 규정함으로써 천도교의 개혁을 합리화하였다.

그러나 종교가 인격적 신을 절대 숭배하여 그로부터 내세 지향의 정신적 위안을 얻는 것이라고 한다면 천도교를 종교라고 하기에는 어려운 점이 있다. 그는 이러한 천도교의 문제점으로 두 가지를 지적하였다.103) 첫째, 어원(語源)상으로 볼 때 천도교는 문제가 있다는 것이다. 종교의 어의(語意)는 본래 신과 인간의 결합을 뜻하는 것인데 천도교는 인격적 신을 근본적으로 부정하고 '한울'과 인간의 무궁한 능력을 일치시키기 때문이다. '한울'은 무궁 이전부터 자기 창조적 진화의 발현으로 우주가 되고, 만유 현상으로 되었으며 최후에 인간으로 진화되었다는 것이 천도교의 신관이다. 둘째, 종교의 생명이 정신적 위안에 있다면 천도교는 그렇지 못하다는 것이다. 현실 개혁운동에 직접 참여하는 것은 실천성을 중요시하기 때문이다. 따라서 천도교는 현실 이상주의에 더 가깝다.

그러나 이돈화는 천도교가 신시대·신사회에 적합한 신종교의 요건을 구비하고 있다고 하여 그 이유로 5가지를 제시하였다. 첫째, 현실 신비주의적 신앙이다. 종교적 신앙심은 불가사의한 정신적 상황에 직면할 때 우러나오는 것이기 때문에 자칫하면 미신으로 흐르기 쉬운 취약점을 지니고 있다. 그러나 천도교는 인간의 생명과 감정의 기원·육체의 본질·인간과 만유의 관계 등 현실적으로 전개되는 경이로운 모든 현상을 느끼는 현실무궁(現實無窮)의 신비주의를 표방하고 있어서 그럴 염려는 없다고 하였다.

　종교의 극치가 되어 정신적 세력이 지극히 광대하도다.……"
103)『신인철학』, pp.137~143 ;「인내천요의」, 앞의 책, pp.444~446 참조. 유교·불교·기독교와 인내천의 차이로 11가지를 논하는 중에 來世 지상천국으로의 復活을 영적 부활로 개념을 정의하는 한편, 우주 만유를 진화하는 것으로 보았으며, 인간의 화복을 인간 자신의 자업자득의 因果律로 믿는다고 하여 神人的 神政敎로 언급하였다.

둘째는 인간성의 무궁함을 실현하는 신앙이다. 과거의 기성 종교는 인간 성이나 현실사회가 아닌 추상적 세계에서 초능력적인 것을 추구하였기 때문에 인류와 현실 자체를 죄악시하여 오히려 인간성의 무궁한 능력을 계발하는 것에 역기능으로 작용할 우려가 있다. 과학 발달에 의한 것이 현대문명이므로 이러한 구신앙으로 현실사회의 제 욕구를 해결한다는 것은 어려운 일이다. 따라서 그는 인간성에 내재한 무궁한 신성(神性)을 자각함으로써 현실생활의 개혁을 추구하는 신앙이라야 현대인의 요구에 부응할 수 있다고 보았다. 이러한 의미에서 천도교는 개인의 발전과 인류사회 전체의 행복을 추구하는 실천적 종교라는 것이다.104)

셋째는 의타적 신앙이 아닌 인내천의 신앙이다. 이돈화는 이것을 다음과 같이 자력(自力)에 기인한 '연대성적(連帶性的) 통일력(統一力)의 신앙'이라는 말로 표현하였다.

……지구가 태양을 회전하는 것은 이는 태양의 獨力도 안이며 又는 지구의 獨力도 안이다. 태양과 지구의 連帶性的 통일이 될 것이며…… 이러한 連帶性的 통일의 力이 우주만유에 磅磚하야 무궁으로부터 무궁에 흘러가는 것이다. 그럼으로 沒我的 관념으로 보면 連帶性的 통일력은 他力과 가티 보이며 主我的 관념으로 보면 連帶性 통일은 自力과 가티 나타나나니105)

대개의 종교가 초능력적 절대 신에게 기원하는 의타적 신앙이라고 한다면 천도교는 자력적 신앙이라는 말이다.106) 우주적 초능력은 시공을 초월한 것으로 보편성과 차별성을 아울러 함축하고 있으므로 이것은 연대성적 통일력으로 보아야 한다는 것이다. 따라서 인간이 자의로 '한울'의 무궁한 조화를 믿고 인간성의 회복을 기원하는 것이 인내천 신앙이라고 하였

---

104) 「인내천요의」, p.365 참조.
105) 위의 책, pp.195~196.
106) 이돈화, 「종교와 6대 요소」, 『천도교월보』 141, 1922, p.17 참조.

다.107)

넷째는 교리의 단순성이다. 이론 위주의 교리가 아니라 현실에 적응할 수 있는 기본적 교리라는 점이다. 과학적 지식으로부터 종교를 찾고, 종교적 신앙으로부터 과학적 지식을 탐구하는 실용적·공식적 교리일 때 비로소 종교적 신앙은 실천으로 이어질 수 있다고 하여 그는 항상 주문 21자를 강조하였다.108)

다섯째는 현실 이상주의 신앙이다. 기성 종교는 현실과 이상을 분리하여 도식적 교리에만 의존하는 내세적 이상주의 신앙이지만 천도교는 현실과 이상을 연결하는 현실적 이상주의 신앙이라는 것이다. 인간성과 신성(神性), 현세와 내세를 동일선상에 놓고 인간의 지(知)·정(情)·의(義)를 함양하여 현실 개조에 참여하는 실천적 신앙이라 하였다. 이러한 차원에서 이돈화가 최제우 사상의 기본 개념을 공식화한 것을 보면 다음과 같다.

가) 天의 개념 : 汎神觀上에 입각한 인내천주의
나) 道의 개념 : 萬眞理를 인내천주의에 歸納하여 總合調和한 儒佛仙합
  일주의
다) 敎의 개념 : 인내천 관념에 입각한 靈肉일치주의
라) 종교의 최후목적 : 인내천 관념에 입각한 天人합일주의109)

---

107) 『신인철학』, p.44 ; 『개벽』 6, 1920, pp.46~48 ; 「인내천요의」, pp.273~276 참조. 공간적 보편성이라고 하는 것은 양적 '한울(天)'을 말한 것으로 만유 현상은 天의 자체 발현이라는 점에서 전체적으로 볼 때 평등하다고 하였고, 시간적 차별성은 질적 '한울(天)'으로서 만유 화생은 '한울'의 자기 창조적 조화인 까닭에 진화 과정에서 단계적으로 개체화되므로 부분적으로 볼 때 차별이 있다는 것이다. 즉 전자의 경우는 '天의 본체'를 범신론적으로, 후자의 경우는 '天의 조화'를 진화론적으로 논증한 것이다. 다시 말하면 '한울'은 곧 시간, 공간을 함축하는 연대성적 통일력으로서 사람성 무궁을 뜻하는 것이다. 따라서 '天'은 자력도 타력도 아니므로 인내천은 자력 즉 사람성이 자각하는 데서 신앙이 시작되는 것이라고 보았다.

108) 주문 21자는 '至氣今至 願爲大降 侍天主造化定 永世不忘 萬事知.'

요컨대 천도교는 유교·불교·도교 및 기독교를 종합하고 과학·철학 등의 제 문제를 포괄함으로써 현실 개혁을 실천하려 한 점에서 보면 비종교적이지만 반면에 인내천에 입각한 영육일치주의의 신앙이라는 점에서 보면 종교가 분명하다. 이와 같이 인본주의적 현실 이상주의적 신앙을 종교적 특성으로 했던 까닭에 1920년대에는 천도교가 종교 활동의 일환에서 신문화운동을 적극 추진할 수 있었다.

2) 신문화운동

3·1독립운동 이후의 국제정세는 일제가 1919년 8월 이른바 문화정치를 표방하여 식민지 정책의 변화를 국내외에 선전하는가 하면, 1921년 워싱턴 회의에서는 구미 열강이 군비 제한과 극동 및 태평양 문제를 토의하고, 폴란드가 영국으로부터 독립하는 등 서구사회 중심으로 큰 변화가 있었다. 이에 따라 한국 민족의 독립운동 흐름도 조직적으로 활성화하게 되었고 그 양상 또한 다양해졌다. 민족 실력의 배양을 우선시하는 애국계몽운동, 민족 실력양성과 동시에 군사적인 면의 강화를 중시하는 독립전쟁론, 외교적 방법에 의존하는 자주독립운동으로 독립운동의 방향이 크게 3분되었다.

소위 문화정치라는 일제의 식민지 정책 분위기로 보아 비교적 수월한 방법은 역시 민족 실력양성의 애국계몽운동이었다. 그리하여 1920년대의 독립운동은 언론·출판·결사·교육·산업·문예 등 여러 분야의 문화운동 형태로 전개되었다. 결사(結社)의 경우를 예로 들면 1919년 10월부터 발족되기 시작하여 1921년에 이르러서는 그 수가 무려 3,000여 개로 증가하였다.[110] 그 중에서 기조를 이룬 것은 주로 청년단체로서 천도교청년교

---

109) 이돈화, 「인내천의 연구」(속) 『개벽』 4, 1920, p.46 ; 최동희, 「천도교의 근대사상 수용」, 『한국사상총서』 V, 1982, p.320.

리강연부가 최초의 청년단체였다.

천도교계는 3·1운동으로 손병희·이종일(李鍾一)·박인호(朴寅浩)·최린 등 천도교 지도층 대부분이 검거된 후 교단 정비를 위하여 이돈화·박래홍(朴來弘)·박달성·정도준(鄭道俊) 등 청년 지도층이 중심이 되어 1919년 9월 2일 천도교청년교리강연부를 결성하였다. 이로써 각지에 그 지부가 설치되었고 종교 운동을 명분으로 하여 교리 연구와 발전을 추구하는 새로운 형태의 민족운동이 시작되었다. 이후 1920년 3월 천도교청년회로 명칭을 고치고 체제를 정비한 후 편집부 사업으로 개벽사(開闢社)를 설립하여 여성운동·소년운동·체육운동을 전개하였고 순회강연을 실시하여 대중 계몽에 선도적 역할을 하였다. 그러나 점차 활동의 영역을 확대하는 과정에서 이념 정당으로서의 면모를 갖출 필요성을 느끼게 되어 1923년 9월 2일 이돈화·김기전·박사직·박래홍 등이 강령과 당헌을 새로 제정하고 '천도교청년당'을 창당하여 천도교청년교리강연부를 이에 통합하였다.

이 때부터 천도교청년당은 신교육운동·신문화운동·신경제운동을 활동 목표로 하여 급속도로 성장하였다. 신교육운동은 민족 중흥과 인재 양성에 목적을 두고 천도교 종리원(宗理院)과 31개의 학교를 운영하는 한편, 강습회·야학회 같은 교육사업에 힘쓰는 일이며, 신문화운동은 언론·출판 활동의 중요성을 감안하여 잡지나 단행본 같은 것을 간행하여 한민족의 자유·평등·독립 의식을 고취시키는 것이다. 또 신경제운동은 종래와 달리 단순한 소년운동이나 여성운동의 한계를 넘어서 일반 대중 특히 농민을 상대로 계몽운동과 현실개혁운동에 주력하는 것이다. 즉 농민협동조합·공생조합·농민창고를 설치하거나 공장을 공영함으로써 농촌경제를 향상시키는 일이다.

이러한 활동 목표 중에서 천도교청년당이 가장 중요시한 것은 신문화운동이었다. 그 이유는 민족의 자주독립을 이룩하는 최선의 방법이 의식개혁

---

110) 이현희, 「3·1운동 이후의 신문화운동」, 『신인간』 395, 1982, p.21 참조.

과 문화적 각성에 있다고 보았기 때문이다.[111] 그리하여 신문화운동의 범위를 확대하여 농민부·노동부·학생부·상민부(商民部)·청년부·유소년부·여성부의 7개 부문으로 나누어 부문별로 활동지침을 설정하고 천도교청년당 산하에 부문운동 단체로 기존의 청년회(1920), 소년회(1921), 학생회(1924), 내수단(內修團 : 1924), 조선농민사(朝鮮農民社 : 1925), 조선노동사(朝鮮勞動社 : 1931)를 두었다.

천도교청년당은 부문운동의 활성화를 위하여 포덕·선전·조직·교양과 훈련·경제·체육·통신·문화 운동으로 구체적 계획을 작성하였다.[112] 이를 개관해 보면, 첫째로 포덕운동에서 중요시한 지역은 전라도 일대이며, 대상은 기존의 천도교 교도들로서 순회강연·강도(講道)·강좌(講座) 같은 직접 교화나 기관지·삐라·포스타를 이용하는 간접적인 방법을 택하였다.

둘째로 선전운동은 일상적 선전과 정기적 선전으로 구분하였다. 일상적 선전은 포덕을 겸하는 신앙적인 것이고, 정기적 선전은 사회 일반 대중을 대상으로 한 정신적 계몽이다. 예를 들면 어린이날(5월 첫째 空日)·포덕일(布德日 : 11월 1일)·농민의 날(12월 1일)·청년의 날(2월 15일)·당화주간(黨化週間 : 11월 1일부터 1주간)을 지정하여 각종 행사를 주최하여 근대적 민족의식을 고취하는 것이다.

셋째로 조직운동을 위해서 단체의 조직력을 강조하였다. 민족운동을 성공적으로 수행하려면 사회 각 분야에서 다양한 단체가 조직되어야 하며, 전 사회에 단체의 기능이 긍정적으로 파급되기 위해서는 조직의 확고한 이론·목표·원칙·정신이 있어야 한다고 하였다. 그 모범적 단체가 바로

---

111) 「천도교청년당소사」, 『동학사상자료집』 3, 1979, p.41.
　　당운동의 대강, 7개 항목 중 문화운동에 관한 부분. "인간사회의 일체 勝敗得失은 각기 자체의 의식 정도의 고하를 따라서 생겨지는 성과이다. 사상의 新舊, 시대의 古今, 방법의 優劣 등 관계도 적지는 않으나 인간사회의 근본 향상은 蒼生級의 의식적 각성과 문화적 향상에 있는 것이다."

112) 위의 책, pp.77~89 참조.

천도교청년당이어야 한다는 것이다.

넷째로 교양 훈련으로 일반 대중에게 조직 생활을 체험케 하여 지(知)·정(情)·의(義)의 정신적·육체적 향상을 도모하였다. 조직 생활의 체험으로 가장 좋은 방법을 체육운동으로 보아 야구단 같은 각종 체육행사의 개최를 여러 면으로 주선하였다.

다섯째로 정치운동의 상대적인 것으로 경제운동을 중시하였다. 생활의 추상적인 면이 정치라고 하면 생존의 가장 기초적이고 구체적인 면은 경제라는 것이다. 그리하여 조합경제를 자존자활(自存自活)의 최선책으로 보았다. '조선농민사'에서 경영한 농민공생조합(農民共生組合)이 그 대표적 사례다.113) 이것은 이념적으로 사회주의적 성격을 띤 것으로 자본주의에 대한 경제개혁운동의 초기 단계로 볼 수 있다.

여섯째로 체육운동을 통하여 전 국민에게 체육에 대한 관심을 환기시켰다. 민족 실력 배양의 가장 좋은 방법을 민족의 정신적 수양과 신체 단련으로 보았다. 따라서 체육 교재를 발간하거나 체육강습회와 체육대회를 개최하는 일에 유의하였다.

일곱째로 계몽운동의 일환에서 통속운동(通俗運動)을 전개하였다. 명절에 친목행사나 집회를 주선하는 일, 미신·조혼·도박 같은 악습을 퇴치하는 일, 사교적 모임을 지도하는 일 등이다. 대중적 입장에서 사회의 폐단을 지적하고 이를 계몽하는 운동이다.

여덟째로 '인내천'에 의거하여 문화운동을 추진하였다. 이것은 후천개벽을 지향하는 신문화운동으로 천도교청년당에서 가장 중요시한 과제다. 천도교청년당의 신문화운동에 대한 관심도는 다음에 명시된 바와 같이 절대

---

113) 李晟煥, 「산업조합의 通的 解釋」, 『조선농민』 제4권 11월 특집호, 1928, pp.23~27 참조. 농민공생조합의 한 실례로 소비조합을 들었다. 농민이 중간 상인에게 당하는 착취와 소비자 입장에서 당하는 경제적 부담 가중 등을 해결하는 것은 상호부조의 단결뿐이라 하여 소비자끼리의 단결을 주장하였다. 이성환, 「농촌금융기관의 조직과 그 운용」, 『조선농민』 제4권 9호, 1928, pp.13~14 참조.

적이었다.

> ……천도교의 인내천 운동은 후천개벽 운동인 동시에 인문개벽 운동 즉 인류의 신문화를 창조하는 운동이라는 뜻이다. 다시 말하면 지상천국 건설이란 말은 後天新文化 건설운동이라 말하여도 틀림업슬 것이다.[114]

문화의 흐름과 방향을 규정하는 것은 사상이므로 천도교의 '인내천' 사상을 정신적 지주로 할 때 비로소 인류의 신문화가 창조된다고 하여 신문화운동의 절대 중요성을 강조하여 인내천 운동을 제창하였다.

천도교청년당이 1920년대의 신문화운동을 선도할 수 있었던 관건은 '인내천' 사상을 표방한 각종 출판물 간행에 적극적이었기 때문이다. 개벽사를 창설한 이래 이돈화·김기전·방정환·박달성 등이 핵심이 되어 『개벽』, 『어린이』, 『새벗』, 『별건곤(別乾坤)』, 『신여성』, 『학생』, 『혜성』 등을 간행하였고, 1926년 4월에는 천도교 중앙총부의 기관지로 『신인간(新人間)』을 발간하여 지금까지 계속해 오고 있다. 그 외에도 출판문화운동의 마지막을 장식했던 것으로 1933년 7월부터 간행된 대학 종합강의록인 『자수대학강의(自修大學講義)』가 있다. 그러나 천도교청년당의 신문화운동에서 주축이 되었던 것은 단연 개벽지라고 하겠다.

『개벽』은 1920년 6월 25일에 창간하여 1926년 8월 1일에 통권 72호로 폐간되기까지 대중 계몽의 중추적 역할을 하였다. 『개벽』 창간호에는 세계 개조의 새시대에 대중이 가야 할 길을 다음과 같이 제시하였다.

> 눈을 크게 뜨라. 귀를 크게 열라. 그리하여 세계를 보라. 세계를 들으라. 세계를 앎이 곧 자기의 죄악을 앎이요. 자기 장래를 앎이요. 자기의 聰明을 도움이요. 자기의 일체를 개벽함이로다.[115]

---

114) 「천도교청년당소사」, 앞의 책, pp.82~83 참조.
115) 「世界를 알라」, 『개벽』 창간호, 1920년 6월 25일, 창간사.

단순한 대중 계몽의 차원을 넘어 신문화운동을 의도하고 있음을 알 수 있다. 또한 개벽을 신(神)의 요구라 하여 진화의 이치로 설명하기도 하였다.[116] 우주자연도 인간도 세계도 진화하는 것이기 때문에 세계 대개벽의 시대적 요구는 곧 대중의 소리이며 신(神)의 소리라는 뜻이다. 따라서 현실 개혁의 실천은 대중이 주체가 되어야 하며 그 지도적 역할을『개벽』지가 수행한다고 하였다. 이러한 사고방식은『개벽』의 논단을 통해서 꾸준히 나타나고 있는데 1924년부터는 논단의 게재 횟수가 줄어들고 있다. 이것은 천도교적 대중운동이 정치적 사회개혁운동으로 점차 일반화되어 갔음을 의미한다.

이에 비하면 1910년부터 간행되어온『천도교월보』의 논단은 대부분이 인내천의 교리적 해석과 신앙에 관한 것으로 주로 종교 활동에 치중하였다. 그 이유는 두 가지로 볼 수 있다.『천도교월보』 간행기관이 3·1운동 이후 민족독립운동에 소극적 태도를 취해 온 천도교 중앙총부라는 데 문제가 있으나 근본적인 문제는 천도교 지도층의 분열과 깊은 관계가 있다. 천도교는 손병희 이후에 4대 교주로 박인호가 도통을 계승했으나 정광조(鄭光朝) 일파와 반목하게 되면서 파벌이 형성되었고, 1922년에는 신파·구파·연합파·육임파(六任派) 등으로 분열되었다.[117] 그리하여 천도교 중앙총부에서는 교계의 단합과 교도에 대한 교화가 우선 과제로 대두되었다.『천도교월보』의 논문도 교리 해석과 천도교 역사에 관한 것이 대부분이었다. 그러나『천도교월보』의 주요 활동은 신앙 중심의 종교 활동이었기 때

---

116) 위의 책과 같음. "……神은 스스로 渴仰이 없는지라. 인민의 소리에 응하여 또 渴仰을 나타내는 것이라. 다시 인민의 갈망하고 且 요구하는 소리는 곧 神의 渴仰하고 요구하는 소리니 이 곧 세계 개벽의 소리로다. 神은 無何有의 一物로부터 진화를 시작하였도다. 無有를 鞏判하고 태양계를 조직하고 만물을 내었나니. 이 곧 우주의 개벽이며 사람은 神의 진화한 者로 만물을 대표하며 漁獵을 始하며 농업을 營하며 상공업을 起하여 진화에 진화를 가하는 중 오늘날 이 세계 대개조라 하는 혁신의 기운을 맛보게 되었나니."

117) 유병덕,『동학·천도교』, 시인사, 1976, p.622 참조.

문에『개벽』만큼 신문화운동에 적극적이지 못하였다.

개벽지의 단골 투고가로는 이돈화·김기전·박달성이 있는데 이들은 논문을 통하여 천도교사상에 기초한 신문화운동의 방향을 선도하였다. 그 중에서 이돈화는 창간호부터 8회에 걸쳐「인내천 연구」라는 제목으로 천도교의 인간간과 신관(神觀)을 정리 보급하는 한편 사회개혁을 위한 대중의식 계몽에 크게 기여하였다.118) 그는 신문화운동의 중요성을 상기시켜 천도교가 이를 정신적으로 주도해야 한다는 주장을 다음과 같이 역설하였다.

> 현재 조선에 在하야 각종의 혼돈, 몽롱, 방황의 기분 중으로부터 新과 舊, 新의 新과 舊의 舊, 是等 복잡한 사상 중에서 一健全한 사상을 描出하야 이를 至急히 정돈할 필요가 있다 하노니……119)

당시 조선은 사회운동·문화운동을 주도할 만한 확고한 사상도 인물도 없는 혼돈의 시대였기 때문에 오직 천도교만이 그 임무를 감당할 수 있다는 것이다. 1920년대의 조선사회는 일제가 문화정치를 표방하였기 때문에로 표면적으로는 독립운동이 활성화될 수 있는 분위기가 어느 정도 조성되었다. 그러나 한민족 자체 내부적으로는 신문화운동을 적극적으로 추진할 수 있는 여건이 형성되지 못했던 것이 사실이다.120) 3·1운동 때에 보여준

---

118) 인내천사상에 대한 연구는『천도교월보』간행 초기부터 양한묵·白仁玉·이돈화·李鍾一·李鍾麟 등을 거치면서 꾸준히 계속되어 오다가, 1920년대에 이르러 본격화되었다. 이 무렵은 이돈화 외에도 인내천 연구에 독보적 경지를 보였던 인물로 김영환이 있다. 그는「인내천의 신앙」이라는 주제로『천도교월보』146호(1922. 11)부터 12회에 걸쳐 연재하였는데 당시 宗學院聽講義錄으로 쓰일 정도로 연구 활동이 돋보였다.

119) 이돈화,「혼돈으로부터 통일에」,『개벽』13, 1921, p.12.

120) 일본은 大正시대(1912~1925)를 맞아 1870년대에 고조되었던 자유민권운동이 다시 부활되어 '大正 데모크라시'가 전개되는 등 일본의 근대화가 완료되는 분위기였으나 이 때의 근대과학이나 사상은 부국강병이라고 하는 기본목

조직력을 찾아보기 힘들 정도로 사이비 종교가 난무하고, 저마다 출판 활동·결사 조직에 참여하는 등 문자 그대로 혼란상이었다.121) 그리하여 이돈화는 지도 이념을 인내천으로 하고 궁극적 목표를 사회 개혁에 둘 것을 다음과 같이 강조하였다.

> ……새 사람이 되라. 새 사상을 너흐라 새 지식을 배호라 새 사업을 하라 새 예술을 창조하라……나는 새것을 慕仰하는 者로다. 새를 憧憬하는 者로다. 새것이 잇슴으로 사람은 사람다운 가치를 나타내는 것이요. 새것이 잇슴으로 세계는 세계다운 광채가 나는 것이다.……가장 近하고 가장 위대하고 그리하야 종교적 사상으로 조선의 독창인 — 안이 동양의 독창 — 廣意로 말하면 세계적 독창인 인내천주의 창도자 — 崔水雲 先生의 사상을 한 말로 세계에 널리 소개코저 함에 잇다.122)

여기서 구시대의 모든 생활 양식을 일체 탈피하려는 개혁의지를 엿볼 수 있다. 사상·지식·사업·예술을 총망라하는 문명·문화의 혁신을 시대적 요구로 수용하려 하였다. 서구의 근대사상과 근대과학 및 예술의 도입을 의도하였던 것이다. 따라서 이것은 최제우의 인내천사상을 매체로 하여 민족적 자각을 상기시키려 한 것으로 생각된다.

개벽지를 중심으로 전개한 천도교청년당의 신문화운동은 점차 대중적

표를 위하여 실용주의적 입장에서 이용되고 있었기 때문에 천도교 활동에도 많은 제약이 있었다.

121) 「默菴備忘錄」, 1919년 12월 5일~1920년 7월 30일까지 기록된 단체를 추려보면 30개가 넘는다.
국내 : 大同團, 血誠團, 애국부인회, 조선경제회, 普合團, 義勇團, 평북독립회, 조선노동공제회, 조선교육협회, 조선고학생갈돕회, 조선공제조합, 독립의용단, 大韓獨立普合團, 光復軍總營, 조선불교청년회, 조선물산장려회, 조선체육회, 朝鮮古史硏究會
국외 : 대조선독립단, 대한국민회, 間島大韓人民會, 대한독립단, 의열단, 동경조선고학생동우회, 대한적십자회, 光韓團, 극예술협회

122) 이돈화, 「인내천연구」, 『개벽』 1, 1920, pp.39~41.

계몽활동의 성격이 짙어졌다. 창간 당시와 폐간할 무렵의 목차를 비교·분
석해 보면 잘 알 수 있다. 특히 정치·사회 문제에 큰 비중을 두면서 개혁
에의 의지를 더 굳혀가고 있음이 다음의 논문 제목에서 증명된다.[123]

제5호(1920. 11)	제68호(1926. 4)
조선인의 민족성을 논하노라	갑오동학란의 자초지종
외래사상의 흡수와 소화력의 如何	근세 식민정책의 기원과 유래(其一)
농촌개선의 긴급 동의	實證美學의 基礎(1)
제사문제를 기회로 하여 영혼문제를 一言 　하노라	세계적　三視野 - 無産作家와　無産作品 　의 終篇
洪景來와 全瑋準	黃禍냐?　白禍냐? - 兩大勢力의　昔今觀 　(其2)
胡適氏를 중심으로 한 중국의 문학혁명	헤겔 철학과 엥겔스
근대주의의 제일인 루쏘 선생	동학혁명과 계급의식
나의 본 조선습속의 2, 3	최근 각국의 정당세력 如何
최근의 詩壇(月評)	중국의 惡乎定?
세계와 공존키 위하여 교육문제를 再擧하 　며 爲先 서당개량을 절규함	휴회중의 국제연맹총회
새 상놈·새 양반	
인류학에 대한 개념	
諸名士의 조선 여자 해방관에 대한 餘의 　의문	

　1900년대의『만세보』가 학술 부문에 비중을 둔 개화운동을 위한 지식층
상대의 신문이었다면, 1920년대의『개벽』은 외교적 정치의식 고양에 비중
을 둔 철저한 대중적 잡지로서 신문화운동을 주도하는 데 기여한 공로가
크다. 1926년에 개벽지의 폐간으로 신문화운동이 위축되는 듯 했으나 개
벽사에서 1930년대에 간행한『혜성(慧星)』또한 이에 준하는 활동을 하였
다.

　『혜성』은 1931년 3월 1일 창간된 이후 1932년 4월 15일 13호 발행으로
종간되었으나 다시『제1선(第1線)』으로 개제하여 발행하는 등 민족운동의

---

123)『개벽』5, 1920년 11월호 목차 ; 위의 책, 68, 1926년 4월호 목차.

맥은 여전히 계승되었다. 비록 1920년대의 『개벽』만큼 활동이 활발하지 못하고 수명이 짧았으나 그 목차를 보면 권두언・논문・수필・소설・희곡・시・잡조(雜俎)의 순으로 되어 있었다. 특이한 것은 문예 부문이 주조를 이루고 있다는 점이다. 일제의 문화정치 말기라는 점을 감안해 볼 때 민족문화의 활동이 비교적 활발했으리라는 것은 의심의 여지가 없다. 문학작품의 단골 기고 작가로 이무영・채만식・강경애(姜敬愛)・차상찬(車相瓚)・이광수가 있다.

『혜성』에 실린 논문은 1920년대 후반의 개벽지보다 국제정세를 논한 것이 대부분인데 당시가 제2차 세계대전에 돌입하던 시대라는 것을 생각하면 이러한 현상은 당연한 추세라고 하겠다. 이에 비하여 잡조의 항목에는 대개 국내의 사회・경제 문제를 취급한 것이 많았으며 그 중에 사회주의와 관계되는 부분도 상당수 있었다.

'논문'과 '잡조'에서 취급한 국제정세, 경제・사회 문제에 관한 기사의 비중과 발행 횟수에 따른 변화추이를 비교해 보면 다음과 같다.

	편 수	1호(1931.3)	7호(1931.10)	8호(1931.11)	11호(1932.2)
논문	전 체	17	14	14	17
	국제정세	8	11	11	10
雜俎	전 체	12	16	2	30
	사회・경제	7	9	2	21

이 무렵 일제는 신문지법에 의하여 이와 저촉되는 잡지의 발행을 불허했으나 그 대신 시사적 평론은 묵인하였다. 따라서 이 때의 잡지는 전성기라 할 만큼 발행 부수가 많았으나 총 153개의 잡지 중 10호 이상 발행된 잡지는 불과 33개였다.[124] 그나마 대부분은 학술잡지와 좌익계 잡지였다. 이렇게 보면 신문화운동이 가장 활성화되었던 시기는 개벽지가 발행되던

---

124) 金銀洙, 「문화정치 표방시대(후기)의 잡지 개관」, 『한국잡지 및 호별 목차집』, 영신아카데미 한국학연구소, 1973, pp.533~539 참조.

1920년대가 틀림없다.

천도교청년당이 신문화운동을 이념적으로 주도함에 있어 유의한 실천사항을 보면 대략 6가지로 요약할 수 있다. 첫째는 지식열(知識熱)을 고취하는 것이다.[125] 지식의 습득을 신문화 건설의 제일보로 하였다. 여기서 지식이라고 하는 것은 보통지식 즉 일반 교양으로서 신문이나 잡지의 구독을 강조한 뜻이다. 둘째는 교육의 보급이고, 셋째는 농촌 개량이며,[126] 넷째는 도시 중심의 활동이다. 도시를 중심으로 신문화운동을 실천하는 것이다. 다섯째는 전문가의 양성이다. 문화 발전의 전제 요건으로 발명이나 창조 과정을 중요시한 것이다. 끝으로 사상 통일인데 이것은 시대적으로 가장 시급한 문제였다. 다양한 사상과 이념으로 야기되는 사회 혼란을 우려한 데서 나온 방지책이라 할 수 있다. 이것은 이돈화가 사상 통일을 신문화운동의 제1의 급선무로 여겨 새로이 제시했던 신종교론(新宗敎論)과 밀접한 관계가 있다. 그리하여 천도교 청년층에서는 서구의 세계 대개조라 하는 혁신의 시기에 부응하여 근대사회사상을 천도교의 교리와 결부시킴으로써 사회 개혁을 통한 민족 실력양성에 앞장설 수 있었던 것이다.

---

125) 이돈화, 「조선 신문화건설에 대한 圖案」, 『개벽』 4, 1920, p.11 참조. "일이 야 성공하든지 敗하든지 먼저 지식은 있어야 됩니다.……지금 우리 조선사 회에 앉아 지식을 얻으려 하면 실로 難事의 하나일 것이다. 그러나 지금 나 의 지식 요구라 하는 것은 특히 전문적 지식을 이름이 아니오. 보편적으로 누구든지 실지에 부합할 만한 보통 지식을 말하는 것입니다."

126) 趙東杰, 「朝鮮農民社의 농민운동과 농민야학」, 『한국사상총서』VIII, 1978, pp.149~151 참조. 농촌개량은 소비조합운동, 야학운동을 통하여 전개되었 는데 그 중심은 조선농민사였다. 조선농민사는1920년대의 활동과 1930년대 의 활동에서 성격상 차이를 드러내었다. 1920년대에는 천도교청년회와 별도 로 운영되었는데『조선농민』간행과 야학·강연회·귀농운동의 계몽적 활 동을 주로 하였고, 1930년대에는 계몽운동 이외에 공동 경작운동이나 공생 조합의 협동조합운동을 전개하여 농민운동으로서의 성격이 짙어졌다.

결 론

지금까지 동학운동이 역사적 상황 변화에 따라 그 양상과 성격을 달리하는 과정을 사상사적 관점에서 고찰해 보았다.

그 결과 얻어진 성과로 동학사상의 내용과 구성에 문제점이 있다는 것을 들 수 있다. 동학은 최제우가 창도할 당시부터 이미 구조적으로 도덕적·신앙적 종교성 이외에 현실 부정의 사회사상적 성격을 내포하고 있었기에 근대화로의 시대적 요구에 부응하여 교리의 내용을 철학적으로 체계화함으로써 근대종교로서의 입지를 개척할 수 있었다.

그리하여 동학은 구한말에는 사회적·민족적 당면 과제에 관심을 가지고 갑오동학운동·갑진혁신운동·애국계몽운동의 형태로 봉건적 사회체제 개혁에 주력하였고, 일제강점기에는 3·1독립운동, 신문화운동의 형태로 민족운동을 정신적으로 주도할 수 있는 거대한 사회세력으로 성장하였던 것이다. 이와 같이 동학의 종교운동이 사회·정치 운동으로 발전할 수 있었던 요인이 동학사상의 내용과 구성에서 볼 수 있는 구조적 특성 때문이기도 하지만 보다 근본적인 것은 지속적인 교리의 철학적 논증에 있다고 보아야 할 것이다.

따라서 동학사상의 변천과 민족운동의 전개 양상을 연계하여 단계적으로 정리·확인하는 것으로 본 연구의 결론에 대신하고자 한다.

최제우 시기(1860~1864)의 동학은 '시천주(侍天主)'를 종교의 중심 사상으로 하고, 후천개벽에 의한 보국안민의 지상천국을 건설하는 것이 목표였다. 현실 사회를 부정하는 종교적 입장에서 인간성 회복에 의한 관념적 이상향을 추구하는 단계였다. 그러나 아직까지는 교리의 구조상, 인간의 본질적 평등을 추구하는 사회사상으로서의 성격을 내포하고 있었으나 시천주의 당위성을 전제로 한 수심정기(守心正氣)의 도덕적 심신수양을 강조하는 종교사상으로서의 범주를 벗어나지 못하였다. 그리하여 이 때의 동학운동은 민족종교로서의 위상 수립을 위한 교리의 정립과 포교에 임하는 정도의 종교 활동에 불과하였다.

그러나 최시형 시기(1864~1898)에는 최제우의 '시천주'를 기정 사실화하고 천주(天主)를 보편화함으로써 시천주사상을 세속화하여 사인여천(事人如天)사상으로 발전시켰다. 나아가 범신론적 입장에서 인즉천(人卽天)의 명제로 논리를 전개하여 인간의 존엄성을 강조하기에 이르렀다. 최제우가 이념적으로 체계화한 인본주의 사상을 최시형 대에는 실제 생활에 구체화시켰던 것이다. 이에 따라 동학운동도 교세 확장을 도모하는 과정에서 신앙의 자유를 합법적으로 추구하는 교조신원운동의 형태로 진전하였고, 드디어 갑오동학운동에서 사회운동·민족운동의 성격을 띤 대중시위운동으로까지 발전할 수 있었다.

동학의 사회사상화 진행이 가시화된 때는 손병희 시대(1898~1921)이다. 그는 3대 교주에 오른 직후 동학의 재건을 위하여 교정일치(敎政一致)를 표방하였다. 왜냐하면 1900년대는 제 정치결사를 중심으로 자주·자강·자립을 위한 애국계몽운동으로 불리는 민족운동이 사회 전반에 확대되고 있었기 때문이다. 따라서 동학운동은 동학 자체의 문제 때문이기도 하지만 이러한 상황에서 방향전환이 불가피했던 것이다. 동시에 종교적 신앙의 자유를 확보하려면 역시 정치결사를 이용한 민회 활동이 최선책이었다. 그리하여 손병희는 법설(法說)을 통하여 인간개조를 제창하는 한편 국정개혁을 위한 방안으로 동학의 국교화까지 제시하였다. 그러나 갑진년(甲辰年 : 1904)의 진보회 활동은 이러한 본래 의도와는 달리 일진회와 합류함으로써 결과적으로 실패하고 말았다. 결국 동학은 세간으로부터 친일단체로 지탄을 받을 수밖에 없었다.

이에 민족종교로서의 위상 재정립이 시급하게 되어 손병희는 1905년 12월 천도교로의 전환을 선포하고 개화운동에 적극 참여하였다. 일진회의 이용구 일파를 출교 처분함으로써 표면적으로 교정분리(教政分離)를 선언하는 것이 되었으나 내실은 그렇지 않았다. 오히려 교리의 철학적 체계화와 민지(民智) 계발사업의 형태로 천도교의 개화운동은 더욱 적극성을 띠었다. 이 때 활약한 천도교 계통의 언론지는『만세보』와『천도교월보』였다. 이로써 천도교의 활동은 외형으로는 종교운동의 형식을 취하였다.

'인내천'의 종지화(宗旨化)로 교리의 체계화 작업이 활발히 전개된 시기는 1910년대로서 최시형 대에 '양천주(養天主)'로 해석한 '시천주'를 '시천(侍天)'으로 수정하고 '각천(覺天)'으로 재해석함으로써 천(天)의 신성(神性)을 부정하는 단계에까지 이르렀다. 또한 양한묵이 중심이 되어 '시천주'를 기정 사실화한 최시형의 이론을 발전시켜 '시천'의 이유를 성리학적으로 증명하였다. 이와 같이 이 무렵의 천도교계는 '인내천'의 원리로 인간의 본질을 규명하는 일면, '시천'의 합리화를 꾀함으로서 인본주의의 사회적 실천을 강조하였던 것이다. 3·1독립운동의 준비 단계에서 천도교 지도층이 민족연합 결성과 대중시위운동의 원칙과 방법을 구체적으로 계획하고 주도할 수 있었던 것도 이와 같은 인내천사상의 사회사상화 과정이 있었기 때문이라 할 수 있다.

1920년대에 접어들면서 천도교는 이른바 신종교로 면모를 일신하는 종교개혁을 단행하였다. 종교 활동 자체가 곧 사회·민족 운동이라 할 정도로 현실 이상주의적 사회사상으로 변모하였다. 그러나 천도교는 통일성·실천성·세계성을 특징으로 하고 종교·철학·과학을 동시에 포용하는 인본주의적 종교철학으로 발전할 수 있었던 반면에 종교성 손실이라는 문제에 직면하게 되었다. '인내천'에 대한 성리학적 논증으로서는 더 이상 무신론적으로 흐르는 논리적 모순을 해결할 수 없었다.

이에 서구의 근대사상을 수용하여 진화론적으로 논증함으로써 그 취약점을 보완하기에 이르렀다. 천(天)의 존재를 인간의 의식작용에 의한 실재론(實在論)으로, 만유 현상에 의한 범신론으로 증명하는 한편 자아 실현을 위한 후천개벽의 순서를 구체적으로 제시하였다. 이돈화의 삼대 개벽론이 이로써 구체화되었다. 정신개벽으로 인간개조를, 민족개벽으로 보국안민을, 사회개벽으로 인류평화를 지향하였던 것이다.

이러한 인내천사상과 후천개벽사상을 정신적 지주로 하여 활성화한 운동이 바로 천도교의 신문화운동이다. 특히『개벽』지를 통하여 전개한 신문화운동은 단순한 대중 계몽의 차원을 넘어서는 것이었다. 환언하면 단지 당시에 전 민족적으로 일고 있던 문화운동의 형식을 취하여 그 일환으로 전개했을 뿐 실은 인간성 회복을 전제로 한 현실개혁운동이었다.

요컨대 동학의 민족운동은 사회적·정치적 상황 변화에 영향받은 바 크지만 운동 방법이나 대상의 변화는 동학사상과 밀접한 관계가 있다. 교리의 정립 및 체계화의 초기 단계라고 할 수 있는 최제우와 최시형 시기에는 대상이 주로 농민대중이었고 운동 방법은 농민운동의 과격성을 보였다. 그러던 것이 손병희 시대 특히 1900년대에는 교정일치를 표방하여 지식층 대상의 개화운동으로 방법을 선회하였다. 초기 개화사상가들의 사상과 방법을 그대로 재현하는 입장이 되었다.

그러나 일제강점기에 이름과 동시에 동학교계(東學敎界)는 서서히 천도교로 위상을 재정립하면서 '인내천' 사상을 종지로 하는 한편 근대사회사상으로의 변화를 시도하였다. 따라서 표면적으로 종교성을 강조하고, 이론적으로 철학·과학에 접근함으로써 대상을 지식층에서 일반 대중까지 범위를 확대할 수 있었다. 특히 1920년대의 천도교는 종교로서보다 독립운동에서 사회사상적 역할을 하게 됨에 따라 종교·직업·성별을 초월하여 전 민족이 참여하는 신문화운동을 주도하였다. 다시 말하면 이 무렵 천도교에 대한 사회의 인식은 종교로서가 아닌 사회사상으로 일반화되었다. 따라서 천도교의 종교활동은 곧 민족운동으로 비쳐질 수밖에 없었다.

황선희(黃善嬉)

　1938년생
　고려대학교 사학과 졸업
　상명여자대학교 대학원 사학과 문학석사
　단국대학교 대학원 사학과 문학박사
　현재 상명대학교 사학과 교수
　논문 「천도교의 인내천사상과 3·1운동 연구」 외 다수

한국근대사상과 민족운동 I
－동학·천도교편－

황선희 지음

초판 1쇄 인쇄·1996년 2월 29일
초판 1쇄 발행·1996년 3월　7일

발행처·도서출판 혜안
발행인·오일주
등록번호·제21－471호
등록일자·1993년 7월 30일
137－030 서울 서초구 잠원동 43－4
전화·511－8651, 8652
팩시밀리·511－8650

값 10,000원
ISBN 89－85905－19－8 03910